# 「中間地帶」的角力 (下)

## 中國對亞非國家的國際統一戰線政策 (1954–1991)

開明書店

冷戰年代的世界與中國
叢書主編
沈志華

李潛虞 著

# 目錄

## 下冊

# 第五章　「一條線，一大片」：反對霸權主義的統一戰線政策（1969 — 1979）

從 20 世紀 60 年代後期開始，蘇聯霸權主義逐漸取代美國成為中國國家安全新的最主要的威脅，蘇聯霸權主義也成為中國在整個 20 世紀 70 年代在國際上最主要的批評對象。以毛澤東和周恩來為首的中國領導人以極大的政治勇氣和卓越的外交智慧實現了中美關係的緩和，實行聯美反蘇的政策。鄧小平同志自 1977 年重新出來工作之後一直到 20 世紀 80 年代初，繼承了毛澤東和周恩來所確定的外交政策方向，最終實現了中美建交，並繼續堅強有力地反對蘇聯霸權主義在全球的擴張。在這個過程中，中國提出了用毛澤東極為形象生動的語言所概括的「一條線，一大片」反霸統一戰線政策，並將這一政策運用到中國與亞非國家的關係上。反帝統一戰線逐漸讓位於反霸統一戰線，成為中國對亞非國家政策的主要原則和方針。在落實反霸統一戰線的過程中形成了一些極為寶貴的經驗教訓，這也為中國後來告別冷戰，對國際統一戰線政策實行馬克思主義哲學上的揚棄，超越國際統一戰線提供了重要的思想基礎。

# 第一節　反霸統一戰線政策的提出與確立

## 一、中國國家安全形勢的改變

從 20 世紀 60 年代中期開始，中國領導人已經隱隱感到中蘇之間的分歧不可能只停留意識形態領域，最終必然擴展到國家關係層面，蘇聯將有可能成為中國國家安全新的威脅。這種變化首先表現在毛澤東等中國領導人對第三個五年計劃重心的改變和對三線建設[1]和備戰的強調。本來中國政府的計劃部門認為第三個五年計劃的重心應該是解決人民的吃穿用問題，而毛澤東則強調為戰爭做準備的戰略後方建設，也就是三線建設應該成為第三個五年計劃的重點。毛澤東感到戰爭的威脅不僅來自美國，也來自北方的蘇聯。1964 年 5 月 10 日至 11 日，毛澤東在聽取李富春等人關於第三個五年計劃的初步設想時表示：「酒泉和攀枝花鋼鐵廠還是要搞，不搞我總是不放心，打起仗來怎麼辦？打仗我還是寄希望於步兵。」[2]5 月 27 日，毛澤東又主持召開中共中央政治局常委會議，他首先指出了備戰工作的緊迫性，毛澤東說：「現在要準備，要着手。現在不着手，耽擱了時間，將來不利。」[3]毛澤東對攀枝花鋼鐵基地的重要性予以了特殊的強調，他說：「第一線是沿海，包鋼到蘭州這一條線是第二線，西南是第三線。攀枝花鐵礦下決心要搞，把我們的薪水都拿去搞。在原子彈時期，沒有後方不行的，要準備上山，上山總還要有個地方。…… 北

---

1　三線建設是指 20 世紀 60 至 70 年代中國以加強國防為中心的戰略大後方建設。20 世紀 60 年代初，中共中央根據中國各地區戰略位置的不同，將其分為一、二、三線。一線是沿海和邊疆的省市區；二線是介于一、三線地區的省市區；三線包括京廣線以西、甘肅省的烏鞘嶺以東和山西省雁門關以南、貴州南嶺以北的廣大地區，具體包括四川省、雲南省、貴州省、青海省和陝西省的全部，山西省、甘肅省、寧夏回族自治區的大部分和豫西、鄂西、湘西、冀西、桂西北、粵北等地區。

2　中共中央文獻研究室編：《毛澤東年譜 一九四九 — 一九七六》第五卷，第 348-349 頁。

3　李向前：《1964 年：越南戰爭升級與中國經濟政治的變動》，載《冷戰與中國》（章百家、牛軍編），北京：世界知識出版社，2002 年版，第 326 頁。

京淹了，還有攀枝花嘛。應該把攀枝花和聯繫到攀枝花的交通、煤、電的建設搞起來。」[1]6 月 6 日，毛澤東在中央工作會議上再次強調：「攀枝花鋼鐵基地的建設要快，但不要潦草，攀枝花搞不起來，睡不着覺。」毛澤東甚至說：「你們不搞攀枝花，我就騎着毛驢子去那裏開會；沒有錢，拿我的稿費去搞。」[2] 毛澤東之所以如此看重攀枝花鋼鐵工業基地，實質上已經把攀枝花看作是中國在未來戰爭中的大後方，是「上山」的首選地，就是因為攀枝花地處中國大西南的大山深處，與受到美國威脅的東南沿海地區和受到蘇聯威脅的北部地區都有一定距離，這說明毛澤東在籌劃中國的備戰工作時已經考慮到了來自蘇聯的戰爭威脅。也正是由於這種考慮，曾在毛澤東心頭佔據一定位置的酒泉工業基地退居到了次要的地位。5 月 28 日，劉少奇曾經談道：「主席着重地講了攀枝花，酒泉也提到了，但不是要擺到第一，第一是講攀枝花，⋯⋯ 酒泉是放到第二位的。」後來李富春也表示：「所謂後方，一個是西南，一個是西北，現在最靠得住的還是西南。」鄧小平也表示：「酒泉過去和西南一樣是大後方，現在變了，也算第二線。」[3] 酒泉之所以被放到了備戰工作的第二位，也正是由於它太靠近中蒙和中蘇邊界了。

到 1964 年 6 月，毛澤東已經不點名地指出戰爭的威脅不僅來自美國，也來自蘇聯。6 月 16 日，毛澤東在北京十三陵水庫和羊坊店觀看北京部隊和濟南部隊的彙報表演時表示：「敵人到處可來，應處處備戰，提高警惕，根據敵來勢，以決定主攻、主防方向。」[4] 所謂「敵人到處可來」這種模糊的表示已經包括了來自蘇聯的戰爭威脅。7 月間，毛澤東在政治

1　中共中央文獻研究室編：《毛澤東年譜 一九四九 — 一九七六》第五卷，第 355 頁。

2　薄一波：《若干重大決策與實踐的回顧》下卷，北京：中共中央黨校出版社，1991 年版，第 1200 頁。

3　中共中央文獻研究室編：《毛澤東年譜 一九四九 — 一九七六》第五卷，第 355 頁；李向前：《1964 年：越南戰爭升級與中國經濟政治的變動》，載《冷戰與中國》，第 328 頁

4　李向前：《1964 年：越南戰爭升級與中國經濟政治的變動》，載《冷戰與中國》，第 326-327 頁。

局會議上談到了他如此重視攀枝花鋼鐵基地的原因，他指出：「我們不能只注意東邊，不注意北邊，只注意帝國主義，不注意修正主義，要有兩面作戰的準備。」[1]8 月 4 日、5 日，周恩來在聽取國防工業和計劃工作彙報時說：「除了攀枝花以外，我國周圍各省都是第一線。」最為引人矚目的是，周恩來強調：「對修正主義，西北、東北各省是第一線。」[2]毛澤東和周恩來的上述表態說明，蘇聯也是中國國家安全的威脅，對於蘇聯也要進行備戰工作，臨近蘇聯的地區已經不能成為安全的戰略後方，而是具有危險性的第一線地區。

幾乎與此同時，中蘇邊界問題也驟然激化了。從 1960 年開始，蘇聯率先把兩黨在意識形態領域的分歧擴展到兩國的國家關係上，在博孜艾格爾山口挑起了第一起中蘇邊境衝突。為了解決中蘇邊界問題，1964 年 2 月至 8 月，中蘇舉行了第一次邊界問題談判。談判期間，7 月 10 日，毛澤東在會見日本社會黨人士時談到了沙俄侵佔了中國的大片領土，「蘇聯領土已經夠大了，有兩千多萬平方公里。一百多年前，已經把貝加爾湖一動，包括伯力、海參崴、堪察加半島都劃過去了。那個賬是算不清的，我們還沒有跟他們算這個賬呢」。[3]毛澤東的話引起了蘇聯方面的強烈的反應，9 月 15 日，赫魯曉夫也利用會見日本代表團的機會表示：「我們製造了保衛自己國家、保衛民族、保衛各國人民和平的最先進武器。我們非常清楚這種可怕武器的全部毀滅性力量，我們希望永遠不要使用它。然而，如果別人進攻我們的話，我們將使用自己手中擁有的一切武器來保衛自己的邊界。蘇聯的邊界是神聖的，誰膽敢侵犯它，就會遭到來自蘇聯人民的毀滅性的打擊。」赫魯曉夫的反應明顯含有對中國進行核威懾的意味，蘇聯的強硬反彈引起了中國的嚴重關注，毛澤東更加感

---

1　楊奎松：《中華人民共和國建國史 2》，第 248 頁。
2　金沖及主編：《周恩來傳》四，第 1769 頁。
3　楊奎松：《中華人民共和國建國史 2》，第 269-270 頁。

到來自蘇聯的安全威脅。在 1964 年 10 月間，毛澤東曾多次利用會見外賓的機會探詢「赫魯曉夫會不會打我們？」「派兵佔領新疆、黑龍江，打進來，甚至內蒙古」，「有可能沒有可能？」[1] 10 月 9 日，毛澤東在會見阿爾巴尼亞黨政代表團時說：「赫魯曉夫的性格就是修正主義的性格，跟帝國主義的性格一樣，欺軟怕硬。赫魯曉夫派兵進攻中國是困難的，但是我們要準備。」[2] 以上事實說明，中蘇領導人關於中蘇邊界的爭論極大地增加了毛澤東對蘇聯的危機意識，蘇聯對中國國家安全的威脅正日益成為中國領導人的核心關切。

1964 年 10 月，由於赫魯曉夫的內外政策得不到蘇聯黨內的支持，他被剝奪了最高權力，勃列日涅夫成為蘇聯的最高領導人。但是，蘇聯最高領導人的更迭並沒有給中蘇關係的回暖帶來任何機會，相反，中蘇兩國在是否召開蘇聯提議的 26 國兄弟黨協商會議問題上的分歧又對中蘇關係予以重創，其結果是導致中蘇同盟完全破裂，隨之而產生的是國際共產主義運動從組織上的分裂。從 1963 年 11 月開始，蘇聯就提議召開兄弟黨國際會議，以消除中蘇兩國的分歧，實現社會主義陣營的重新團結。但中國對這一提議一直持反對意見。1964 年 11 月，周恩來訪問蘇聯，要求蘇聯方面徹底放棄從蘇共二十大以來的路線方針，另起爐灶，但遭到了蘇方的拒絕，因此會談不歡而散，完全沒有取得任何成果。蘇共新領導人於 11 月底又提出要召開 26 國兄弟黨的「協商會晤」，會議日期定為 1965 年 3 月 1 日。阻止召開這樣一個國際會議一時成為中國對蘇政策的首要目標和底線。1965 年 2 月，蘇聯部長會議主席柯西金在訪問越南過程中兩次路過北京，中蘇雙方商談的主要焦點就是是否召開兄弟黨國際會議。2 月 5 日，周恩來在與柯西金會談時指出，蘇聯新領導不要把赫魯曉夫的這個包袱接過來，要把它扔掉，改弦更張，另起爐灶，重

1　沈志華主編：《中蘇關係史綱 1917 — 1991 年中蘇關係若干問題在探討》（修訂版），第 380 頁。
2　中共中央文獻研究室編：《毛澤東年譜 一九四九 — 一九七六》第五卷，第 417 頁。

新搞起。他指出：「如果蘇共新領導硬要召開會議，中國方面無法阻止，其結果一定會造成一個分裂的形勢。」2 月 10 日，柯西金一行從越南返國再次途經北京。安德羅波夫在與陳毅的接觸中再次懇求中國允許召開這樣一個會議。陳毅回答說：「可不可以既不開會，也不說取消會議，中蘇兩黨重新開始協商？」而安德羅波夫沒有回答。[1] 可見，阻止兄弟黨的國際會議是中國政策的底線，只要不開這樣一個會議，中蘇關係還有好轉的可能，而會議一旦召開，中蘇兩黨關係勢必徹底破裂。2 月 11 日，毛澤東會見了柯西金一行，為阻止會議的召開做最後的努力。毛澤東以反諷的口氣說：「你們不開會，怕喪失威信，一個偉大的列寧的黨嘛！」隨後，他明確表示：「現在召開全世界共產黨、工人黨會議還不成熟，要往後推。不解決阿爾巴尼亞問題，什麼會也不能開。最後，毛澤東還表示中蘇論戰要一萬年，看來少了不行。[2] 而且，就在柯西金訪華前夕的 1965 年 2 月 1 日，《人民日報》還發表了趙朴初所做的散曲《某公三哭》。該散曲以赫魯曉夫的口吻痛哭蘇聯勾結美國、印度行徑的失敗，對蘇聯、美國和印度都進行了極為辛辣的諷刺。在這種環境下，中蘇之間關於兄弟黨協商會議的商談自然也不會有什麼好結果。

毛澤東的這種堅決態度並沒有改變蘇聯召開會議的決心。3 月 1 日，蘇聯不顧中國的反對，仍然如期舉行了兄弟黨「協商會議」。此舉引起了中國的強烈反應。中國發表了《評莫斯科三月會議》的長篇文章對會議予以抨擊。毛澤東在修改這篇文章時指出：「蘇共領導同美帝國主義打得火熱，互通情報，共同反共、反人民、反革命、反對民族解放運動」。他還寫道：「為了順利地進行反對帝國主義和各國反動派的鬥爭，為了進一步鞏固國際無產階級的團結，就必須最大限度地把那些替帝國主義和各國反動派做幫兇的現代修正主義者孤立起來，把反對赫魯曉夫修正主

1 王泰平主編：《中華人民共和國外交史（第二卷）1957 — 1969》，第 261-262 頁。
2 王泰平主編：《中華人民共和國外交史（第二卷）1957 — 1969》，第 261-262 頁。

義的鬥爭進行到底。」[1]6月14日，《人民日報》發表題為《把反對赫魯曉夫修正主義的鬥爭進行到底》的社論，該社論更明確表示：「修正主義從來就是帝國主義的社會支柱，是為帝國主義服務的力量。要反對帝國主義，首先是反對美帝國主義，就必須把反對赫魯曉夫修正主義的鬥爭進行到底。」[2] 這等於提出了「反帝必反修」的政策，蘇聯不再是為了反對美帝國主義可以進行團結的對象，反而成為在擊敗美帝國主義之前必須打倒的敵人。這也決定了中國對亞非國家的政策逐漸從反帝統一戰線向反霸統一戰線轉移。同時，由於中國沒有參加蘇聯組織的兄弟黨協商會議，這就等於說明國際共產主義運動從組織上分裂了。

到20世紀60年代後期，蘇聯對中國國家安全的威脅更加嚴重了，主要表現在以下三個方面：第一，蘇聯在中蘇、中蒙邊界陳兵百萬。據中國軍方掌握的情況統計，到20世紀70年代初，蘇聯在烏拉爾山以東地區部署了陸軍54個師，其中摩託化步兵師44個，坦克師8個，空降師2個，作戰坦克1.5萬餘輛，火炮1萬餘門，總兵力63萬人；空軍作戰飛機1900架，約12.5萬人，國土防空軍作戰飛機1140架，防空導彈3000枚，約12.4萬人；海軍太平洋艦隊主要作戰艦艇162艘54萬噸，海軍飛機345架，約13萬人；戰略火箭軍洲際導彈550枚，中程導彈135枚，約12.1萬人，總計118萬人，佔其軍隊總員額的 27%。[3] 從地緣戰略上講，中蘇、中蒙邊界長達12000公里，其間沒有任何的高山大河等天險可守，而基本上是平坦的戈壁灘，這有利於蘇聯集結重兵，從多個方向

1　毛澤東：《關於〈評莫斯科三月會議〉一文的批語和修改》，1965年3月23日，載《建國以來毛澤東文稿》第十一冊（中共中央文獻研究室編），北京：中央文獻出版社，1996年版，第347-348頁。

2　人民日報編輯部、紅旗雜志編輯部：《把反對赫魯曉夫修正主義的鬥爭進行到底 —— 紀念〈關於國際共產主義運動總路線的建議〉發表兩周年》，載《人民日報》1965年6月14日，第一版。

3　王仲春：《中美正常化進程中的蘇聯因素（1969 — 1979）》，載《黨的文獻》2002年第4期，第50頁。

對中國實施戰略突襲。1966 年 1 月蘇聯與蒙古簽訂了帶有軍事同盟性質的《蘇蒙友好合作互助條約》，蘇聯獲得了在蒙古駐軍的權利，蒙古也就成了在中國北部邊界中段的一個可以對中國華北、東北和西北三個方向進行軍事威脅的巨大「突出部」。從中蒙邊界的二連浩特經張家口到北京的直線距離只有 560 餘公里，根據蘇軍作戰理論和原則，其戰略軍團的當前任務縱深可達 700 餘公里，完成當前任務的時限為 10 到 14 晝夜，而第一梯隊師的坦克和裝甲輸送車在不攜帶副油箱的情況下最大行程可達 725 公里，而且這一地區絕大部分地段地勢平緩，便於坦克機械化部隊開進和展開。對於進駐蘇軍後的蒙古，毛澤東曾不無憂慮地說它是「中國背後的一個拳頭」。[1] 第二，中蘇邊界衝突愈演愈烈。根據中國方面公佈的統計數字，從 1964 年 10 月 15 日到 1969 年 3 月 15 日以前，蘇聯方面挑起的邊境事件竟達 4189 起之多，比 1960 年到 1964 年期間蘇聯方面挑起的邊境事件增加了一倍半。[2]1966 年 12 月，蘇聯邊防軍在烏蘇里江七里沁島地區侵入中國領土，並開槍打傷中國漁民 2 人，毆傷 3 人。中國政府於 12 月 19 日向蘇聯政府提出最強烈的抗議，指出中國人民對此絕不容忍，要求蘇方立即停止挑釁，嚴懲肇事者，保證今後不再發生類似事件。[3]1968 年 1 月，七里沁島地區再次發生邊境衝突，蘇聯方面用裝甲車撞死中國漁民 4 人，撞傷和打傷 9 人。[4] 由於矛盾的不斷激化，1969 年 3 月中蘇雙方在珍寶島爆發大規模的武裝衝突。中國軍隊被迫對進入中國領土的蘇軍進行還擊，將侵略者趕出國境。中蘇雙方已經走到了戰爭的邊緣。為了進行報復，蘇聯軍隊 1969 年 6 月在新疆的巴爾魯克山地區綁架打死中國牧民。8 月 13 日，蘇聯方面出動直升飛機、坦克、裝甲車

---

1 王仲春：《中美正常化進程中的蘇聯因素（1969 — 1979）》，載《黨的文獻》2002 年第 4 期，第 52 頁。

2 《中華人民共和國政府聲明》，載《人民日報》1969 年 5 月 25 日，第一版。

3 王泰平主編：《中華人民共和國外交史（第二卷）1957 — 1969》，第 272 頁。

4 韓念龍主編：《當代中國外交》，第 123 頁。

和武裝部隊數百人，侵入中國新疆裕民縣鐵列克提地區縱深達兩公里，突然襲擊正在執行正常巡邏任務的中國邊防軍人，打死中國邊防軍人多名。造成了一起嚴重的流血事件。第三，從 1969 年開始，有消息表明蘇聯正在醞釀對中國的核基地進行「外科手術式」的打擊。1969 年 9 月周恩來與柯西金在北京首都機場進行會晤時就提出了這一問題，而柯西金並未對此予以否認。針對這種情況，毛澤東在國慶二十周年的口號中親自加上了一條，即：「全世界人民團結起來，反對任何帝國主義、社會帝國主義發動的侵略戰爭，特別要反對以原子彈為武器的侵略戰爭，如果這種戰爭發生，全世界人民就應以革命戰爭消滅侵略戰爭，從現在起就要有所準備。」[1]

需要指出的是毛澤東個性中深刻的危機意識使他對來自蘇聯的戰爭威脅具有特殊的敏感，這種敏感影響到了毛澤東對時代主題的判斷，在他眼中迫在眉睫的戰爭已經成為 20 世紀 70 年代的時代主題。

如前所述，毛澤東從 20 世紀 60 年代中期開始就不斷強調戰爭的可能性和備戰的重要性。毛澤東在 1968 年 10 月 5 日會見阿爾巴尼亞黨政代表團時說：「看來整個世界還是亂，因為存在着矛盾，存在着鬥爭。問題是怎麼亂法，現在很難說。打世界大戰？這是一種亂法。不打大戰，打局部戰爭，也是一種亂法。」[2] 同年 11 月 28 日，毛澤東在會見澳大利亞共產黨（馬列）中央主席希爾時說：「戰爭與和平的問題，是戰爭呢，還是革命？是發生戰爭後引起革命呢，還是革命能制止戰爭？總而言之，現在既不打仗，又不革命，這種狀態不會維持很久了。」[3] 毛澤東對來自蘇聯的戰爭威脅的特殊敏感一直貫穿了他的晚年歲月。1973 年 12 月，毛

1　毛澤東：《對國慶二十周年口號送審稿的批語和修改》，1969 年 9 月，載《建國以來毛澤東文稿》第 13 冊（中共中央文獻研究室編），北京：中央文獻出版社，1998 年版，第 66 頁。
2　中共中央文獻研究室編：《毛澤東年譜 一九四九 — 一九七六》第六卷，第 203 頁。
3　中共中央文獻研究室編：《毛澤東年譜 一九四九 — 一九七六》第六卷，第 219 頁。

澤東對政治局和北京、瀋陽、濟南、武漢軍區的負責人強調，「要準備打仗」。[1]12 月 21 日，毛澤東對參加中共中央軍委會議的全體成員談到了自己與基辛格關於國際形勢的討論。毛澤東指出關於國際形勢就是一句話：「當心！北極熊要整你美國！一整太平洋艦隊，第七艦隊，二整歐洲，三整中東。」[2] 由此可見，在毛澤東看來蘇聯作為世界大戰的新的策源地在全世界進行的擴張是 20 世紀 70 年代國際形勢的主要特點。1974 年，毛澤東在幾次會見外賓時都談道：「我看這個世界不安寧，比較過去很不安寧，無論在什麼地方，也包括中國在內。…… 現在到處講和平，我看危險！ …… 現在地球害病，所以要講緩和緊張，緩和國際緊張，要講和平。…… 黃昏的時候，燕子忙，飛得低，雨要下了。我是不贊成所謂永久和平的。對歐洲來的朋友，我總勸他們要準備打仗。如果不做準備，將來要吃虧。」[3] 這種個性上的危機感使得他對國際形勢的判斷就是「天下大亂」、「山雨欲來風滿樓、燕子低飛要打仗」。

既然戰爭即將爆發，讓支持自己一方的力量儘可能地多，讓支持敵對一方的力量儘可能地少，是戰爭條件下外交戰略選擇最直接、最自然、最符合邏輯的結果。這就是統一戰線政策的核心與實質。既然時代的主題是戰爭，而戰爭的危險是來自蘇聯，蘇聯和其他國家的矛盾上升為主要矛盾，那麼為了取勝，必須團結最大多數。只要對應付這一主要矛盾有利的力量就可以團結，美國也在被團結的範圍之內；只要對擊敗這個主要敵人有利的力量就可以聯合，美國的力量也是可以聯合的。20 世紀 70 年代中國外交戰略就是基於這樣的考慮來制定的，這一戰略就是反霸統一戰線。毛澤東性格特點中的危機意識決定了對時代主題的判

1　逄先知、金沖及主編：《毛澤東傳 1949 — 1976》（下），第 1675 頁。

2　中共中央文獻研究室編：《毛澤東年譜 一九四九 — 一九七六》第六卷，第 515 頁。

3　毛澤東：《關於國際問題幾次談話的要點》，1974 年，載《建國以來毛澤東文稿》第 13 卷，第 417 頁。

斷，對時代主題的判斷決定了中國的外交戰略，中國的外交戰略又決定了中國對亞非國家的國際統一戰線政策。

## 二、「一條線，一大片」與「三個世界」的劃分

面對蘇聯給中國帶來的日益嚴峻的安全威脅，毛澤東和周恩來兩位中國外交的主要決策者以超乎常人的政治勇氣和令人驚歎的外交智慧打開中美關係的大門，實行聯美抗蘇的政策。中美關係緩和的基礎在於中美在反對蘇聯擴張方面有共同的安全利益。明確美國的戰略意圖，即證實美國有意與中國合作共同抵禦蘇聯的威脅，同時美國無意與蘇聯合謀共同壓迫或侵犯中國是最終促成中國進行外交戰略調整的最重要因素。中國探詢美國戰略意圖的工作主要是在毛澤東的決策下通過周恩來與基辛格和尼克遜的會談來實現的。

1971 年 7 月 9 日至 11 日，美國總統國家安全事務助理基辛格對中國進行了祕密訪問。7 月 9 日下午，基辛格與周恩來進行了首次會談。基辛格主要談到了美國在台灣問題上的幾點政策。這些政策雖然還不構成完整的一個中國原則，並沒有完全達到中方的要求，但較之美國前幾屆政府的對華政策已經有了不少改進。周恩來也闡述了中方在台灣問題上的立場。周恩來指出：「台灣歷來就是中國的領土，台灣問題是中國的內政，不容外人干預；美國必須承認台灣是中國的一個省，必須限期撤走駐台美軍，必須廢除美蔣『共同防禦條約』。」[1] 會談結束後，周恩來向毛澤東彙報了首次會談的情況。毛澤東強調：「要給基辛格吹天下大亂，形勢大好，不要老談具體問題。我們準備美國、蘇聯、日本一起來瓜分中國。我們就是在這個基礎上邀請他來的。」[2] 毛澤東之所以要周恩來和

1　中共中央文獻研究室編：《周恩來年譜 一九四九 — 一九七六》下卷，第 467-468 頁。

2　徐達深主編：《中華人民共和國實錄 第三卷 內亂與抗爭 ——「文化大革命」的十年》（上），長春：吉林人民出版社，1994 年版，第 723 頁。

基辛格「吹天下大亂，形勢大好」，實際上就是要促使美方吐露真實的戰略意圖。在毛澤東的這種決策下，周恩來與基辛格第二天會談的氣氛驟然緊張。根據基辛格回憶，「周恩來不加掩飾地提到了他們經常提到的很多觀點。…… 大國勾結起來反對中國（不僅是美國和蘇聯，還有軍國主義的日本）；印度是侵略性的；蘇聯人貪得無厭，正在威脅全世界；中國不是超級大國，也決不想作美國和蘇聯那樣的超級大國。」[1] 根據中方的記錄，周恩來說：「你們要爭取中美之間的和平，爭取遠東的和平、世界的和平。現在和平根本談不上，戰爭一直沒有停。不說遠的，現在東方 —— 中國、朝鮮、印度支那都在打 …… 更不用說中東了，客觀世界的發展是大動亂。我們始終是積極防禦，準備大亂，準備美國、蘇聯等國瓜分中國，準備蘇聯佔黃河以北，美國佔黃河以南，同時向我們進攻。這樣我們可以更好地動員、教育下一代。我們進行人民戰爭，長期抗戰，勝利以後可以更好地進行社會主義建設。」基辛格說：「請你們放心，美國要同中國來往，決不會對中國進攻。美國同自己的盟國和對手決不會進行勾結針對中國。中國對付美國的軍隊可以向北開，擺在別的地方。」[2] 在周恩來的刺激下，基辛格的這番話袒露了美國的戰略意圖，美國確實希望與中國緩和關係，從而制衡蘇聯，這也使中國堅定了與美國緩和關係的決心。毛澤東在聽到有關基辛格上述表態的彙報後說：「過去我們是北伐，後來是南伐，現在是北來北伐，南來南伐。」[3] 毛澤東的回應說明三點，首先，中美剛剛開始高級別的官方接觸，雙方的戰略互信還沒有建立，毛澤東還要做好兩個超級大國誰侵犯中國，中國就進行回擊

1　［美］亨利・基辛格：《白宮歲月 —— 基辛格回憶錄》（第三冊）（楊靜予等譯），北京：世界知識出版社，1980 年版，第 24 頁。

2　王泰平主編：《中華人民共和國外交史（第三卷）1970 — 1978》，北京：世界知識出版社，1999 年版，第 355-356 頁。

3　徐達深主編：《中華人民共和國實錄 第三卷 內亂與抗爭 ——「文化大革命」的十年》（上），第 724 頁。

的準備。其次，基辛格的表態讓中方感到了一些安心，但並不想把抵禦蘇聯擴張的希望全部寄託在美國身上，仍然要獨立自主，掌握主動。第三，毛澤東的話再次證明中國的確擔心來自北方的威脅。

1972 年 2 月，美國總統尼克遜對中國進行了歷史性的訪問。2 月 21 日，尼克遜一行抵達北京，當天下午，毛澤東就在中南海會見了尼克遜。毛澤東向尼克遜表示：「來自美國方面的侵略，或者來自中國方面的侵略，這個問題比較小，也可以說不是大問題，因為現在不存在我兩個國家互相打仗的問題。你們想撤一部分兵回國，我們的兵也不出國。」尼克遜說：「當我們看到美國和中國這兩個偉大的國家時，我們知道中國並不威脅美國的領土。」毛澤東說：「也不威脅日本和南朝鮮。」周恩來補充說：「任何國家都不威脅。」尼克遜又回答道：「我想你們也知道美國對於中國也沒有領土要求。我們知道中國也不想統治美國，我們認為你們也懂得美國不想統治中國。」最後，毛澤東還表示尼克遜和基辛格都「不在打倒之列，都打倒了，我們就沒有朋友了嘛。」[1] 毛澤東與尼克遜的對話比較準確地概括了當時的中美關係的本質，即中美之間不再是敵對的關係，中美兩國互不構成直接威脅，尼克遜和基辛格可以成為中國人民的朋友。

在此後尼克遜與周恩來的會談中，尼克遜再次強調了美國沒有與蘇聯勾結對付中國的戰略意圖。他表示，促使美中接近的原因，主要是由於兩國國家安全利益是一致的。在制定美國對外政策時，他不得不考慮蘇聯在近四年來核力量發展速度驚人，美國不能落後於蘇聯，否則美國對歐洲、太平洋地區的盾牌就是毫無價值的。周恩來指出，美蘇競相擴充軍備，水漲船高，競賽下去，會引向戰爭。中國對世界的前途做了最壞的設想，即美蘇等從四面打進來，我們當然會蒙受很大犧牲，但這樣

---

1 熊向輝：《試析 1972 年毛澤東同尼克松的談話》，載《黨的文獻》1996 年第 3 期，第 92-94 頁。

也可能最後解決問題。尼克遜一再表白，美國絕不會同蘇聯一起來攻中國。他認為這種設想是不會實現的，中國保持強大、獨立、不被瓜分，符合美國的利益。[1] 美國澄清自己的戰略意圖滿足了中國最核心的戰略關切。中國之所以打開中美關係的大門，歸根結底還是希望聯合美國的力量來制衡蘇聯對中國的威脅。如果美蘇有聯手對付中國的打算，那中國調整對美政策則變得毫無意義。現在經過與基辛格和尼克遜的會談，中國確定了美國沒有與蘇聯手的意圖，那麼調整中國的外交戰略，建立包括美國在內的反對蘇聯霸權主義的統一戰線的時機也就成熟了。

早在 1969 年，當珍寶島事件爆發時，毛澤東就已經提出了建立反對蘇聯霸權主義統一戰線的初步設想。4 月 28 日，在中共九屆一中全會上，毛澤東提出「要準備打仗。無論哪一年，我們要準備打仗。人家就問了：他不來怎麼辦呢？不管他來不來，我們應該準備。」他還說：「為了勝利，就是要人多一點了，…… 還是多團結一點人好，還是少團結一點人好呢？總是多團結一點人好。」[2] 尼克遜訪華之後，中方對中美關係的發展相對滿意，因此，毛澤東認為，不僅亞非國家和歐洲國家要團結起來，就連美國的力量也要利用起來，共同反對當時霸道聲勢最盛的蘇聯。抗禦來自蘇聯的戰爭威脅是中國打開中美關係大門的主要動因。1972 年 7 月 24 日，毛澤東對周恩來等人提出：「在兩個超級大國之間可以利用矛盾，就是我們的政策。兩霸我們總要爭取一霸，不兩面作戰。」[3] 最終，在 1973 年 2 月 17 日會見美國國務卿基辛格時，毛澤東正式提出了建立反對蘇聯霸權主義的統一戰線的外交戰略。他對基辛格說：「我們兩家出於需要所以就這樣，（把两隻手握在一起）HAND-IN-HAND（手

1 王泰平主編：《新中國外交 50 年》下，第 1350 頁。

2 毛澤東：《在九屆一中全會上的講話》，1969 年 4 月 28 日，載《建國以來毛澤東文稿》第 13 卷，第 38 頁。

3 中共中央文獻研究室編：《毛澤東年譜 一九四九 — 一九七六》第六卷，第 441 頁。

攜手）。」基辛格說：「我們雙方都面臨同樣的危險，我們可能有時不得不運用不同的方法，但目標相同。」毛澤東說：「只要目標相同，我們也不損害你們，你們也不損害我們。…… 我們希望你們跟歐洲，跟日本合作。有些事情吵吵鬧鬧可以，但是根本上要合作啊。我跟一個外國朋友談過，說要搞一條橫線，就是緯度，美國、日本、中國、巴基斯坦、伊朗、土耳其、歐洲。」[1] 也是在這次會談中，毛澤東表達了對美國推動西歐國家與蘇聯講和，然後又推蘇聯向東進的擔心。他說：「如俄國打中國，中國會打游擊戰，打持久戰。」基辛格解釋道，美國和西方決不會這樣。美國不會和別人合夥進攻中國，因為這是十分危險的遊戲。[2] 基辛格的話再次確認了美國沒有與蘇聯聯手對付中國的戰略意圖，這樣，聯美反蘇的統一戰線政策基礎就比較堅實了。1973 年 8 月，周恩來在中國共產黨第十次全國代表大會上所做的政治報告也指出：「結成最廣泛的統一戰線，反對帝國主義和新老殖民主義，特別是反對美蘇兩個超級大國的霸權主義。」[3] 在中美關係已經有所緩和的背景下，這種統一戰線主要反對的是蘇聯霸權主義，這一點是毫無疑問的。1974 年 1 月 5 日，在會見日本外相大平正芳時，毛澤東又談到：「我看，美國、日本、中國、巴基斯坦、伊朗、土耳其，阿拉伯世界，歐洲，都要團結起來呀。一大片的第三世界要團結。這個蘇聯靠不住呢！我們受它的氣很多。」[4] 這就是著名的「一條線，一大片」外交戰略，也就是緯度大致相同的國家聯合起來，整個第三世界也要聯合起來，組成反對蘇聯霸權主義的國際統一戰線。

「一條線，一大片」外交戰略影響了 20 世紀 70 年代中後期的中國外交。20 世紀 70 年代末，鄧小平成為中國最高領導人後仍然強調這一外交

1　中共中央文獻研究室編：《毛澤東年譜 一九四九 — 一九七六》第六卷，第 468-469 頁。
2　王泰平主編：《新中國外交 50 年》下，第 1357 頁。
3　周恩來：《在中國共產黨第十次全國代表大會上的報告》，載《人民日報》1973 年 9 月 1 日，第一版。
4　中共中央文獻研究室編：《毛澤東年譜 一九四九 — 一九七六》第六卷，第 518 頁。

路線。1979 年 1 月 29 日，鄧小平在訪問美國期間同美國總統卡特談到美蘇限制戰略武器談判時說：「我們不反對美蘇簽訂這種協議，但我們認為它管不住蘇聯，不相信它會約束蘇聯的擴張政策。重要的是要做扎扎實實的工作，這就是說，中、美、日、西歐以及第三世界要聯合起來，破壞蘇聯的戰略計劃。」[1] 1 月 31 日，鄧小平在同美國新聞工作者共進午餐時又強調：「需要的是，採取更加現實的、更加切實可行的步驟，比如說，美國、中國、日本、西歐和世界其他國家聯合起來，這些國家聯合起來對付蘇聯霸權主義。…… 我們認為戰爭的危險來自蘇聯，對國際和平、安全和穩定的威脅來自蘇聯。我們大家可以做這麼一件事：蘇聯在哪裏搞，我們就阻止它，破壞它，挫敗它在世界任何地方的搗亂。」[2]1980 年 1 月，美國國防部長布朗訪華。1 月 8 日，鄧小平在會見布朗時說：「蘇聯的戰略重點雖是在西方，但它現在同亞洲、太平洋的戰略連在一起了，變化就在這裏。去年訪美時，我向卡特總統強調，從東面算起，日本、中國、歐洲、美國聯合起來才能對付這樣一個局勢，當然也包括這一條線上的第三世界國家聯合起來。」[3] 這充分說明，雖然此時改革開放新的歷史進程已經開啟，但是中國的外交政策並沒有立即隨之發生變化，而是繼續延續了毛澤東晚年提出的「一條線，一大片」反霸統一戰線政策，直到中國共產黨第十二次全國代表大會的召開。

中國為了抗禦來自蘇聯的安全威脅，與鬥爭了二十餘年的主要對手緩和了關係，這種變化不可不說是十分劇烈的，因此，這就需要中國在理論上為這種劇烈的變化提供依據。在中國共產黨第十次全國代表大會上，周恩來所做的政治報告已經進行了這種嘗試。他在政治報告中說：

---

1　宮力：《鄧小平與中美外交風雲》，北京：紅旗出版社，2015 年版，第 166 頁。

2　《鄧副總理同美國新聞工作者共進午餐時說 各國聯合起來對付蘇聯霸權主義》，載《人民日報》1979 年 2 月 2 日，第一版。

3　陶文釗：《中美關係史（1972-2000）》下卷，上海人民出版社，2004 年版，第 93 頁。

「我們應當指出，需要把蘇修、美帝的勾結、妥協，同革命的國家對帝國主義國家的必要的妥協區別開來。」隨後，周恩來又引用列寧的《共產主義運動中的「左派」幼稚病》含蓄地證明了中美兩國接近的合理性。他說：「列寧說得好，『有各種各樣的妥協。應當善於分析每個妥協或每個變相的妥協的環境和具體條件。應當學習區分這樣的兩種人：一種人把錢和武器交給強盜，為的是要減少強盜所能加於的禍害，以便後來容易捕獲和槍斃強盜；另一種人把錢和武器交給強盜，為的是要入夥分贓』。列寧同德帝國主義簽訂布列斯特條約，屬於前一種；列寧的叛徒赫魯曉夫、勃列日涅夫幹的是後一種。」[1] 然而，利用列寧關於不同妥協的理論來解釋 20 世紀 70 年代新的國際形勢和中國外交政策發生的重大變化顯然是不充足的，這就需要新的理論的產生。「三個世界劃分」的理論就是在這種情況下誕生的。

中美關係緩和已經根本改變了中國的反帝統一戰線政策。同時，20 世紀 70 年代國際形勢發展已經出現的新變化，冷戰呈現一種「蘇攻美守」的態勢。蘇聯不僅被認為是中國國家安全的主要威脅，還被中國認為是世界大戰最危險的策源地。在這種情況下，中國需要對國際戰略全局有一個明晰的概念，並予以簡明的表述，以達到更好地指導外交工作的目的，或者說為「一條線，一大片」反霸統一戰線政策提供一個理論基礎。因此，毛澤東提出了「三個世界劃分」的理論。1974 年 2 月 22 日，毛澤東在會見讚比亞總統卡翁達時說：「我看美國、蘇聯是第一世界。中間派，日本、歐洲、澳大利亞、加拿大，是第二世界。咱們是第三世界。亞洲除了日本，都是第三世界。整個非洲都是第三世界，拉丁美洲也是第三世界。」[2] 這是毛澤東第一次闡明了「三個世界」劃分的思想。

---

1　周恩來：《在中國共產黨第十次全國代表大會上的報告》，載《人民日報》1973 年 9 月 1 日，第一版。

2　毛澤東：《關於三個世界劃分問題》，1974 年 2 月 22 日，載《毛澤東外交文選》，第 600-601 頁。

1974 年 4 月，聯合國大會第 6 屆特別會議在紐約舉行。鄧小平副總理率中國代表團出席大會迸發言。在聯合國的講壇上，鄧小平又一次系統地介紹了毛澤東提出的這個思想。他說：「從國際關係的變化看，現在的世界實際上存在着互相聯繫又互相矛盾着的三個方面、三個世界。美國、蘇聯是第一世界。亞非拉發展中國家和其他地區的發展中國家，是第三世界。處於這兩者之間的發達國家是第二世界。」[1]

「三個世界」劃分的理論的重要意義首先在於，它讓人們看清了世界各國在國際政治關係和經濟關係中所處的不同地位。正如毛澤東主席所說：「美國、蘇聯原子彈多，也比較富。第二世界，歐洲、日本、澳大利亞、加拿大，原子彈沒有那麼多，也沒有那麼富；但是比第三世界要富。第三世界人口很多。」[2] 這樣的描述讓人們看到各自國家所處的政治經濟地位。

其次，「三個世界」劃分的理論還指出了對世界和平的威脅來自哪裏，維護世界和平的主要力量又是什麼。鄧小平在聯大第 6 屆特別會議上指出：「兩個超級大國是當代最大的國際剝削者和壓迫者，是新的世界戰爭策源地。…… 在欺負人方面，打着社會主義旗號的超級大國尤為惡劣。它出兵佔領自己的『盟國』捷克斯洛伐克，它策動戰爭，肢解巴基斯坦；它說了話不算，毫無信義，唯利是圖，不擇手段。」對於處於第二世界的發達國家，鄧小平談到，這些國家「都在不同程度上受着這個或那個超級大國的控制、威脅或欺負，其中有些國家在所謂『大家庭』的幌子下，實際上被超級大國置於附庸的地位。這些國家都在不同程度上具有擺脫超級大國的奴役或控制，維護國家獨立和主權完整的要求」。而廣大發展中國家，「是推動世界歷史車輪前進的革命動力，是反

---

1 《中華人民共和國代表團團長 鄧小平在聯大特別會議上的發言》，載《人民日報》1974 年 4 月 11 日，第一版。

2 毛澤東：《關於三個世界劃分問題》，1974 年 2 月 22 日，載《毛澤東外交文選》，第 600-601 頁。

對殖民主義、帝國主義、特別是超級大國的主要力量」。「三個世界劃分」的理論第一次把蘇聯和美國放到同樣的地位上，明確指出美蘇兩個超級大國爭霸都是世界和平的主要威脅。在當時中美關係已經緩和，中國提出「聯美抗蘇」的「一條線，一大片」戰略的背景下，中國實際上已經指出蘇聯霸權主義是世界和平的最大威脅。而維護世界和平的力量主要是第三世界國家，同時還包括第二世界的發達國家和第一世界中的美國。「三個世界」劃分的理論實際上就是「一條線，一大片」反霸統一戰線政策的理論支撐。還應該特別注意的是，鄧小平在講話中強調了美蘇表面的妥協和實質上的爭奪。他說：「兩個超級大國既然要爭奪世界的霸權，就存在着不可調和的矛盾，不是你壓倒我，就是我壓倒你。它們之間的妥協和勾結，只能是局部的，暫時的，相對的，而它們之間的爭奪則是全面的，長期的，絕對的。」毛澤東一直擔心美國和西歐國家與蘇聯達成某種妥協，使得蘇聯可以騰出手來壓迫中國，從而使中國的「一條線，一大片」反霸統一戰線政策落空。毛澤東在晚年多次批評西歐國家與蘇聯的緩和與二戰前西歐國家對納粹德國的綏靖政策毫無二致。綏靖政策是將納粹德國的「禍水」引向東方，引向蘇聯，現在西歐與蘇聯搞緩和也是為了「禍水東引」，把蘇聯推向中國。毛澤東認為爭奪才是美蘇關係的實質，這樣中國就可以利用蘇聯與西方國家的矛盾來落實反霸統一戰線政策，因此這才有了鄧小平上述對美蘇關係實質的分析。

「三個世界」劃分的理論的重要性還在於，明確界定了中國在「三個世界」中的歸屬，並做出了中國永遠不稱霸的莊嚴承諾。鄧小平在發言的最後指出：「中國是一個社會主義國家，也是一個發展中的國家。中國屬於第三世界。中國政府和中國人民，堅決支持一切被壓迫人民和被壓迫民族爭取和維護民族獨立，發展民族經濟，反對殖民主義、帝國主義、霸權主義的鬥爭，這是我們應盡的國際主義義務。中國現在不是，將來也不做超級大國。」[1]

「三個世界劃分」的理論是中國領導人對國際關係進行理論思考的結晶，對後來的中國外交產生了極為深遠的影響。

## 三、反霸條款

20 世紀 70 年代，中國外交有一個特殊的現象，就是中國與西方大國達成的外交文件中往往有反對霸權主義的條款，這種條款被稱作「反霸條款」，而霸權主義在當時的歷史背景下主要是指蘇聯。反霸條款的出現是從美國總統尼克遜訪華時發表的上海公報開始的。

1971 年 10 月 20 日至 26 日，基辛格對中國進行了第二次訪問。他此次訪華的主要目的之一就是與中方磋商尼克遜訪華時要發表的聯合公報，並與中方達成一致意見。10 月 22 日，美方提出了尼克遜訪華時聯合公報的草案。這個草案只是用含糊其辭的方式來顯示中美關係的共同點，並企圖用一些陳詞濫調來掩蓋雙方的分歧，並且有意迴避了美國應該從台灣海峽和台灣島撤軍的問題，反而要求中方承諾只用和平的方式來解決台灣。周恩來看了美方的草案之後當即表示不能同意，指示由中國外交部官員來起草對案。但是，美方在這次訪問前沒有提起過聯合公報的問題，因此中方的應對有些倉促。10 月 23 日，毛澤東對中方所起草的對案表示不能令人滿意。他說：「國際形勢我講過多次，天下大亂嘛！各說各的可以，這個辦法好。他們不是講什麼和平、安全、不謀求霸權嗎？我們就要講革命，講解放全世界被壓迫民族和被壓迫人民，講大國不應該欺侮小國。不突出這個，我看不那麼妥當。」毛澤東意見實際上就確定了聯合公報第一部分中方和美方各自表述自己對國際形勢和地區

---

1 《中華人民共和國代表團團長 鄧小平在聯大特別會議上的發言》，載《人民日報》1974 年 4 月 11 日，第一版。

熱點問題的看法的基本立場。但是，毛澤東也表示雙方各自表態是「放空炮」，其含義是中美兩國各自表達自己的立場，但這並不等於重新回到中美兩國相互敵對的狀態上去。第二天，按照毛澤東指示，周恩來在會見基辛格時說：「現在戰爭根本未停，世界並不太平，客觀世界是大亂，談不上和平。當前的主要傾向是革命，不是戰爭引發革命，就是革命制止戰爭。」周恩來強調：「如果我們對形勢的估計說得含含糊糊，不把我們兩國的根本分歧講清楚，是不真實的，我們是不能同意的。」10 月 24 日，中方向美方提交了中方草擬的聯合公報草案，美方感覺難以接受。周恩來表示，用漂亮的外交辭令掩蓋分歧的典型公報，往往是禍根。公開擺明分歧，就是解決問題的開始，也是通向未來的第一步。[1] 經過謹慎的思考，基辛格也同意了中方這種對聯合公報獨出心裁的設計。10 月 25 日，美方再次提出新的對案。到 10 月 26 日，中美雙方才就尼克遜訪華的聯合公報達成了一致意見。實際上，在聯合公報的第一部分，中美雙方各自表達對國際形勢和地區熱點問題的立場與政策是十分必要的。因為，中美關係的緩和不僅對中美兩國而且對於全世界來說都是一個突如其來的巨大變化，如果不說清雙方的分歧，只是含糊地表達一些共同點，勢必引起國際社會各種各樣不必要乃至有害的懷疑和猜測，甚至會導致美國的同盟體系和中國對外關係佈局的震盪。因此，聯合公報一開始就寫出兩國迥然不同的觀點，反而更能夠準確地向外界傳達中美關係發展到了什麼程度，以及這種關係的本質是什麼。

但是，如果聯合公報只寫中美兩國的分歧，顯然也不符合當時中美關係的事實。中美之間如果沒有共同點，中美關係緩和也就不會發生了。因此，在尼克遜訪華結束時雙方發表的《上海公報》實際上由三部分組成。第一部分是雙方各自表達對國際形勢和地區熱點問題的立場和

---

1 魏史言：《基辛格第二次訪華》，載《新中國外交風雲》第三輯（外交部外交史研究室編），北京：世界知識出版社，1994 年版，第 67-69 頁。

政策，第二部分是中美兩國的共同點，第三部分是中美就台灣問題所做的表態。其中第二部分談道：「中美兩國關係走向正常化是符合所有國家的利益的；雙方都希望減少國際軍事衝突的危險；任何一方都不應該在亞洲—太平洋地區謀求霸權，每一方都反對任何其他國家或國家集團建立這種霸權的努力；任何一方都不準備代表任何第三方進行談判，也不準備同對方達成針對其他國家的協議或諒解。雙方都認為，任何大國與另一大國進行勾結反對其他國家，或者大國在世界上劃分利益範圍，那都是違背世界各國人民利益的。」[1] 其中「任何一方都不應該在亞洲—太平洋地區謀求霸權，每一方都反對任何其他國家或國家集團建立這種霸權的努力」就是所謂的「反霸條款」。關於反霸條款，美方的原草案為「任何一方都不在亞洲—太平洋地區謀求霸權」，中方考慮到這種表述有美化美國霸權主義政策的含義，彷彿美國沒有在亞太地區謀求霸權一樣。因此，中方堅持將這句改為任何一方都「不應該」在這一地區謀求霸權。[2] 這樣一改，反霸條款就成為對中美雙方的道義要求，而不是已經做到的現實。而反霸條款的後一句，企圖建立這種霸權的國家或國家集團在當時的歷史條件下主要是指蘇聯及其盟國。反霸條款的出現也就通過雙邊文件的形式肯定了中美兩國反對蘇聯霸權主義的共同安全利益。

中美關係的緩和帶來了中國與西方大國關係的重大發展，實現了新中國歷史上的第三次建交高潮。尼克遜結束訪華後僅僅半年多的時間，1972 年 9 月 25 日，日本首相田中角榮、外相大平正芳和內閣官房長官二階堂進一行就來到中國進行訪問，這次訪問的目的就是實現中日邦交正常化。9 月 27 日，毛澤東會見了田中角榮一行，進行了友好的談話。從 9 月 25 日至 28 日，周恩來與田中角榮進行了四次限制性會談。同時，兩

1 《聯合公報》，載《人民日報》1972 年 2 月 28 日，第一版。該文件原題為聯合公報，由于是在上海發表，故史稱《上海公報》。

2 王泰平主編：《新中國外交 50 年》下，第 1354 頁。

國外長也舉行了兩次會談。雙方就標誌着中日邦交正常化的《中日聯合聲明》充分、友好地交換了意見。《中日聯合聲明》除了就台灣問題、結束中日之間的戰爭狀態問題、如何看待日本侵華戰爭和戰爭賠償問題等重大問題做出規定外，在《中日聯合聲明》的第七條還規定：「兩國任何一方都不應在亞洲和太平洋地區謀求霸權，每一方都反對任何其他國家或國家集團建立這種霸權的努力。」這一條款是對中美《上海公報》中反霸條款的重申，其指向性也是非常明確的，就是反對蘇聯霸權主義的擴張。這種反對蘇聯霸權主義擴張的共同利益也成為推動實現中日邦交正常化的重要力量之一。

1973 年 11 月，美國國務卿基辛格再次訪華。11 月 12 日下午到晚上，毛澤東與他進行了長達三個小時的談話，這在毛澤東晚年是非常罕見的。毛澤東再次闡述了建立反對蘇聯霸權主義統一戰線的政策，同時對美國與蘇聯實行緩和提出了批評。毛澤東說：「蘇聯那個野心跟它的能力是矛盾的，它要對付這麼多方面，從太平洋講起，有美國，有日本，有中國，有南亞，往西有中東，有歐洲。統共只有一百多萬兵，守也不夠，何況進攻？…… 我們也牽制他們一部分兵力，也有利於你們、歐洲、中東。…… 我的意見是這個蘇聯野心很大，就是歐洲、亞洲兩個洲都想霸佔，甚至非洲北部，但是力量不夠，困難很大。」[1] 從毛澤東以上談話可以看出，毛澤東仍然把大致處於同一緯度的國家，如美國、日本、中國、南亞的巴基斯坦、伊朗、土耳其和歐洲國家看作是阻擋蘇聯對外擴張的前線，也把這些國家看作是處於同一統一戰線的國家。這些國家的關係與反帝統一戰線國家之間的關係幾乎是一樣的，也就是彼此之間是一種相互援助的關係，只不過現在變成了一國進行反對蘇聯霸權主義的鬥爭，就可以牽制乃至消耗蘇聯的一部分軍事力量，對其他反對蘇聯

---

1　中共中央文獻研究室編：《毛澤東年譜 一九四九 — 一九七六》第六卷，第 503-504 頁。

擴張的國家就是一種援助。

在基辛格結束這次訪問時，美方提議發表一個公報。在這個公報中最明顯的變化就是反霸條款的適用範圍擴大了。公報指出：中美雙方「特別重申任何一方都不應該在亞洲、太平洋地區或世界的任何其他地區謀求霸權，每一方都反對任何其他國家或國家集團建立這種霸權的努力」。[1] 也就是說反對霸權主義的範圍從亞太地區擴大了整個全世界，反霸統一戰線具有了全球戰略的性質，也成為中國對亞非國家政策的主軸。公報的發表也表明中美兩國反對蘇聯霸權主義這一共同利益正在深化和鞏固。

中日邦交正常化後，中日兩國繼續進行締結一項和平友好條約的談判，然而，這一談判卻遇到了不少困難。談判中雙方爭論的焦點是條約應否寫上反對霸權主義的條款。

1974 年 12 月，三木武夫接替田中角榮出任日本首相。他一方面表示要尊重並且誠實履行《日中聯合聲明》的精神，並據此發展今後的日中關係；另一方面卻修改了田中、大平時期的外交政策，標榜在美、中、蘇三國之間搞等距離外交，害怕得罪蘇聯，同時也擔心束縛自己，因此藉口條約不能針對第三國，不同意把《日中聯合聲明》第七條關於不謀求霸權和反對謀求霸權的兩層意思寫進和平友好條約之中。中方則認為，《中日聯合聲明》是指導和發展兩國關係的準則，「反霸條款」是《中日聯合聲明》的一項重要內容，和平友好條約只能在《中日聯合聲明》的基礎上前進，而決不能後退。因此，當中日兩國開始為締結和平友好條約進行談判時，「反霸條款」就成了爭論的焦點。經過多輪談判，雙方始終未能達成一致意見。

當時，晚年的毛澤東和主持中央工作的鄧小平在「反霸條款」問題

1 《公報》，載《人民日報》1973 年 11 月 15 日，第一版。

上態度都非常堅決。1975 年 3 月 24 日，毛澤東與王海容、唐聞生談中外關係。關於中日和平友好條約，毛澤東說：「在反霸條款問題上不能讓步。如同意不將反霸條款寫入正文，蘇聯高興，不要上蘇聯的當。日本朋友正在為爭取將反霸條款寫入正文而積極活動，我們讓步，就不好了。」[1]7 月 21 日，鄧小平在會見日中記者會友好訪華團時指出：「現在中日兩國關係的焦點就是和平友好條約，我們是希望早日簽訂的。關鍵在於是否寫進反霸條款。我們總是把反對霸權當作一個原則，不能讓步，因為它有實質的政治內容。把它寫進去，不僅是應該的，也是必要的。反對寫反霸權內容的無非是三種人：一種是想復活軍國主義，一種是怕蘇聯，還有一種是想搞一定的外交權術。」[2]10 月 3 日，鄧小平在會見日本自民黨眾議員小阪善太郎時進一步闡明了中國的立場。他說：「《聯合聲明》中關於反對霸權主義的內容一定要全部寫入和平友好條約。與其為難，晚一些時間也可以，反正《聯合聲明》還在嘛。與其不明不白地做這樣那樣的解釋，還不如暫時不搞好。不能從《聯合聲明》後退，我們認為任何解釋實際上都是後退。」[3]

1976 年 12 月，三木武夫首相卸任，福田赳夫接任日本首相。此時，日本國內和國際形勢出現了有利於締結中日和平友好條約的變化。在國際上，美蘇爭奪加劇。美國出於其對蘇戰略的考慮，公開表示支持中日締結和平友好條約。西德、英國、法國等也在不同程度上鼓勵日本同中國加強聯繫，東盟各國對中日締結和平友好條約大都持贊同態度。在日本國內，各界都要求警惕和防範蘇聯。在這種背景下，日本國內支持早日締約的呼聲逐漸高漲。

1978 年 5 月 31 日，日方建議在北京恢復和平友好條約的談判。7 月

1　中共中央文獻研究室編：《毛澤東年譜 一九四九 — 一九七六》第六卷，第 576 頁。
2　中共中央文獻研究室編：《鄧小平年譜》第四卷，北京：中央文獻出版社，2020 年版，第 71 頁。
3　王泰平主編：《中華人民共和國外交史（第三卷）1970 — 1978》，第 28 頁。

21 日，談判在北京開始。到 8 月初，談判取得了進展。田園直外相於 8 月 8 日訪華，與黃華外長舉行會談，雙方於 8 月 11 日就條約內容全部達成協議，並於 8 月 12 日在北京舉行了隆重的簽字儀式。中國總理華國鋒、副總理鄧小平出席了儀式。黃華外長和田園直外相分別代表各自政府在《中華人民共和國和日本國和平友好條約》上簽字。

《中日和平友好條約》由前言和五項條款組成。前言確認《中日聯合聲明》是「兩國間和平友好條約的基礎，聯合聲明所表明的各項原則應予嚴格遵守」。條約第一條規定了兩國發展持久的和平友好關係的基礎。條約的第二條規定：「任何一方都不應在亞洲和太平洋地區或其他任何地區謀求霸權，並反對任何其他國家或國家集團建立這種霸權的努力。」這條是根據《中日聯合聲明》中的「反霸條款」寫的，並且在「亞洲和太平洋地區」後面也增加了「其他任何地區」。《中日和平友好條約》再次使反霸條款具有了全球戰略的性質。中日兩國反對蘇聯霸權主義的共同利益也同樣得到深化和鞏固，這有利於中日關係進入一個高速發展的時期。另外，條約的第四條規定，「本條約不影響締約各方同第三國關係的立場」。[1] 這是根據《中日聯合聲明》第七條第一句「中日邦交正常化，不是針對第三國的」改寫而成。這是中方為照顧日方的需要，在堅持原則的前提下所做的重大努力。《中日和平友好條約》鮮明地寫入反霸條款是國際條約中的一項創舉，在國際關係中產生了重大的影響。《中日和平友好條約》也成為中日關係的又一個重要政治基礎。

1978 年下半年，反霸條款問題也成為中美建交談判的一個重要議題。1978 年 12 月，為了配合即將在中共中央十一屆三中全會上實現的黨的工作重心的轉移，鄧小平決定抓住時機，推動中美建交談判取得突破。因此，他多次會見美方談判代表、美國駐華聯絡處主任伍德科克，

1 《中華人民共和國日本國和平友好條約》，載《人民日報》1978 年 8 月 13 日，第三版。

直接參與中美建交談判。12 月 13 日上午，鄧小平會見了伍德科克。鄧小平表示：基本同意中美建交公報的草案，但在公報中應重申反霸條款，以加重分量。12 月 14 日，伍德科克奉命緊急會見鄧小平。伍德科克表示，為了防止泄密，雙方商定在北京時間 1978 年 12 月 16 日上午 10 時、華盛頓時間 12 月 15 日晚 9 時同時宣佈建交公報。鄧小平同意按美方的建議於 1979 年 1 月 29 日訪美。當晚，伍德科克再次奉命緊急約見鄧小平，表示美方同意在公報中寫上反霸條款。12 月 15 日下午，伍德科克再次會見鄧小平副總理，要求澄清美方能否在記者問到時說 1979 年後可向台灣出售有選擇的武器。鄧小平說：如卡特總統對外說向台灣出售武器，我方不同意。如卡特談話涉及此問題，中方也要立即表態。現在要避開不談，「以後我們雙方再來討論」；「最重要的是，如果美國繼續向台灣出售武器，從長遠講，將會對中國以和平方式解決台灣回歸祖國問題設置障礙，最終只能導致武力解決。」[1] 伍德科克答應立即報告政府，事後美方未再提異議，雙方達成了建交協議及有關安排。

1978 年 12 月 16 日，雙方按照商定的時間同時發表了《中華人民共和國與美利堅合眾國關於建立外交關係的聯合公報》，其主要內容包括：「中華人民共和國和美利堅合眾國商定自 1979 年 1 月 1 日起互相承認並建立外交關係。美利堅合眾國承認中華人民共和國政府是中國的唯一合法政府。在此範圍內，美國人民將同台灣人民保持文化、商務和其他非官方關係。任何一方都不應該在亞洲－太平洋地區以及世界上任何地區謀求霸權，每一方都反對任何國家或國家集團建立這種霸權的努力。任何一方都不準備代表任何第三方進行談判，也不準備同對方達成針對其他國家的協議或諒解。美利堅合眾國政府承認中國的立場，即只有一個

1　王泰平主編：《中華人民共和國外交史（第三卷）1970 — 1978》，第 380 頁。

中國，台灣是中國的一部分。」[1]《中美建交公報》對反霸條款的再次重申實質上是對中國反對蘇聯霸權主義立場的再確定，也是對中美共同反對蘇聯擴張的戰略關係的再確定。

## 四、終止中蘇同盟

就在中國與西方國家的關係由於反對蘇聯霸權主義的共同安全利益而有所突破的時候，中國對蘇聯戰略意圖的判斷變得更加嚴峻，同時，中國決定終止已經名存實亡的中蘇同盟關係。1977 年 8 月 12 日至 18 日，中國共產黨第十一次全國代表大會召開。黨的十一大的政治報告指出：「蘇修打着『社會主義』、『支持民族解放』、『和平合作』的旗號，加緊推行全球『進攻性戰略』，要把整個歐洲、亞洲、非洲拿到手。蘇美爭奪遍及世界各個角落，但爭奪的重點仍然是歐洲。蘇聯陳重兵於歐洲東部，同時又加緊在非洲和中東掠奪戰略資源和搶佔戰略基地，企圖東取波斯灣，南下好望角，西斷大西洋交通要道，從側翼迂迴和包圍歐洲。」報告還強調：「我們面臨着帝國主義特別是社會帝國主義的侵略和威脅，蘇修亡我之心不死，我們一定要準備打仗。」[2] 這一方面說明中國認為蘇聯的對外擴張已經遠遠超出了它的周邊地區，擴張的觸角已經伸向了遠離蘇聯的南部非洲，蘇聯的擴張已經是一個全球性的挑戰和威脅。另一方面也說明，雖然毛澤東已經逝世，但他對於蘇聯威脅的估計沒有消失，反而有所增強，中國新領導人把來自蘇聯的威脅提高到了關係到中國生死存亡的高度。中國領導人的這種判斷並不是沒有道理的。此時，蘇聯在中蘇邊境地區部署了可以進行空襲的直升飛機、SS-20 中程導

1 《中華人民共和國和美利堅合眾國關於建立外交關係的聯合公報》，載《人民日報》1978 年 12 月 17 日，第一版。

2 《在中國共產黨第十一次全國代表大會上的政治報告》，載《人民日報》1977 年 8 月 23 日，第一至六版。

彈。1978 年 3 月 28 日至 4 月 9 日，蘇聯領導人勃列日涅夫在蘇聯國防部長烏斯季諾夫的陪同下，視察了西伯利亞和遠東部隊，觀看了陸上諸兵種的合成戰術演習和太平洋艦隊演習。勃列日涅夫發表講話說：「我們邊界的東西方都有熱衷於軍備競賽、加劇恐怖和敵視氣氛的勢力。」[1] 這使此次演習具有濃烈的針對中國的色彩。同時，蘇聯還熱衷於建立所謂的「亞洲集體安全體系」，與中國的周邊國家簽訂所謂的「和平友好合作」條約，最後，印度和越南與蘇聯簽署了這樣的條約，這使中國有一種腹背受敵的感覺，加深了中國的危機感。

雖然中蘇關係已經嚴重惡化，但是 1950 年 2 月簽署的《中蘇友好同盟互助條約》仍在有效期內，中國和蘇聯仍然為名義上的同盟國，這與中蘇關係的實際情況極不相稱。由於《中蘇友好同盟互助條約》有效期為 30 年，到 1980 年初就將期滿。在中蘇關係嚴重惡化的情況下如何處理即將期滿的《中蘇友好同盟互助條約》成為中國外交部門必須解決的一個問題。當時，中國駐蘇聯大使館的意見是：最好能夠以新代舊，「既可解除軍事同盟關係，又不致引起大的震動，對我穩定周邊國際環境和加強我在大三角關係中的地位比較有利」。具體做法是，中蘇就國家關係問題舉行談判，視情況爭取簽訂一個新的國家關係文件。[2] 在中國使館得出這樣的結論後，1979 年 3 月 14 日，中國駐蘇聯大使館政治參讚馬敘生受中國駐蘇聯大使王幼平的委託回國彙報。馬敘生回國後發現使館意見與中國外交部主要領導的意見是一致的。應該是在這種情況下，外交部上送了《關於不延長中蘇友好同盟互助條約問題的請示》，3 月 24 日，鄧小平批准了這一報告。[3] 隨後馬敘生重新回到中國駐蘇聯使館，並於 3 月

1　王泰平主編：《新中國外交 50 年》中，第 943-944 頁。

2　馬敘生：《結盟對抗均不可取 —— 憶八十年代中蘇關係正常化的過程》，載《東歐中亞研究》2001 年第 2 期，第 62 頁。

3　中共中央文獻研究室編：《鄧小平年譜》第四卷，第 497-498 頁。

31 日在吹風會上向使館全體幹部介紹了回國彙報的情況。當時，中國駐蘇聯大使王幼平表示：「花兒有開有謝，月亮有圓有缺，條約有始有終，舊的廢了尚可簽新的，也可以搞些往來，逐步將國家關係正常化。」[1] 1979 年 4 月，鄧小平明確指出：不再延長名存實亡的《中蘇友好同盟互助條約》，但應同蘇聯就懸而未決的問題和改善兩國關係舉行談判，簽訂相應文件。[2] 通過以上事實可以看出，中國政府對於《中蘇友好同盟互助條約》的最終決定就是不再延續這個條約，同時在條約終止後，中蘇進行談判，重新確立兩國之間關係的基本原則，簽訂新的文件。

按照這一既定方針，1979 年 4 月 3 日，中國第五屆全國人民代表大會常務委員會第七次會議通過決議稱：「1950 年 2 月 14 日在莫斯科簽訂、同年 4 月 11 日生效的中華人民共和國與蘇維埃社會主義共和國聯盟友好同盟互助條約將於 1980 年 4 月 11 日期滿。鑒於國際形勢已發生重大變化，中蘇友好同盟互助條約由於並非中國方面的原因遭到踐踏而早已名存實亡，中華人民共和國第五屆全國人民代表大會常務委員會在 1979 年 4 月 3 日舉行的第七次會議上通過決議，決定條約期滿後不延長。」[3] 同一天，中國外長黃華向蘇聯駐華大使遞交了一份照會，該照會首先肯定《中蘇友好同盟互助條約》「曾經對於保障中蘇兩國的安全和促進兩國人民的友誼和建設事業，對維護遠東和世界和平事業起過歷史作用」。但是，近 30 年來國際形勢發生了重大變化，蘇聯和中國同日本的關係都已經先後實現正常化，「中蘇條約對日本的條款顯然已經過時」。照會指出：《中蘇友好同盟互助條約》所規定的義務「也由於並非中國方面的原因而遭到踐踏，條約早已名存實亡」。因此，中華人民共和國全國人民代表大會常務委員會已於 1979 年 4 月 3 日通過決議，決定按照《中蘇友好同盟互助

1 雲水：《出使七國紀實 —— 將軍大使王幼平》，北京：世界知識出版社，1996 年版，第 248 頁。
2 黃華：《親歷與見聞 —— 黃華回憶錄》，北京：世界知識出版社，2007 年版，第 209 頁。
3 《人大常委會第七次會議舉行全體會決定不延長中蘇友好同盟互助條約》，載《人民日報》1979 年 4 月 4 日，第一版。

條約》第六條的規定，條約期滿後不再延長。在照會中，中方特別強調：中國政府一貫主張在和平共處五項原則基礎上與蘇聯保持和發展正常的國家關係。為此，中國政府向蘇聯政府建議，中蘇兩國舉行改善國家關係的談判，解決兩國之間懸而未決的問題。[1] 蘇聯對於中國的決定十分不滿，并發表政府聲明，同時在蘇聯《真理報》上發表文章攻擊中國，中國也對此予以了回擊。

按照既定方針，中國所採取的第二步應該是與蘇聯進行談判，重新確定中蘇關係的基本原則，簽訂新的文件。但是，在籌備談判的過程中，鄧小平對於談判的目的進行了重大的調整。1979 年 8 月 29 日，中共中央政治局召開會議，專門討論中蘇兩國進行談判的相關方案。在會議上，鄧小平做了中心發言，他指出：「雙方要承擔義務，都不在對方鄰國駐軍，建立軍事基地或變相的軍事基地，不利用鄰國威脅對方。」鄧小平強調說：「核心問題有兩個：從蒙古撤軍；不支持越南侵略柬埔寨。這兩個問題解決了，中蘇就可以發展關係。」鄧小平還叮囑中國駐蘇聯大使、中蘇談判中方代表王幼平，「幼平同志，可別急啊！要防止急於求成，談不成沒有關係，馬拉松沒有壞處。」最後，鄧小平重申：「不能在百萬大軍壓境的情況下改善關係。」[2] 鄧小平的發言實際上已經改變了中蘇即將開始的談判的目標，那就是談判不是為了重新建立中蘇兩國關係的基本原則，並簽署新的文件，而是消除蘇聯對中國國家安全的威脅。鄧小平實際上已經提出了後來為人所熟知的「中蘇三大障礙」中的兩個，其一是蘇聯在中蘇、中蒙邊境部署重兵，其二是蘇聯支持越南入侵柬埔寨。鄧小平特別強調「不能在百萬大軍壓境的情況下改善關係」已經明確表示，不消除蘇聯對中國國家安全的威脅，是談不到改善中蘇關係的。鄧小平實際上還提出談判要拖，不能急於求成，這就是要控制談判的速度，使

---

1　黃華：《親歷與見聞 —— 黃華回憶錄》，第 356 頁。
2　雲水：《出使七國紀實 —— 將軍大使王幼平》，第 251 頁。

其不致影響中國反對蘇聯霸權主義的總體政策，不致影響中國與西方國家的關係，不致影響改革開放的總方針和對西方國家技術、資金以及管理模式的引進和利用。

1979 年 9 月 18 日，鄧小平又利用會見美國前總統尼克遜的機會闡述了中國對中蘇談判的立場。他指出：「要消除中蘇關係的障礙，這是談判的前提。障礙是蘇聯的擴張主義和霸權主義，而不只是中蘇邊界問題。蘇聯在中蘇邊界擺了一百萬軍隊，這對中國是一個實實在在的威脅，這種情況能夠繼續嗎？蘇聯必須減少中蘇邊境的軍隊，至少減少到赫魯曉夫時代的數量。蘇聯在蒙古駐軍能夠繼續嗎？理所當然我們要提出這個問題，要讓蘇聯軍隊從蒙古撤出去。還有，中蘇雙方都不在對方的鄰國建立軍事基地。蘇聯應該放棄支持擴張和霸權主義。」[1] 這樣一來，中蘇兩國從 1979 年 9 月 23 日開始的談判就不可能在短時間內取得突破。鄧小平的談判策略與其說是改善中蘇關係，不如說是消除蘇聯對中國國家安全威脅的策略，是中國反對蘇聯霸權主義和全球擴張戰略的組成部分。中蘇第一輪談判結束後，由於蘇聯在 1979 年 12 月底入侵阿富汗，中國中止了關於改善中蘇關係的談判。同樣是由於蘇聯入侵阿富汗，中蘇關係又增加了一個新的障礙。

## 第二節　反霸統一戰線西亞支點的確立

### 一、中國與土耳其建交

新中國建立後，中國和土耳其之間雖然有一些交往，但是，由於土耳其政府始終與台灣的蔣介石集團保持所謂的「外交關係」，並追隨美國阻撓恢復中華人民共和國在聯合國的合法席位，因此，中華人民共和

1　中共中央文獻研究室編：《鄧小平年譜》第四卷，第 557 頁。

國與土耳其建交長期未能實現。到了 20 世紀 70 年代初，形勢發生了有利於中土建交的變化。一方面，中華人民共和國沒有被美國的遏制政策所扼殺，反而不斷發展壯大，國際影響力在不斷增加，土耳其無法忽視一個擁有數億人口的亞洲大國的存在。另一方面，意大利、加拿大兩個西方大國承認了新中國並與之建交，這對土耳其的對華政策產生了重要影響。特別是科威特這個海灣國家與新中國建交，更促使土耳其希望與中華人民共和國建立外交關係。同時，中國堅決反對蘇聯霸權主義也使土耳其考慮可以藉助中國的力量來制衡蘇聯。從中國方面講，自從毛澤東着手制止「文化大革命」的動亂給外交工作帶來的干擾，恢復外交外事工作秩序，中國有意打開對外關係的局面，與更多的國家建立外交關係。中國對土耳其與蘇聯之間的矛盾乃至歷史上土耳其與沙俄之間的糾葛和紛爭是了解的，與土耳其建交也有利於建立和鞏固反霸統一戰線。中土建交使得毛澤東在提出「一條線，一大片」反霸統一戰線時把土耳其列為了這一統一戰線上的支點國家。

時間來到 1970 年，土耳其的對華政策開始出現積極變化。1970 年 12 月 16 日，土耳其外長伊桑赫・查拉揚吉爾對於土耳其議會中反對黨議員提出的土耳其承認新中國的建議給予了積極的回應。他說：「國際社會對北京更廣泛的接受的時機可能已經成熟了。」但同時他強調，「北京堅持對台灣擁有主權，這給土耳其和其他國家提出了一個嚴重的問題。」談到中國在聯合國的代表權問題，查拉揚吉爾說：「土耳其不反對任何國家加入聯合國，但是不能同意接納這個國家進入聯合國的決議會涉及驅逐另外一個會員國。」[1] 由此可見，此時土耳其已經願意與新中國建交，但不想在「一個中國」原則上做出承諾，不支持聯合國在恢復新中國的

1 Telegram from Department of State to All NEA Diplomatic Posts, No. 8895, January 19, 1971, Third Country Recognition of Peking and Chirep, RG 59, General Records of the Department of State, Subject Numeric Files, 1970 — 1973, Political & Defense, Box 2182, National Archive at College Park, College Park, MD.

合法席位時驅逐蔣介石集團的代表。但僅僅是土耳其外長這一略帶積極成分的表述也引起了美國方面的極大關注。1971 年 1 月 19 日，美國國務卿威廉·羅傑斯向所有美國駐近東國家的外交代表機構發出長篇通電，闡述美國對土耳其對華政策這一新動向的立場。電報指出：「我們希望預先阻止滾雪球的效應，要阻止對中華民國政府雙邊關係的快速侵蝕，如果一些國家的政府按照加拿大、意大利的模式，為了恢復北京在聯合國的席位而承諾驅逐中華民國政府的代表，這將對未來處理中國在聯合國代表權問題帶來嚴重的影響。因此，我們希望在可能的範圍內，在適當的地方放緩承認北京的速度，限制承認北京的範圍。」電報特別強調：「我們認識到一些國家可能希望承認北京，但是，我們認為與北京建交不應該支付這樣的代價，那就是中斷與中華民國政府的關係，並投票支持把它的代表從聯合國驅逐出去。美國和很多其他國家認為，中華民國政府是國際社會一個和平、負責任和合作的成員。美國仍然堅定地反對剝奪中華民國政府聯合國會員資格的企圖。我們期待一個希望承認北京的國家不要在北京對台灣的主權和在聯合國驅逐中華民國的代表方面做出承諾。」電報還要求美國駐近東國家的外交代表機構在不驚動駐在國政府的前提下，評估這些國家在當前或短期內與新中國建立外交關係的興趣，以及這些國家對新中國加入聯合國的同時讓所謂「中華民國」政府繼續留在聯合國的興趣。[1] 這封電報成為美國對土耳其與中華人民共和國建交的基本立場。此時，美國尼克遜政府也在醞釀調整對華政策，實現中美關係的緩和。尼克遜政府知道已經很難阻止越來越多的國家承認新中國並與之建交，它寄希望於在聯合國製造「兩個中國」的局面，即一方

---

1 Telegram from Department of State to All NEA Diplomatic Posts, No. 8895, January 19, 1971, Third Country Recognition of Peking and Chirep, RG 59, General Records of the Department of State, Subject Numeric Files, 1970 — 1973, Political & Defense, Box 2182, National Archive at College Park, College Park, MD.

面無法阻止中華人民共和國恢復在聯合國的合法席位和權利，另一方面竭力勸說與中華人民共和國建交的國家不要投票支持驅逐蔣介石集團在聯合國的代表，讓蔣介石集團仍然能夠作為聯合國的會員國繼續留在聯合國內。實踐證明，美國的這種企圖在不到一年的時間裏就徹底失敗了。

根據美國國務院上述電報的指示，美國駐土耳其大使館分析了土耳其與中華人民共和國建交的可能性。在 1 月 28 日的電報中，美國駐土耳其使館表示：「1. 土耳其政府對與北京建立外交關係有興趣；2. 土耳其政府不會，至少現在不會斷絕與臺北的關係；3. 土耳其政府不會支持在聯合國驅逐臺北代表的舉動，並將在下屆聯合國大會上投票支持重要問題提案，並表示願意接受任何雙重代表權的模式；4. 土耳其政府希望美國政府能夠儘快提出一個可行的解決中國在聯合國代表權問題的辦法。」電報還談道：「土耳其政府不斷增加的對承認北京的意願來源於對兩國商業往來可能性的考慮，希望土耳其與所有國家建立外交關係的公眾輿論和當前承認北京的國際潮流。」[1] 事實證明，美國駐土耳其使館低估了土耳其政府與中華人民共和國建立和發展雙邊關係的決心，也錯誤估計了土耳其對「一個中國」原則承諾的堅定性。

1971 年 2 月 3 日，在土耳其議會討論 1971 — 1972 年預算時，土耳其外長查拉揚吉爾更加直截了當地表明瞭土耳其政府對與中華人民共和國建交的意願。查拉揚吉爾表示：「對於與中華人民共和國關係的問題，首先應該考慮的是，無視一個擁有八億人口國家的存在是一種不可原諒和不切實際的態度。同時，土耳其謹慎考慮其在北京加入聯合國問題上的原則和態度也是必要的。聯合國必須具有普遍性的特點，以使它成為

1 Telegram from American Embassy, Ankara to Department of State, No. 7293, January 28, 1971, Third Country Recognition of Peking and Chirep, RG 59, General Records of the Department of State, Subject Numeric Files, 1970 — 1973, Political & Defense, Box 2182, National Archive at College Park, College Park, MD.

一個確保國際和平與安全的有效工具。」查拉揚吉爾說：「土耳其支持北京獲得聯合國的會員資格，但是反對驅逐國民黨中國。」他還表示，「國會對承認北京問題和中國在聯合國的代表權問題進行辯論是有用的，它可以使政府確定在這些問題上的政策。」[1]2月17日，土耳其外交部遠東司官員向美國駐土耳其使館官員表示，土耳其外交部正在認真研究加拿大與中華人民共和國建交的模式，這種模式「承認了大陸中國，但沒有對共產黨中國對台灣主權的主張給予傾向性的意見」。[2]

此時，一個關鍵性的土耳其政治領袖發表了他對土耳其與中華人民共和國建交的看法。他就是即將擔任土耳其總理的尼哈特·埃里姆，此時他是土耳其共和人民黨的國會議員，並擔任該黨的副主席兼發言人。2月20日，在土耳其國會關於預算問題的辯論上，埃里姆介紹了共和人民黨的對外政策。在談到與中華人民共和國建交問題時，埃里姆表示：「大陸中國的人口將在20世紀末達到10億。這樣一個國家對當前以及未來問題的影響，不管是積極影響還是消極影響，都不能被無視。一些北約成員國考慮到了這一點特別是它們的國家利益，並已經承認了大陸中國，並與它建立了正常的關係。土耳其仔細研判承認大陸中國問題並做出決定的時機已經到來了。正如你們都知道的，在與加拿大建立政治關係以前，正如它要求其他國家那樣，大陸中國要求加拿大斷絕與福摩薩蔣介石政權的政治關係。加拿大政府在建交公報中表示『加拿大政府注意到中國政府的這一立場』，北京方面認為這種表示是充分的，並可以實現建交。如果從土耳其的政治和經濟利益出發認為與大陸中國建立政治

1 Telegram from American Embassy, Ankara to Department of State, No. 7389, February 4, 1971, Foreign Minister Delivers Policy Statement, RG 59, General Records of the Department of State, Subject Numeric Files, 1970—1973, Political & Defense, Box 2182, National Archive at College Park, College Park, MD.

2 Telegram from American Embassy, Ankara to Department of State, No. 7580, February 19, 1971, Turkey Attitudes Towards Communist China, RG 59, General Records of the Department of State, Subject Numeric Files, 1970—1973, Political & Defense, Box 2182, National Archive at College Park, College Park, MD.

關係是有益的，我們就希望政府以這種方式了結此事。」[1] 由此可見，土耳其的一些重要政治人物已經傾向於與新中國建立外交關係，並認為加拿大與新中國建交的方式是一種可以接受的方式。僅僅一個多月之後，埃里姆就受命組閣，成為了土耳其的總理。

1971 年 3 月 26 日，以埃里姆為首的土耳其新政府正式組成，中土建交的步伐明顯加快了。4 月 2 日，埃里姆就新政府的外交政策向土耳其國會做了全面的闡述。他表示：「我們政府的外交政策應該按照凱末爾建立的基本原則來實施。應該實施基於現實主義和科學的有活力的項目。在考慮了我們國家利益的要求後，應該按照和平、善意、相互尊重權利和合作的概念行動，並使我們的行動符合土耳其共和國的傳統立場。」對於與中華人民共和國的關係問題，埃里姆說：「從我們國家利益的角度出發，我們正在研究與大陸中國建立外交和經濟關係的問題，這一問題過去已經引起了公眾輿論的廣泛關注。」[2] 就任總理前後，埃里姆反覆強調土耳其政府的外交政策必須從土耳其的國家利益出發。由於土耳其是北約成員國，他還特別強調一些北約成員國就是出於本國的國家利益才與新中國建立了外交關係。由此我們可以看出，埃里姆認為土耳其與新中國建交是符合土耳其利益的，土耳其不能總是追隨美國的反華政策，何況尼克遜政府的對華政策本身就在改變，因此，土耳其必須有自己獨立的外交政策。

4 月 25 日，土耳其新任外交部長奧斯曼．奧賈伊向媒體宣佈：「為了在中土兩國之間建立外交和經濟關係，土耳其已經開始與共產黨中國進

1 Airgram from American Embassy, Ankara to Department of State, No. A-122, April 12, 1971, February 1971 Statement on Foreign Policy by Then-Opposition Spokesman Erim, RG 59, General Records of the Department of State, Subject Numeric Files, 1970 — 1973, Political & Defense, Box 2673, National Archive at College Park, College Park, MD.

2 Airgram from American Embassy, Ankara to Department of State, No. A-118, April 7, 1971, Program of the Erim Government, RG 59, General Records of the Department of State, Subject Numeric Files, 1970 — 1973, Political & Defense, Box 2635, National Archive at College Park, College Park, MD.

行接觸。」奧賈伊預計中土建交談判可能會持續一段較長的時間。奧賈伊特別強調：「其他國家的觀點並不會影響土耳其在與其他國家關係問題方面所做的決定。與共產黨中國建立政治和經濟關係被認為是符合土耳其國家利益的。」[1] 顯然，奧賈伊不點名地表示，美國政府並不能左右土耳其政府與中華人民共和國建交的決定，土耳其必須執行符合自身國家利益的獨立於美國意志之外的外交政策。5 月 9 日，中國也在《人民日報》發表了中國和土耳其兩國開始建交談判的新聞公報，公報表示：「中華人民共和國政府和土耳其共和國政府商定開始兩國政府間建立外交關係的談判，並委派各自駐法國大使進行這一談判。」[2]

中土建交談判開始後，談判進行得比人們預想得要順利。4 月，美國國務卿羅傑斯對中央條約組織成員國進行了訪問，以穩定美國主導的這個軍事同盟體系，協調成員國的對華政策。4 月 30 日，在與羅傑斯的會談中，土耳其總理埃里姆和外長奧賈伊向美方解釋，土耳其與中華人民共和國的初步接觸已經開始，這種接觸可能會導致兩國建立外交關係。中華人民共和國方面熱情地給予了回應，並且沒有提出任何前提條件，中方預計談判會進行得非常順利。相較於加拿大與中國建交的模式，土耳其更傾向於意大利與中國建交的模式。不過，土耳其認為科威特與中國建交的模式是最好的。[3] 以上情況對於在缺乏中方檔案材料的情況下了解中土建交談判非常重要。首先，上述材料表明中國在中土建交談判中保

---

1 Telegram from American Embassy, Ankara to Department of State, No. 8544, April 26, 1971, Turkey Begins Contacts with PRC re Diplomatic Recognition, RG 59, General Records of the Department of State, Subject Numeric Files, 1970 — 1973, Political & Defense, Box 2673, National Archive at College Park, College Park, MD.

2 《關於中國和土耳其兩國開始建交談判的新聞公報》，載《人民日報》1971 年 5 月 9 日，第一版。

3 Telegram from American Embassy, Ankara to Department of State, No. 8692, May 1, 1971, Secvisit CENTO: Secretary's April 30 Bilateral Conversations with Turkish Prime Minister Erim and Foreign Minister Olcay: Relations with PRC, RG 59, General Records of the Department of State, Subject Numeric Files, 1970 — 1973, Political & Defense, Box 2182, National Archive at College Park, College Park, MD.

持了極大的靈活性，沒有在台灣問題上預設任何前提條件。有理由認為中方之所以這樣做是因為土耳其是蘇聯的鄰國，在反對蘇聯擴張方面具有重要的戰略地位。出於建立反對霸權主義統一戰線的考慮，中方希望中土建交能夠順利進行。其次，土耳其在與中華人民共和國建交模式問題上，立場發生了重大變化，從傾向於意大利、加拿大模式變為更傾向於科威特模式。在中國與意大利和加拿大的建交公報中，意大利與加拿大都「承認中華人民共和國政府為中國的唯一合法政府」，但對於中國重申的「台灣是中華人民共和國領土不可分割的一部分」，兩國僅表示注意到了中方的這一立場或聲明。[1] 而在中國與科威特的建交公報中，兩國政府表示：中華人民共和國支持阿拉伯反對帝國主義和猶太復國主義的鬥爭；「科威特國政府承認中華人民共和國政府是中國唯一合法政府的立場」，而對於「台灣是中華人民共和國領土不可分割的一部分」這一點則沒有提及。[2] 由於科威特是海灣國家，與土耳其情況相近。中國在與科威特建交時在「一個中國」原則方面顯示出更大的靈活性，因此，土耳其更加傾向於用科威特模式來解決中土建交問題。

面對土耳其新政府的明確態度，美國駐土耳其大使館不得不修正了此前做出的判斷。5 月 3 日，美國駐土耳其大使館在給美國國務院的電報中表示：「我們認為土耳其政府最終將承認中華人民共和國，很有可能就在今年，這一點已經明確了。雖然土耳其政府希望保持與臺北的關係，但是，隨着時間的推移，這種考慮變得越來越不重要了。土耳其外交部一直以來持這種觀點，與承認中華人民共和國的國家保持某種關係最符

1 《中華人民共和國政府和加拿大政府關於中、加兩國建立外交關係的聯合公報》，載《人民日報》1970 年 10 月 14 日，第一版；《中華人民共和國政府和意大利共和國政府關於中、意兩國建立外交關係的聯合公報》，載《人民日報》1970 年 11 月 7 日，第一版。

2 《中華人民共和國政府和科威特國政府關於兩國建立外交關係的聯合公報》，在《人民日報》1971 年 3 月 30 日，第一版。

合臺北的利益。」[1] 由此可以看出，美國政府認為，如果台灣當局能夠保持所謂的「靈活性」，即當一個國家與中華人民共和國建交時，不要主動與這個國家建交，這樣做是符合台灣當局的利益的。這樣做與其說符合台灣當局的利益不如說符合美國的利益。美國的這種看法實際上是要在雙邊關係層面製造「兩個中國」，讓台灣當局賴在已經與中華人民共和國建交的國家裏不走，從而為在聯合國層面製造「兩個中國」提供依據。

面對中土建交談判已經開始的現實，美國開始重點與台灣當局進行交涉，勸說台灣當局保持所謂的「靈活性」，即當一個國家與中華人民共和國建交時，不要主動斷絕與這個國家的「外交關係」。但蔣介石集團對此無法接受，美國製造「兩個中國」的企圖最終落空。

1971 年 5 月 5 日，美國國務院電告美國駐台灣的所謂「大使館」，要求美國「大使」向台灣當局的外事部門轉告土耳其正在與中華人民共和國進行建交談判並極有可能建交的緊急情況。電報表示：「數月以來，土耳其一直在認真考慮開展承認中華人民共和國的談判。土耳其政府希望保持與台灣的關係這一點是明確的。但是，我們認為除非中華人民共和國提出不可接受的條件，土耳其政府不太可能放棄對中華人民共和國的承認並與之建立外交關係。因為土耳其政府希望獲得中華人民共和國在塞浦路斯問題上對土耳其立場的支持，這是土耳其政府外交政策的首要目標。同時，有了中華人民共和國的支持，土耳其可以更好地制衡未來蘇聯的任何威脅。土耳其政府進一步的考慮，也許是第二位的考慮是希望擴大商業關係。」[2]

1 Telegram from American Embassy, Ankara to Department of State, No. 8700, May 3, 1971, Chirec, RG 59, General Records of the Department of State, Subject Numeric Files, 1970 — 1973, Political & Defense, Box 2182, National Archive at College Park, College Park, MD.

2 Telegram from Department of State, Action Taipei, No. 77388, May 5, 1971, Turkey-PRC Relations, RG 59, General Records of the Department of State, Subject Numeric Files, 1970 — 1973, Political & Defense, Box 2182, National Archive at College Park, College Park, MD.

5 月 10 日，美國駐台灣的所謂「大使」馬康衛與台灣當局外事部門負責人周書楷和其副手楊西昆進行了兩個小時的會談，力促台灣當局保持與伊朗和土耳其的所謂「關係」。周書楷表示，相比於伊朗，土耳其方面顯得無法溝通，而且無視台灣方面反覆提出的關於獲得更多信息和對土耳其意圖進行解釋的要求。隨後，周書楷藉故離開了會談現場，由楊西昆提出了台灣當局初步的實質性意見。楊西昆首先請求美國政府是否可以要求土耳其與伊朗政府放慢與中華人民共和國的建交談判。楊西昆表示：「其他國家把中華民國政府在外交承認危機中的立場看作是僵硬的，這是不公正的。中華民國政府不可能對把中國共產黨稱為中國的唯一合法政府的建交模式或者有類似影響的措辭默不作聲。任何給予中國共產黨排他性地位的東西，諸如稱它為全中國或所有中國人民的唯一代表等，都是不可接受的。」楊西昆最後要求美方「勸告正在與中共進行談判的政府，要不惜一切代價堅持這樣的見解，那就是任何可能與中國共產黨建立的關係都不應該以斷絕現存的與中華民國的關係為代價」。此時，周書楷回到會談現場，他也要求美方給土耳其和伊朗政府傳話，「至少放慢談判」。周書楷還含沙射影地表示：「他誠摯地希望土、伊兩國在美國的勸告下不要把事情做絕。」[1] 由此可以看出，台灣蔣介石集團仍然秉持所謂「漢賊不兩立」的原則，只要一個國家與中華人民共和國建交，承認中華人民共和國政府是全中國的唯一合法政府，台灣勢必與這個國家「斷交」。美國希望台灣當局能夠保持靈活性，也就是在一個國家與中華人民共和國建交後，台灣當局仍然繼續保持與這個國家的某種「關係」，這一點是台灣當局無論如何也不會照辦的。

第二天，周書楷通過電話正式告知馬康衛，台灣當局對土耳其與伊

1　Telegram from "American Embassy, Taipei" to Department of State, No. 2606, May 10, 1971, Chirec: Iran and Turkey, RG 59, General Records of the Department of State, Subject Numeric Files, 1970 — 1973, Political & Defense, Box 2182, National Archive at College Park, College Park, MD.

朗即將承認中華人民共和國並與之建交的立場。周書楷表示：「中華民國政府只能在以下三個條件的基礎上與承認中華人民共和國的國家保持外交關係：1. 相關國家不得承認中共為中國的唯一合法政府或所有中國人的政府，或不得有類似措辭；2. 中華民國政府只能在既有的基礎之上被駐在國接受，例如作為中華民國政府被駐在國接受；3. 建交公報中不得包含中共對台灣主權的主張。同時，中華民國政府強烈要求，在任何協定或聯合公報中，不得以任何形式提及台灣。」周書楷說：「中華民國政府很清楚陷入國際孤立的危險，但是如果接受這種建交模式，中華民國政府將被摧毀。」他反覆強調：「這不是頑固的情感主義，而是政府對人民的責任。」周書楷表示：相比於伊朗，土耳其是一個更加緊迫的問題，因為這是首次出現這種建交談判在完成前就被正式公佈的情況。他擔心這種宣告表明建交談判已經到了一個很成熟的階段。現在的首要任務是努力放緩中土建交談判的進展。周書楷還談道，他已經會見土耳其駐台灣的「大使」，並電告台灣駐土耳其「大使」，要求弄清以下四個問題：「1. 有何必要公開宣佈進行建交談判？ 2. 土耳其政府談判的條件是什麼？ 3. 北京的談判條件是什麼？ 4. 談判預期將取得什麼樣的成果？」周書楷擔心土耳其方面的緘默是故意的，土耳其「大使」給他的感覺是他知道的要比能告訴「中華民國政府」的更多。最後，周書楷要求美國進行協助：「1. 要求美國與土耳其政府進行接觸弄清情況；2. 要求美國弄清伊朗是否準備在近期採取主動與北京進行談判；3. 要求美國評估伊朗和土耳其準備走多遠，或者更直截了當地說，他們準備對中國共產黨所做的讓步的限度是什麼。」[1] 台灣當局提出的三個條件實際上表明，蔣介石集團寧可受到國際孤立，也不會按照美國的指揮棒來製造「兩個中國」。美國所

1 Telegram from "American Embassy, Taipei" to Department of State, No. 2617, May 11, 1971, Chirec: Turkey and Iran, RG 59, General Records of the Department of State, Subject Numeric Files, 1970 — 1973, Political & Defense, Box 2182, National Archive at College Park, College Park, MD.

謂幫助台灣保持與其他國家的所謂「外交關係」的「善意」在蔣介石集團面前顯然是不可接受的。

鑒於土耳其一直對台灣三緘其口，台灣當局與土耳其的交流不暢，美國國務院又轉向土耳其，要求土耳其與台灣當局直接聯繫，不要損害台灣當局所謂的「正當利益」。5 月 12 日，美國國務卿羅傑斯致電美國駐土耳其大使館，要求使館向土方轉達以下內容：「我們理解中華民國政府感到不安是由於情況與伊朗不同，中華民國政府迄今還沒有機會與土耳其政府就土耳其可能承認中華人民共和國一事進行坦率的交流。中華民國政府已經對此事給予了詳細而謹慎的考慮，希望與土耳其政府保持長期的友好關係。我們希望土耳其政府能夠祕密告知中華民國政府相關情況，因為，這涉及到中華民國政府的正當利益。至於細節問題，我們認為美方不應該代表中華民國政府也不應該代表土耳其政府談這件事，我們鼓勵土耳其政府與中華民國政府儘可能充分地討論此事。」[1] 第二天，美國駐土耳其使館即回電錶示：「使土耳其政府與中華人民共和國建交談判放緩的最佳辦法是，中華民國駐土耳其的大使向土方解釋，在土耳其承認北京之後，中華民國政府在三個條件的基礎上才有可能保持與土耳其的關係。」[2]

在美國和台灣方面的雙重壓力下，土耳其方面不得不改變沈默的態度，與台灣當局駐土耳其的「大使」黎玉璽進行了一些接觸。5 月 14 日，馬康衛與周書楷進行了電話交談，後者告訴馬康衛，黎玉璽終於在 5 月 12 日與土耳其外長奧賈伊進行了會談。奧賈伊說：「他的政府僅僅是同意

1　Telegram from Department of State, Action Ankara, No. 83042, May 12, 1971, Chirec: Iran and Turkey, RG 59, General Records of the Department of State, Subject Numeric Files, 1970 — 1973, Political & Defense, Box 2182, National Archive at College Park, College Park, MD.

2　Telegram from American Embassy, Ankara to Department of State, No. 8872, May 13, 1971, Chirec: Turkey, RG 59, General Records of the Department of State, Subject Numeric Files, 1970 — 1973, Political & Defense, Box 2182, National Archive at College Park, College Park, MD.

與中共進行預備性的談判，不會涉及實質性的問題。談判的起始點是要確定對方是否已經確實準備好採取必備的措施來建立外交關係。只有在這之後，談判才會涉及一些細節問題，如建立使館的條件、外交人員的人數等等。」奧賈伊還向黎玉璽提供了一份聲明，聲明包含了土耳其代表在與中國代表討論時要遵循的原則：「1. 土耳其不同意任何有損於中華民國政府地位的條款；2. 談判僅涉及土耳其與中華人民共和國之間的雙邊問題；3. 談判不會涉及任何有關聯合國的問題。」奧賈伊還談到了意大利與加拿大與中方的建交談判持續了很長時間。奧賈伊表示：「他預期中共與土耳其的談判可能也會持續相當長的一段時間，除非中共改變它的態度。」奧賈伊順帶強調，「他當然無法控制中共的態度。」[1] 奧賈伊與黎玉璽的這次會談現在看起來確實是經過精心設計的，其目的一方面是對台灣進行安撫。奧賈伊的很多表態明顯是虛與委蛇，敷衍了事；另一方面奧賈伊也含蓄地表達出，只要中方在建交談判中表現出足夠的靈活性，土耳其就準備與中華人民共和國建交，土耳其第一不會聽從美國的指揮，第二不會採取僵硬頑固的立場。

在得知上述情況之後，美國駐土耳其大使威廉姆．漢德利於 5 月 14 日又拜訪黎玉璽，求證他與奧賈伊會談的具體情況。黎玉璽表示奧賈伊透露了四點內容：「1. 土耳其政府願意與中華民國政府保持友好關係；2. 土耳其政府給土駐法國大使的指示反映了這種政策；3. 土方希望在與中華人民共和國的談判中避免涉及中國在聯合國的代表權問題，而把當前的重點放在外交特權與豁免問題和對中華人民共和國在安卡拉的外交人員人數進行限制的問題；4. 談判可能很快結束。」漢德利向黎玉璽詢問，是否收到了來自臺北的最新指示，以及黎玉璽是否向奧賈伊談到

---

1　Telegram from "American Embassy, Taipei" to Department of State, No. 2648, May 14, 1971, Chirec: Turkey and Iran, RG 59, General Records of the Department of State, Subject Numeric Files, 1970 — 1973, Political & Defense, Box 2182, National Archive at College Park, College Park, MD.

了一旦土耳其與中華人民共和國建交，台灣與土耳其的關係將會變成什麼樣子。黎玉璽說，「他沒有收到新的指示，因此只是告訴奧賈伊，中華民國的立場沒有改變，堅決反對『兩個中國』政策。」漢德利又問黎玉璽是否告訴奧賈伊，「一旦土耳其政府承認中華人民共和國，中華民國政府就要斷絕與土耳其的關係。」黎玉璽表示：「他沒有做這樣明確的表示，但他相信奧賈伊能夠理解這就是黎玉璽所說的中華民國的立場沒有改變的含義。」奧賈伊還對黎玉璽說：「如果與中華人民共和國的談判成功結束，土耳其政府仍然願意與中華民國政府保持關係，不願意看到你離開，不過這取決於你自己。但是如果你離開，我們會感到遺憾。」[1] 上述材料非常重要，它至少顯示了五個要點：第一，外交特權與豁免以及中方駐土耳其使館外交人員的人數曾經是中土建交談判的重點內容之一，這補充了我們關於中土建交談判非常有限的知識。第二，黎玉璽並沒有準確地向台灣當局外事部門彙報他與奧賈伊會談的內容。他在向台當局彙報時強調土方認為中土建交談判可能會持續很長時間，現在只是談判的預備性階段，而實際上奧賈伊表示中土外交談判很可能很快就要結束。第三，台灣方面並沒有把所謂的「三個條件」告知土方。第四，蔣介石集團在土耳其與中華人民共和國建交後就會斷絕與土耳其的外交關係，不會同意製造「兩個中國」。第五，上述材料再次證明土耳其對於與中華人民共和國建交的態度十分堅決，對台灣當局不過是應付和安撫而已。奧賈伊實際上表示，一旦土耳其與中華人民共和國建交，而台灣方面與土耳其斷交，土耳其不會進行任何的挽留。

當美國發現台灣當局並沒有把他們確定的「三個條件」告知土耳其方面，美國駐土耳其大使館又曾經表示延緩中土建交談判的最佳方式就

1　Telegram from American Embassy, Ankara to Department of State, No. 8891, May 14, 1971, Chirec: Turkey, RG 59, General Records of the Department of State, Subject Numeric Files, 1970 — 1973, Political & Defense, Box 2182, National Archive at College Park, College Park, MD.

是告知土耳其台灣當局的所謂「三個條件」，美國國務院認為台灣當局不把「三個條件」告知土耳其的做法對於延緩中土建交或維持台灣當局與土耳其的關係非常不利，因此，緊急通過美國駐台灣「大使館」催促台灣當局外事部門向土耳其說明「三個條件」。5 月 17 日，美國駐台灣的「臨時代辦」和「政治參讚」拜訪了台灣當局的外事部門，並告知後者：「土耳其與中共的談判比先前預期的要更快。美國駐土耳其大使漢德利認為，中華民國政府把自己的立場儘快告知土耳其政府是比較可取的。在這之後，我們就可以支持這些立場。」楊西昆當晚通過電話告知美國駐台「大使館」，周書楷準備在 5 月 18 日向土耳其駐台「大使」告知台灣方面的「三個條件」，而不是通過黎玉璽在安卡拉與土耳其進行交涉。[1] 但實際上，台灣當局將自己確定的所謂「三個條件」告知土耳其與伊朗的工作進行得非常緩慢。直到 6 月 2 日，周書楷才告知馬康衛：「中華民國已經正式向土耳其和伊朗政府提出了『三個條件』。提交給土耳其政府的是一個備忘錄，而中華民國駐伊朗大使則在 5 月 19 日和 20 日，在談話中分別向伊朗國王巴列維、外長和副外長轉達了『三個條件』」。[2] 台灣當局之所以在向土耳其和伊朗方面提出所謂「三個條件」問題上行動遲緩，猶豫不決，其主要原因是，台灣當局深知在 20 世紀 70 年代初新中國第三次建交高潮到來之際，沒有國家能夠按照台灣當局的所謂「三個條件」來和中華人民共和國建交，中華人民共和國更不可能接受其他國家按照台灣當局的這「三個條件」來和自己建交。很多國家與中華人民共和國建交的決心是非常堅定的，它們根本不會在意台灣當局提出的什

1 Telegram from "American Embassy, Taipei" to Department of State, No. 2697, May 17, 1971, Chirec: Turkey and Iran, RG 59, General Records of the Department of State, Subject Numeric Files, 1970—1973, Political & Defense, Box 2182, National Archive at College Park, College Park, MD.

2 Telegram from "American Embassy, Taipei" to Department of State, No. 2800, June 2, 1971, Chirec: Turkey and Iran, RG 59, General Records of the Department of State, Subject Numeric Files, 1970—1973, Political & Defense, Box 2182, National Archive at College Park, College Park, MD.

麼條件。台灣當局對此心知肚明，因而感到徹底的無望乃至絕望，所以才出現行動失據，猶豫彷徨的情況。

美國終於通過強力促使土耳其與台灣當局就土耳其與中華人民共和國建交問題進行了交流。但這絲毫沒有影響土耳其與中華人民共和國建交的決心，更沒有影響到兩國建交談判的進程，相反，中土建交談判的速度更快了。5 月 16 日，美國駐土耳其大使漢德利利用打高爾夫球的機會向土耳其外交部祕書長奧爾漢·埃拉爾普詢問中土建交談判的進展。埃拉爾普表示，在巴黎進行的談判還基本沒有觸及實質性問題。談判可能進行得很快，但距離最後達成一致可能還需要一些時間。隨後，埃拉爾普強調：「土耳其方面的最主要考慮是土耳其不想成為美國的走狗，土耳其不想表現得總是跟隨在美國的身後，而美國政府其實已經改變了它的對華政策。」埃拉爾普還說：「埃里姆總理堅決認為土耳其必須在承認中華人民共和國方面迅速行動，他的觀點也影響到了土方的上述考慮。」[1] 埃拉爾普把中土建交談判說得忽快忽慢，顯然是搪塞美國，而不想永遠跟在美國後頭來確定自己的外交政策才是土耳其真正的想法。5 月 17 日，土耳其外長奧賈伊舉行了就任以來的首次記者招待會，對於與中華人民共和國進行的建交談判，奧賈伊表示，談判「極為具有建設性」。[2]

5 月 24 日，土耳其的一份新聞雜誌透露了中土建交談判的一些細節。根據這份雜誌的報道，中華人民共和國駐法國大使黃鎮在中土建交談判中向土耳其駐法國大使表示，土耳其必須斷絕與台灣的外交關係。黃鎮告訴土方，在這個問題上是沒有妥協的餘地的。任何承認中華人民

1 Telegram from American Embassy, Ankara to Department of State, No. 8921, May 17, 1971, Chirec: Turkey, RG 59, General Records of the Department of State, Subject Numeric Files, 1970 — 1973, Political & Defense, Box 2182, National Archive at College Park, College Park, MD.

2 Telegram from American Embassy, Ankara to Department of State, No. 8947, May 19, 1971, Foreign Minister Speaks on Turkish Foreign Policy, RG 59, General Records of the Department of State, Subject Numeric Files, 1970 — 1973, Political & Defense, Box 2635, National Archive at College Park, College Park, MD.

共和國的國家都不得接受來自台灣方面的所謂「外交代表」，或與台灣保持任何其他關係。黃鎮還舉了達荷美[1]的例子。中華人民共和國 1964 年與達荷美建立了外交關係。但是當中方得知達荷美仍然與台灣保持所謂「外交關係」時，中華人民共和國大使就離開了達荷美，而雙方的外交關係也立刻中斷了。在這一點上，中方對土耳其的立場沒有區別。[2] 由此可見，台灣問題確實是中土建交談判的一個核心問題。黃鎮的表態已經明確，中方絕不可能允許土耳其按照台灣當局提出的所謂「三個條件」來實現與中華人民共和國的建交。中方立場堅定，土耳其方面與中華人民共和國建交的決心已下，因此，台灣的所謂「三個條件」更加無法發揮什麼作用。

5 月 26 日，美國駐土耳其大使漢德利會見土耳其外交部祕書長埃拉爾普和政策規劃司司長坎卡迪斯。漢德利首先表達了美國政府對台灣當局提出的「三個條件」的支持，而土耳其方面明顯對此毫不在意，給漢德利留下的印象是土耳其與中華人民共和國建交的決心明顯比以前更加堅定了。埃拉爾普表示：「土耳其政府當然考慮了中華民國政府的觀點，但是，根據土耳其駐法大使從巴黎發回的報告，中華人民共和國顯然不太可能按照中華民國能夠接受的建交方式與土耳其建交，並允許中華民國繼續保留它在安卡拉的外交代表。」埃拉爾普還說：「目前的情況是，中土建交談判的下一步是決定聯合公報的語言。雙方都還沒有提出草案。土耳其駐法國大使已經接到指示，不要在談判中討論中華人民共和國對台灣的主權問題和中國在聯合國的代表權問題。」最後，坎卡迪斯道出了土耳其政府的最後決定，他對漢德利說：「由最高層決定的土耳其

1 達荷美到 1975 年才將國名改為現國名貝攏。

2 Telegram from American Embassy, Ankara to Department of State, No. 9048, May 26, 1971, Turkish Weekly Report Snag in Turkish-PRC Negotiations, RG 59, General Records of the Department of State, Subject Numeric Files, 1970 — 1973, Political & Defense, Box 2182, National Archive at College Park, College Park, MD.

政府的立場就是，土耳其政府必須承認中華人民共和國。如果中華人民共和國的代表說要麼建交要麼拉倒，那麼土耳其很可能會選擇與中華人民共和國建交。更為重要的是，土耳其希望能夠在今秋聯合國大會開幕之前儘早宣佈與中華人民共和國建交。聯合國大會的日期越臨近，土耳其政府被迫在中國在聯合國代表權問題上選擇立場的可能性就越大。土耳其政府希望能夠避免這一點。」[1] 在這次會談中，坎卡迪斯實際上已經和盤託出了土方在與中華人民共和國建交問題上的立場。首先，土耳其與中國建交的決心已下；其次，土耳其不想在台灣是中華人民共和國領土不可分割的一部分這一問題上做出承諾；第三，早日解決中土建交問題，土耳其就有充分理由在中華人民共和國恢復在聯合國合法席位問題上不再追隨美國，而按照自己的獨立意志行事。就在同一天，埃拉爾普還向美國駐土耳其大使漢德利表示，土耳其駐法國大使正在努力推動與中華人民共和國代表進行的談判儘早達成一致。埃拉爾普認為，中土建交談判可能很快就會結束，儘管土耳其外交部並不傾向於如此迅速的行動。[2]

6 月 11 日，土耳其媒體報道了西德記者對土耳其外長奧賈伊的採訪。奧賈伊進一步地闡述了土耳其在與中華人民共和國建交問題上的立場。奧賈伊表示：「不應該狹隘地看待土耳其與中華人民共和國之間的外交關係，也不應該把它看作土耳其外交政策風格的改變。不斷變化的世界局勢使得各國必須調整他們對於國際問題的政策。正如在土耳其政府的有關表態中談到的，我們是從國家利益的角度來看待與北京建立外交

1 Telegram from American Embassy, Ankara to Department of State, No. 9069, May 27, 1971, Chirec: Turkey, RG 59, General Records of the Department of State, Subject Numeric Files, 1970 — 1973, Political & Defense, Box 2182, National Archive at College Park, College Park, MD.

2 Telegram from American Embassy, Ankara to Department of State, No. 9076, May 28, 1971, Chirec: Turkey, RG 59, General Records of the Department of State, Subject Numeric Files, 1970 — 1973, Political & Defense, Box 2182, National Archive at College Park, College Park, MD.

關係。我們與其他國家關係的政策沒有改變。」[1]奧賈伊的這番講話一方面意在安撫美國，讓美國確信土耳其不會改變其與西方結盟的政策，另一方面也再次袒露出土耳其與中華人民共和國建交是基於對土耳其國家利益的考慮。

眼見土耳其與中國建交即將成為現實，美國仍然沒有放棄最後的努力。5 月 20 日，美國國務卿羅傑斯再次向美國駐土耳其使館發出長篇電報，要求美國使館向土耳其政府施加壓力，促使土耳其在與中華人民共和國建交時不要損害台灣當局的所謂利益，特別是不要影響蔣介石集團在聯合國的代表權。電報表示：「重申我們的首要關切是找到中國在聯合國代表權問題的合理公平的解決方案，並且避免快速削弱中華民國政府的雙邊關係。這種削弱不僅將給找到這種解決方案的前景帶來有害影響，還將對中華民國繼續與東亞和其他地區的政府保持建設性聯繫的能力帶來有害影響。」羅傑斯要求美國駐土耳其大使向土方指出：「東亞很多政府，如澳大利亞、新西蘭和日本都和美國一樣對中華民國政府保持自身的國際地位感到擔憂。我們認為如果其他國家在以下條件上承認中華人民共和國：1. 斷絕與中華民國的關係；2. 承認中華人民共和國對台灣的主權；3. 在聯合國投票驅逐中華民國的代表，這並不符合國際社會的利益。」此時，「乒乓外交」已經實現，美國也在改善與中國的關係。羅傑斯深知在這種情況下再向土耳其施加壓力幾乎是沒有說服力的，因此，不得不在電報中反覆強調，中美關係的改善沒有改變美國對台灣當局的支持。電報表示：「正如羅傑斯國務卿在 4 月 30 日與埃里姆總理會談時表示的，只要我們能夠斷定中華人民共和國在基本的實質問題上

1 Telegram from American Embassy, Ankara to Department of State, No. 9304, June 14, 1971, Foreign Minister Interviewed by West German Radio, RG 59, General Records of the Department of State, Subject Numeric Files, 1970 — 1973, Political & Defense, Box 2182, National Archive at College Park, College Park, MD.

的立場沒有改變，我們就無法確定北京在改善中美關係方面會走多遠，走多快。但是，美國政府將繼續努力向北京清晰地表明我們準備進行嚴肅的談判，並準備回應北京有利於改善中美關係的任何合理的建議。同時，尼克遜總統已經清楚地表明，我們將繼續履行對中華民國的防衛義務並保持我們與它的友好關係。正如尼克遜總統在國情咨文中所說的，我們不認為與中華民國的光榮而和平的關係構成美國與中華人民共和國關係正常化的障礙。」[1] 上述材料與 1971 年 1 月 7 日羅傑斯發給美國駐土耳其大使館的電報有相似之處。美國的核心關切是把土耳其、伊朗等國承認中華人民共和國並與之建交與中國在聯合國的代表權問題聯繫起來，美國擔心越來越多的國家承認中華人民共和國會最終導致蔣介石集團的代表被驅逐出聯合國。但此時中美關係改善的跡象已經非常明顯，讓羅傑斯自己都想不到的是，不到兩個月後，美國總統國家安全事務助理基辛格就要對中國進行祕密訪問。同時，土耳其又堅決認為中土建交符合土耳其的國家利益，因此，無論羅傑斯如何解釋，土耳其已經不可能改變與中華人民共和國建交的決定了。

在向土耳其施壓的同時，美國也不忘對台灣當局施加壓力，核心就是要求台灣當局在其所謂的「三個條件」上保持靈活性。但是，台灣當局也拒絕了美國的要求。5 月 27 日，馬康衛拜訪了周書楷。馬康衛剛剛對台灣當局對其他國家與中華人民共和國建交設立一些所謂的「基本條件」表示讚賞，周書楷馬上就打斷了他。周書楷說：「那些並不是什麼『條件』，而是駐在國政府對北京令人遺憾的行動不斷加速達到了一個令人不快的程度，中華民國政府不得不做出的反應。不管在任何時候和在任何地方出現了這種令人遺憾的行動，中華民國政府都會持這種憤怒的立

1　Telegram from Department of State, Action: Ankara, Tehran, Taipei, No. 88633, May 20, 1971, Chirec: Turkey and Iran, RG 59, General Records of the Department of State, Subject Numeric Files, 1970 — 1973, Political & Defense, Box 2182, National Archive at College Park, College Park, MD.

場。」周書楷強調，「中華政府不會容忍任何政府與北京建立外交關係。自然而然，任何政府與中共進行的任何談判對於中華民國政府來說都是極為不恰當的。」周書楷對於美國的意圖心知肚明，因此他的話實際上已經完全拒絕了在所謂「三個條件」上做更多妥協的可能。但是，馬康衛仍然力勸台灣當局增加更多的所謂「靈活性」。他說：「我們認為中華民國政府尋求與土、伊兩國進行對話是用處的。我們感到『三個條件』為處理這一困難問題時採取更大的靈活性奠定了基礎。通過評估我們認為，對『三個條件』進行有限的進一步的調整是必要的，因為這三個條件對於那些希望在與北京建交的同時為中華民國政府保留一席之地的駐在國政府來說可能是無法完全接受的。」馬康衛進一步解釋，他並不是要求台灣當局制定一個新的模式，而是要讓周書楷知道，美國認為台灣當局的政策可能需要更多的可塑性。馬康衛說：「中華民國政府可以在不損害基本立場的前提下在一些不重要的問題上與土、伊達成一致。開放性的姿態可以導致一些互諒互讓，這可以幫助土耳其和伊朗在中共的壓力下保持自己的立場。」馬康衛的這番話明顯是要求台灣當局在「三個條件」上有所退讓，或者說是無條件地和已經承認中華人民共和國的國家繼續保持所謂的「外交關係」，從而在雙邊層面製造「兩個中國」，並為其在聯合國層面製造「兩個中國」提供依據。其實，周書楷已經從一開始就斷然拒絕了在「三個條件」上展現靈活性。在馬康衛說完之後，周書楷不得不再次表示，他不可能像在私下的外交溝通那樣在媒體面前表現出任何的靈活性。[1] 周書楷的表態使得美國勸說台灣當局「無條件」地與承認中華人民共和國並與之建交的國家保持所謂「外交關係」的努力成為泡影。

---

1 Telegram from "American Embassy, Taipei" to Department of State, No. 2745, May 26, 1971, Chirec; Turkey and Iran; Chirp, RG 59, General Records of the Department of State, Subject Numeric Files, 1970 — 1973, Political & Defense, Box 2182, National Archive at College Park, College Park, MD.

7 月 23 日，台灣當局駐土耳其「大使」告知美國駐土耳其大使，土耳其外長奧賈伊當天中午向黎玉璽宣佈，土耳其政府將在 8 月的第一周承認中華人民共和國。在會談中，奧賈伊還向黎玉璽說明了中土建交公報的三個要點：1. 根據尊重獨立、主權、領土完整、不干涉內政、平等互利的原則與中華人民共和國建立外交關係；2. 土耳其政府承認中華人民共和國政府為中國的唯一合法政府；3. 以國際法為基礎互換大使並建立外交關係。奧賈伊還向黎玉璽解釋：「建交公報將不會提及台灣，這是土耳其政府提出的，中華人民共和國的談判代表對此表示同意。」奧賈伊對黎玉璽說：「土耳其政府已經努力與臺北保持某種形式的關係，如領事關係，但是最終認識到中華人民共和國不會接受土耳其與台灣保持任何聯繫。」奧賈伊也拒絕了台灣方面提出的在伊斯坦布爾或安卡拉建立貿易辦公室的建議。奧賈伊最後強調：「土耳其政府的決定是一個痛苦的決定，而且是在研究所有可能性之後做出的決定，土耳其政府得出的結論就是任何形式的雙重關係都是不可能的。」奧賈伊還表示，土耳其政府將命令土耳其駐臺北的「大使館」撤離，並含蓄地表示黎玉璽也同樣會撤走以他為首的「外交代表機構」。奧賈伊還保證不會提前透露中土建交的消息，黎玉璽認為這是為雙方互撤外交代表機構或者台灣方面宣佈撤回其在土耳其的「外交代表機構」提供機會。在土耳其政府態度如此明朗的情況下，黎玉璽還做了最後的掙扎，他直截了當問奧賈伊：「土耳其政府是否希望中華民國政府撤離它在土耳其的外交代表機構？」奧賈伊回答：「是。」[1] 目前，由於中方檔案材料的缺乏，我們還不清楚中國政府為什麼在與土耳其談判建交的過程中決定不在建交公報中提及台灣是中華人民共和國領土不可分割的一部分。基於本章第一節的分析，集中

1　Telegram from American Embassy, Ankara to Department of State, No. 9863, July 23, 1971, GOT Recognition of PRC, RG 59, General Records of the Department of State, Subject Numeric Files, 1970 — 1973, Political & Defense, Box 2182, National Archive at College Park, College Park, MD.

力量反對蘇聯霸權主義是當時中國外交工作的首要任務。土耳其又是一個在反霸鬥爭中可以爭取的同時又是較為重要的夥伴，是未來反霸統一戰線的支點國家。中國基於這種考慮，為了實現儘快與土耳其建交而繞過一些障礙是合乎邏輯的一個推論。

1971 年 8 月 4 日，中國與土耳其達成建交公報。公報表示：「中華人民共和國政府和土耳其共和國政府根據尊重獨立、主權、領土完整、不干涉內政、權利平等和互利的原則，決定自即日起建立外交關係。土耳其政府承認中華人民共和國政府為中國的唯一合法政府。」[1] 建交公報雖然沒有明確提及「台灣是中華人民共和國領土不可分割的一部分」，但由於明確肯定了領土完整原則，這實際上也間接肯定了中國對台灣無可爭議的主權。在隨後舉行的聯合國大會上，土耳其政府投票支持了「承認中華人民共和國政府的代表是中國在聯合國組織的唯一合法代表，並立即把蔣介石的代表從它在聯合國組織及其所屬一切機構中所非法佔據的席位上驅逐出去」的 2758 號決議。這樣土耳其完整地承諾並履行了「一個中國」原則。1972 年春，中華人民共和國與土耳其互派大使。5 月 26 日，中華人民共和國首任駐土耳其大使劉春向土耳其總統蘇奈遞交了國書。同時，土耳其宣佈斷絕與台灣的所謂「外交關係」。中土建交順利實現，反霸統一戰線在西亞的一個支點正在形成。

## 二、中國與伊朗建交

伊朗是海灣地區的重要國家，其戰略地位對於中國建立反霸統一戰線十分關鍵。新中國建立後，由於伊朗緊跟以美國為首的西方陣營，同台灣保持「外交關係」，因此，中伊兩國長期未能建立外交關係，中國只

1 《中華人民共和國和土耳其共和國建立外交關係的聯合公報》，載《人民日報》1971 年 8 月 6 日，第一版。

是通過亞非人民團結組織與伊朗的一些左派有所聯繫，並為伊朗發生的自然災害提供過救濟。但是，隨着中蘇關係的惡化，中國與伊朗開始在安全戰略上有了某些「共同語言」，雙邊關係出現緩和跡象。1964 年，伊朗國王巴列維的孿生妹妹阿什拉芙公主通過第三國領導人表示有意訪華，周恩來於 1965 年 4 月慶祝亞非會議 10 周年之際，當面向她表示歡迎。但當時她因顧慮美國反對，未能成行。[1]1965 年 6 月 3 日，周恩來在前往坦桑尼亞訪問途中飛經伊朗上空時，曾打電報問候伊朗首相阿米爾·阿巴斯·胡韋達，並向伊朗人民表示最好的祝願。6 月 11 日，周恩來收到了胡韋達在 10 日發來的答謝電。胡韋達在電報中對周恩來在前往坦桑尼亞訪問和回國途中飛經伊朗領空時致電問候伊朗領導人和伊朗人民，表示感謝。[2]6 月 19 日，周恩來又打電報給伊朗首相胡韋達，對他和陳毅在前往埃及訪問途中在德黑蘭機場作短暫停留時派官員接待表示感謝。電報請胡韋達向穆哈默德·禮薩·巴列維國王和王后、阿什拉芙公主，以及伊朗人民轉達最好的祝願。[3]1966 年 6 月 16 日，周恩來在前往羅馬尼亞訪問途中飛越伊朗上空時，再次致電伊朗首相胡韋達，並請他代為問候伊朗國王、王后和阿什拉芙公主，祝伊朗人民幸福。胡韋達首相覆電表示感謝，並祝周恩來總理一路順風。[4] 然而這些良性互動都因為「文化大革命」的爆發而中斷。

進入 20 世紀 70 年代，中美關係開始緩和，中國堅決反對蘇聯霸權主義，中國的國際地位有所提升，特別是越來越多的國家支持恢復新中

1　王泰平主編：《中華人民共和國外交史（第二卷）1957 — 1969》，第 147 頁。

2　《在途經敍利亞、黎巴嫩和伊朗上空時周總理分別致電問候三國領導人》，載《人民日報》1965 年 6 月 5 日，第四版；《周總理收到敍利亞和伊朗領導人答謝電》，載《人民日報》1965 年 6 月 12 日，第五版。

3　《感謝在德黑蘭作短暫停留時給予的接待 周恩來總理致電伊朗首相》，載《人民日報》1965 年 6 月 21 日，第三版。

4　《在赴羅馬尼亞途中飛越伊土上空時周總理分別致電伊朗首相和土耳其總理致意》，載《人民日報》1966 年 6 月 18 日，第四版。

國在聯合國的合法席位，這使得中國與伊朗建交的條件逐漸成熟。1970年12月13日和14日，伊朗《世界報》連續發表兩篇文章，暗示伊朗外交部正在考慮重新審議對華政策。文章指出：「伊朗對華政策問題值得仔細研究，因為共產黨中國是國際圖景中的主要事實。」但文章反對伊朗採取任何草率的行動和任何可能激怒伊朗盟友並導致不負責任的猜疑的行動。這兩篇文章引起了美國駐伊朗大使館的高度重視，12月15日，美國駐伊朗大使道格拉斯・麥克阿瑟二世向伊朗外交部政治事務司長胡馬雍・薩米詢問伊朗在與新中國關係方面是否有新的動向，薩米說：「他們已經注意到媒體的有關報道，今年聯合國有關中國代表權問題的投票情況毫無疑問地將促使許多政府重新審議他們在這一問題上的政策，以及他們與共產黨中國的關係。」但薩米也表示，伊朗在上述兩個問題上並沒有改變自己的政策。[1]1971年1月5日，伊朗外長阿迪沙・扎赫迪在訪問南斯拉夫途中在伊斯坦布爾與土耳其外長舉行會談，就雙方在承認新中國問題上的政策進行協商。當記者問到伊朗是否會承認新中國時，扎赫迪表示，伊朗正在重新審議對新中國的承認問題，但是還沒有做出決定，未來一段時間也不會做出決定。但他強調：「我們無法否認一個有八億人民的國家的存在。」扎赫迪表示，伊朗將繼續在承認新中國的問題上與土耳其保持聯繫，並希望伊朗和土耳其在這一問題上的政策能夠保持和諧。[2]1971年2月28日，美國駐伊朗大使麥克阿瑟二世再次詢問伊朗外長扎赫迪在對華政策方面是否有新的動向。扎赫迪回答：「伊朗的政策沒有變化，但伊朗正在密切跟蹤中國問題，特別是有報道稱，土耳其

1 Airgram from American Embassy, Tehran to Department of State, No. A-359, December 19, 1970, China and Iran, RG 59, General Records of the Department of State, Subject Numeric Files 1970—1973, Political & Defense, Box 2184, National Archive at College Park, College Park, MD.

2 Airgram from American Embassy, Ankara, No. A-9, January 11, 1971, Iran Foreign Minister Comments on Possible Recognition of Communist China, RG 59, General Records of the Department of State, Subject Numeric Files 1970—1973, Political & Defense, Box 2182, National Archive at College Park, College Park, MD.

可能承認新中國，日本和美國也在重新審議他們的對華政策。在沒有新的進展的情況下，伊朗沒有改變當前政策的意圖，也不會在任何情況下同意將中華民國驅逐出聯合國的決議，也不會改變其不承認中華人民共和國的政策。」[1]1971 年 4 月 14 日，美國駐伊朗大使麥克阿瑟二世會見伊朗國王巴列維，詢問伊朗與新中國關係的進展。巴列維對麥克阿瑟二世表示：「在科威特承認共產黨中國並允許中國派駐外交使節之前，他一直計劃按照聯合國對中國代表權問題的表決情況和其他國家對共產黨中國的政策來制定伊朗的對華政策。但是科威特的行動帶來了共產黨中國在海灣心臟地帶的活躍存在，這使得他重新考慮伊朗在對待共產黨中國問題上的立場。」巴列維特別強調：「共產黨中國反對蘇聯所做的一切。他本人對蘇聯不抱任何幻想，如果符合蘇聯的擴張利益，蘇聯當前對伊朗的友好態度可能轉變為敵意，並試圖干涉伊朗內政，就像蘇聯最近干涉巴基斯坦內政一樣。⋯⋯中國可以成為對蘇聯的某種制衡，可以中和蘇聯針對伊朗的顛覆和擴張行動。」巴列維還談道：「如果伊朗承認共產黨中國，他並不打算終止和台灣的外交關係，也不會支持把台灣從聯合國驅逐出去。但是，如果伊朗承認共產黨中國，台灣就撤走它在德黑蘭的大使館，就像它在科威特與中華人民共和國建交之後所做的那樣，他就無可奈何了。[2] 這次談話闡述了伊朗與中華人民共和國建交的基本考慮和在台灣問題上基本立場，即伊朗願意與中華人民共和國建交，但並不打算主動與台灣斷交。通過以上情況可以看出，進入 20 世紀 70 年代，伊朗的對華政策已經開始發生積極變化，引發這種變化的原因主要有兩點：

---

1　Telegram from American Embassy, Tehran to Department of State, No. 0355, March 1, 1971, Iran's Position on China Issue, RG 59, General Records of the Department of State, Subject Numeric Files 1970 — 1973, Political & Defense, Box 2184, National Archive at College Park, College Park, MD.

2　Telegram from American Embassy, Tehran to Department of State, No. 1959, April 15, 1971, Iran-Chicom Relations, RG 59, General Records of the Department of State, Subject Numeric Files 1970 — 1973, Political & Defense, Box 2184, National Archive at College Park, College Park, MD.

第一，中國的國際地位有所提高，伊朗的鄰國特別土耳其準備與新中國建交促使伊朗重新考慮其對華政策。第二，伊朗對蘇聯抱有根深蒂固的懷疑，中國堅決反對蘇聯霸權主義，這使得中伊兩國在安全問題上開始有了共同利益，但是由於顧及到美國對待中華人民共和國的態度，伊朗政府官員在表述與中華人民共和國建交問題時顯得十分謹慎。

在中國與伊朗建交的過程中，伊朗國王的兩位妹妹阿什拉芙公主和法蒂瑪公主對中國的訪問發揮了極為重要的作用。特別是阿什拉芙，由於她是巴列維國王的孿生妹妹，經常代表巴列維參加國務活動，極有權勢。1971 年 4 月 10 日，阿什拉芙的首席祕書阿卜杜・安薩里祕密告知美國駐伊朗使館，阿什拉芙將於 4 月 11 日啟程前往卡拉奇，在那裏停留兩天后，將對新中國進行個人訪問。在訪問期間她計劃會見毛澤東和周恩來，法蒂瑪公主也將在稍晚的時候對新中國進行私人訪問。阿什拉芙的訪問是巴基斯坦前外長布託安排的。[1]4 月 13 日，阿什拉芙來華訪問。4 月 14 日，周恩來總理會見了阿什拉芙。阿什拉芙表示伊朗希望同中國保持友好關係，她引用伊朗國王的話說，伊朗主張合作、共處、相互諒解。周恩來表示，公主的訪問是中伊友好往來的開端，兩國可以通過第三國經常接觸，尋求建交途徑。周恩來還重申中國對台灣問題的立場。[2] 在當晚舉行的歡迎宴會上，周恩來和阿什拉芙都重申了和平共處原則是中伊關係發展的基礎。周恩來說：「萬隆會議確定的十項原則，為不同社會制度國家之間的和平共處提供了良好的基礎。我們深信，在萬隆原則的指引下，中伊兩國的關係是有着發展前途的。」阿什拉芙也表示：「伊朗國王一貫主張，在這個千差萬別的世界上，不同社會政治制度的國家，在互

1　Telegram from American Embassy, Tehran to Department of State, No. 1824, April 10, 1971, Report of Princess Ashraf's Visit to Communist China, RG 59, General Records of the Department of State, Subject Numeric Files 1970 — 1973, Political & Defense, Box 2378, National Archive at College Park, College Park, MD.

2　王泰平主編：《中華人民共和國外交史（第三卷）1970 — 1978》，第 160 頁。

相尊重和相互友善的原則的基礎上共處和合作，是完全可能的。」[1] 需要特別指出的是，周恩來會見阿什拉芙公主與周恩來會見應邀來華訪問的美國乒乓球代表團時發生在同一天。這也說明中美關係的緩和牽動着中伊關係的演變。4 月 19 日，阿什拉芙結束對中國的訪問。僅僅 11 天之後，4 月 30 日法蒂瑪公主就抵達北京，開始對中國進行訪問。當天晚上，周恩來總理舉行歡迎宴會。在祝酒時周恩來說：「中國和伊朗在歷史上很早就開始了友好交往。現在，由於我們雙方的共同努力，曾經一度中斷的中伊友好聯繫又開始得到恢復。我們認為，恢復和發展我們兩國之間的友好關係，體現了兩國人民的共同願望，也是符合亞非各國人民團結反帝共同事業的利益的。」[2] 在五一節焰火晚會上，毛澤東主席接見了法蒂瑪公主一行。[3] 伊朗兩位公主訪華表達了伊朗同中國建交的願望。

巴列維本人雖然沒有前往中國進行訪問，但他密切關注着兩位公主的中國之行。4 月 19 日，巴列維在訪問日本期間接受了媒體採訪。有記者問阿什拉芙公主上周對北京的訪問是否承諾伊朗承認新中國。巴列維對此予以否認，但他表示：「我的妹妹回國時的報告將包含一些令我們極端感興趣的新東西。」巴列維特別強調：「當我們考慮真正的世界和平時，我們就不能對新中國視而不見。它有巨大的人口，並已經進入國際社會，否則就將與聯合國的普遍性原則相違背。就像日本人民一樣，我們認為我們自己也是亞洲人。從亞洲和平的立場出發，我認為，日本和伊朗都必須考慮中國。」巴列維還談道，當一個國家與中華人民共和國

---

1 《應我國政府邀請前來進行友好訪問 阿什拉芙．巴列維公主到達北京 周總理設宴熱烈歡迎伊朗貴賓》，載《人民日報》1971 年 4 月 15 日，第二版。

2 《應我國政府邀請前來進行友好訪問 法蒂瑪．巴列維公主達到北京 周總理設宴歡迎伊朗貴賓》，載《人民日報》1971 年 5 月 1 日，第二版。

3 王泰平主編：《中華人民共和國外交史（第三卷）1970 — 1978》，第 160 頁。

建交後，台灣當局就與這個國家斷交的政策是不明智的。[1]4 月 26 日，阿什拉芙召開記者招待會，介紹了自己中國之行的情況。她盛讚中國人民和周恩來總理對她的友好接待。高度評價中國在農業、消除飢餓與貧困以及空間技術領域取得的成就。阿什拉芙強調，伊朗在下一次聯合國大會上是否支持恢復中華人民共和國在聯合國的合法席位取決於伊朗是否決定承認中華人民共和國。伊朗與中華人民共和國建交問題將影響到伊朗與台灣的關係，最終結果取決於台灣當局的態度。當被問及是否會建議巴列維國王承認中華人民共和國時，阿什拉芙拒絕予以評論。她表示：「任何決定都將由國王自己做出，但我的印象是，形勢整體上對中伊建交有利。」參加記者招待會的伊朗記者對美國駐伊朗的外交官表示，阿什拉芙將毫無疑問地在向巴列維的報告中強烈支持伊朗與中華人民共和國建交。很多記者還談道，近幾個月來美國實質性地緩和對華關係，土耳其也宣佈土中建交談判已經開始進行，有一点很清楚，那就是伊朗不會允許自己在與中華人民共和國建交方面「落在隊尾」。[2]

5 月，阿什拉芙的首席祕書阿卜杜·安薩里向美國駐伊朗大使館密告了阿什拉芙向巴列維報告的基本內容。報告的主要內容包括：中華人民共和國歡迎與伊朗建立外交關係，並隨時準備為這一目的進行談判。中國在與伊朗建交問題上的立場是：已經做好準備，但並不急於建交。與中華人民共和國建立外交關係將在近期內給伊朗來帶許多好處：第一，世界上許多國家正在尋求與中華人民共和國建立外交關係，伊朗如果不能在這一方向上前進，將在聯合國和亞非國家當中喪失國際威望；第二，

1 Telegram from American Embassy, Tokyo to Department of State, No. 3903, April 28, 1971, Iran-PRC Relations, RG 59, General Records of the Department of State, Subject Numeric Files 1970 — 1973, Political & Defense, Box 2378, National Archive at College Park, College Park, MD.

2 Telegram from American Embassy, Tehran to Department of State, No. 2141, April 27, 1971, Iran-Chicom Relations, RG 59, General Records of the Department of State, Subject Numeric Files 1970 — 1973, Political & Defense, Box 2378, National Archive at College Park, College Park, MD.

一旦外交關係建立，中國共產黨對伊朗社會制度與政治體制的批評將會有所控制，甚至會暫時消失；第三，那些反對巴列維的持不同政見者人數雖少但顛覆能力極強，在中伊建立外交關係之後，他們就不會再仰慕中國，影響力也會隨之減少；第四，建交協定中雙方將嚴格承諾反對干涉彼此內政。如果中國支持或鼓勵伊朗國內的顛覆勢力，伊朗可以據此提出抗議。除此之外，中國與伊朗建交還將在長期為伊朗帶來兩項好處。第一，為伊朗的石油和其他出口產品打開中國的市場；第二，一旦蘇聯對伊朗的友好姿態發生變化，伊朗可以利用中華人民共和國來服務於自己的外交目的。[1] 可以肯定的是，阿什拉芙的報告對伊朗決定與中華人民共和國建交起到了極為重要的作用。

5 月 19 日，美國駐伊朗大使麥克阿瑟二世就伊朗與中華人民共和國建交問題與巴列維進行一個半小時的長談。巴列維系統闡述了伊朗決定與中華人民共和國建交的原因。巴列維表示：「蘇聯正在歐洲謀求緩和，但是，他擔心在歐洲的緩和將不可避免地導致蘇聯努力在中東地區擴大自己的影響和存在。為什麼蘇聯一面大談在歐洲實現緩和，均衡地削減在歐洲的軍事力量，通過談判限制戰略武器，一面卻在持續不斷地增強戰略核武器的力量和陸軍與海軍的力量？答案是，蘇聯希望在未來幾年擴大其在至關重要的印度洋、地中海和中東地區的影響和存在。」巴列維說：「面對這種可能性，伊朗必須對任何選項都保持開放態度。其中能夠制衡蘇聯擴張的一個選項就是中華人民共和國。中華人民共和國不僅是世界上人口最多的國家，還是一個擁有核武器的亞洲國家。它在現在和未來都將與蘇聯針鋒相對，並將盡其全力將蘇聯的擴張阻擋在自由亞

1　Telegram from American Embassy, Tehran to Department of State, No. 2542, May 14, 1971, Princess Ashraf's Report re Communist China, RG 59, General Records of the Department of State, Subject Numeric Files 1970—1973, Political & Defense, Box 2184, National Archive at College Park, College Park, MD.

洲之外，基於這種情況以及中華人民共和國的存在是生活的現實，伊朗承認中華人民共和國並與其建立外交關係將是不可避免的。」巴列維強調，當伊朗承認中華人民共和國的時候，他希望繼續與台灣保持「外交關係」，但這完全取決於台灣當局的態度。巴列維還談道，他已經向台灣方面表示了自己希望，即希望台灣繼續保持與伊朗的「外交關係」。[1]5 月 20 日，麥克阿瑟二世又會見了伊朗外長扎赫迪。扎赫迪表示：「中伊建交成為現實將比人們預想得快。因為伊朗正在積極考慮採用加拿大、意大利、科威特與中華人民共和國建交的模式。」扎赫迪說：「他個人更傾向於採用中法建交的模式來實現中伊建交。因為這種模式只表達了建立外交關係的願望而沒有談到台灣問題。但伊朗不會像法國那樣迫使台灣撤走在巴黎的大使館。伊朗沒有迫使台灣撤走其在德黑蘭的大使館的意圖，反而希望台灣的大使館繼續留在這裏。」[2]

綜上所述，促成伊朗決定與中華人民共和國建立外交關係的原因是多樣的。其中最重要的兩點是，首先，20 世紀 70 年代，中國的國際地位繼續提高，越來越多的國家與新中國建交，並支持恢復中華人民共和國在聯合國的合法席位。其次，伊朗希望藉助中國的力量制衡蘇聯在印度洋和中東地區的擴張。反對蘇聯擴張的共同安全利益使中伊兩國逐漸接近。在台灣問題上，伊朗希望在與中華人民共和國建交後繼續與台灣當局保持所謂的「外交關係」，這為美國製造「兩個中國」的企圖提供了空間。

作為在台灣蔣介石集團的盟友，美國一直盡力維持其他國家與台灣之間的所謂「外交關係」，因此，對伊朗與新中國建交的情況極為關注。

---

1 Telegram from American Embassy, Tehran to Department of State, No. 2646, May 20, 1971, Shah discusses Iran-Chicom Relations, RG 59, General Records of the Department of State, Subject Numeric Files 1970 — 1973, Political & Defense, Box 2184, National Archive at College Park, College Park, MD.

2 Telegram from American Embassy, Tehran to Department of State, No. 2677, May 21, 1971, Formin Zahedi discusses Iran-Chicom Relations, RG 59, General Records of the Department of State, Subject Numeric Files 1970 — 1973, Political & Defense, Box 2184, National Archive at College Park, College Park, MD.

美國的基本政策是一方面竭力勸說台灣方面保持所謂政策的靈活性，即當一個國家與中華人民共和國建交時，不要立即與這個國家斷交外交關係。另一方面，美國也努力爭取讓伊朗等國做出保證，在與中華人民共和國建交的同時，不要主動與台灣蔣介石集團斷交，以此來製造「兩個中國」。但美國的這種努力最終落空。

早在 1971 年 3 月 31 日，美國助理國務卿馬歇爾・格林就向相關的美國駐台灣的「大使館」發出電報，指示如何幫助台灣面對越來越多的國家與新中國建交的形勢。格林在電報中指出：「如果有足夠的時間，我們就可以幫助中華民國獲得其他國家的堅定表示，即使不是正式的保證，即一個國家不會主動採取措施斷絕與中華民國的外交關係。但是，當與其他政府討論這類事情時，我們就會遇到這樣的問題。即其他政府會認為，一旦它承認北京，中華民國就會斷絕與它的外交關係。因此，另一方面，如果中華民國能夠向其他政府清楚地表明，它珍視自己與這些國家的外交關係，願意繼續維持這種外交關係，即使這些國家在與北京正式建交的決定宣佈之後，也不會自動斷絕與這些國家的關係，那麼這些國家不應以犧牲與中華民國的外交關係換取與北京正式建交的觀點才更具有說服力。」格林還表示：「現在就這一問題與中華民國政府交換意見，從而決定現在或者不久的將來中華民國是否準備採取更加靈活的立場是可取的。」他特別強調：「在與中華民國政府就這一問題進行任何接觸時，我們必須清楚地表明，這是中華民國政府自己必須做出的決定，我們將尊重中華民國政府做出的任何決定，但是，我們必須指出這是雙方都非常關切的問題，因為這涉及中國在聯合國的代表權問題。」[1] 這封電報構成了美國對伊朗與中華人民共和國建交的基本政策。隨着中伊建交的迫

1 Telegram from Department of State to "American Embassy, Taipei", No. 55481, March 31, 1971, GRC Chirec Policy, RG 59, General Records of the Department of State, Subject Numeric Files 1970 — 1973, Political & Defense, Box 2182, National Archive at College Park, College Park, MD.

近，美國也加大了幫助台灣維持與伊朗所謂的「外交關係」的力度。4 月 28 日，美國副國務卿約翰・伊爾文二世向美國駐台灣「大使館」發出電報，規定了美國外交官在就中伊建交問題與台灣當局協商時應遵循的原則。這封電報基本秉承了 3 月 31 日格林所發電報的基本觀點。電報要求美國駐台「大使」向台灣當局表示：「我們認為即使伊朗承認北京，伊朗政府也不打算與中華民國斷絕外交關係並驅逐其大使。因此，中華民國駐德黑蘭的使館應如何處理完全由中華民國政府決定。你也應該指出，我們的印象是巴列維認為在友好的氣氛中保留在德黑蘭的大使館是符合中華民國的利益的。」電報還指出，美國駐台「大使」應該向台灣方面表示：「中華民國政府應認真考慮與伊朗政府進行接觸，強調中華民國政府希望伊朗繼續支持中華民國在聯合國的代表權，明確表達中華民國珍視與伊朗的關係，希望繼續保持這種關係，如果伊朗與北京建交的協定為中華民國維持其在聯合國的代表權保留某些空間，中華民國就不會主動與伊朗斷交。」在電報的最後，伊爾文二世要求美國駐台「大使」向台灣方面清楚地表明「決定必須由中華民國政府自己做出，美國將支持其做出的任何決定，但此事為雙方關切之事，因為它將影響到我們未來對中國在聯合國代表權問題的處理。」[1]

然而，美國這種軟硬兼施的辦法並沒有起到作用。台灣當局就土耳其、伊朗等國與新中國建交問題確定了自己的底線。1971 年 5 月 4 日，台灣駐伊朗「大使」向美國駐伊朗大使闡述了台灣在伊朗與中華人民共和國建交問題上的立場：「如果伊朗與中華人民共和國建立外交關係的聲明包括了類似『中華人民共和國政府代表中國人民或者是中國人民的合

---

1 Telegram from Department of State to "American Embassy, Taipei", No. 74385, April 28, 1971, Iran-PRC Relations, RG 59, General Records of the Department of State, Subject Numeric Files 1970 — 1973, Political & Defense, Box 2184, National Archive at College Park, College Park, MD.

法代表』的表述，中華民國將不能繼續保持與伊朗的外交關係。」[1]5 月 11 日，台灣當局外事部門負責人周書楷會見美國駐台「大使」，向他闡述了台灣當局在土耳其、伊朗等國與新中國建交問題上的立場：「中華民國政府只能在三個條件的基礎上繼續維持與那些承認中華人民共和國的國家的外交關係：1. 建交公報中不能出現中共政府是『中國的唯一合法政府』或『所有中國人的政府』等類似措辭；2. 中華民國政府只能在既有的基礎之上被駐在國接受；3. 建交公報中不能提及中共對台灣主權的主張。」[2]5 月 14 日，周書楷再次告知美國駐台灣「大使」，台灣駐土耳其大使已於 5 月 12 日向土耳其政府正式提出了台灣的三個條件，蔣介石也正式批准了這三個條件。[3] 由此可見，台灣蔣介石集團在處理伊朗、土耳其兩國與中華人民共和國建交問題上的立場是一致的，蔣介石集團不能接受美國對台灣在雙邊層面製造「兩個中國」的引誘和脅迫。

在這種情況下，美國也沒有放棄幫助台灣維持與伊朗的所謂「外交關係」的努力，美國的目的是在雙邊層面製造「兩個中國」，從而為其在聯合國製造「兩個中國」提供依據。但此時尼克遜政府的對華政策已經開始出現積極的變化，基辛格對中國的祕密訪問即將成行，美國維護台灣與其他國家所謂的「外交關係」的努力變得越來越不具有說服力，最終以失敗告終。1971 年 5 月 20 日，美國國務卿威廉斯．羅傑斯向美國駐土耳其和伊朗的使館發出電報，這份電報的主要內容在有關中國與土耳其建交的章節中已經有所涉及。這裏只補充一點，羅傑斯表示：「雖然我

1 Telegram from American Embassy, Tehran to Department of State, No. 2374, May 6, 1971, RG 59, General Records of the Department of State, Subject Numeric Files 1970 — 1973, Political & Defense, Box 2184, National Archive at College Park, College Park, MD.

2 Telegram from "American Embassy, Taipei" to Department of State, No. 2225, May 11, 1971, Chirec: Turkey and Iran, RG 59, General Records of the Department of State, Subject Numeric Files 1970 — 1973, Political & Defense, Box 2182, National Archive at College Park, College Park, MD.

3 Telegram from "American Embassy, Taipei" to Secretary of State, No. 2314, May 14, 1971, Chirec: Turkey and Iran, RG 59, General Records of the Department of State, Subject Numeric Files 1970 — 1973, Political & Defense, Box 2182, National Archive at College Park, College Park, MD.

們還不知道安卡拉和德黑蘭對中華民國政府三個條件的反應，但我們承認兩國政府可能認為這為與中華人民共和國達成協議的前景設置了不可接受的限制條件。我們希望避免捲入土耳其、伊朗與中華民國的交涉，因此，我們行動的目標僅限於鼓勵土耳其政府和伊朗政府對中華民國的利益給予同情的考慮，真正努力通過坦誠的討論與中華民國政府達成雙方都可以接受的諒解。這也是我們對中華民國政府的態度，即要求他們在處理這一問題時儘可能地展現靈活性。」[1]

美國駐伊朗大使館聞風而動，美國大使多次就伊朗與中華人民共和國建交問題與伊朗外長扎赫迪進行交涉，扎赫迪本人的立場傾向於台灣，但無奈巴列維的決心已下，美國的努力未能奏效。1971 年 6 月初，美國駐伊朗大使麥克阿瑟二世在多個場合向伊朗外長扎赫迪表示，台灣不能接受伊朗與北京之間達成的任何承認中華人民共和國政府是中國唯一合法政府的協議，麥克阿瑟二世還敦促伊朗在與中華人民共和國進行談判時，應該找到一種方式讓台灣的「使館」繼續留在德黑蘭。但是，麥克阿瑟在給美國國務院的電報中也表示巴列維已經決定在這個問題上繼續走下去，因為他得出了這樣的結論：「伊朗在亞洲的總體戰略利益以及與蘇聯的關係要求它必須承認中國共產黨政權，與中共政權關係的重要性超過了未來與中華民國關係的重要性。」[2]6 月 14 日，麥克阿瑟二世再次面見伊朗外長扎赫迪，表示台灣不能接受任何承認中華人民共和國政府是中國唯一合法政府的建交模式，強烈要求伊朗政府保持靈活性，不要接受一個顯然會迫使台灣撤走其在德黑蘭的「大使館」的建交模式。

---

1 Telegram from Department of State, Action: Ankara, Tehran, Taipei, No. 88633, May 20, 1971, Chirec: Turkey and Iran, RG 59, General Records of the Department of State, Subject Numeric Files, 1970 — 1973, Political & Defense, Box 2182, National Archive at College Park, College Park, MD.

2 Telegram from American Embassy, Tehran to Department of State, No. 3084, June 10, 1971, Chirec: Iran, RG 59, General Records of the Department of State, Subject Numeric Files 1970 — 1973, Political & Defense, Box 2182, National Archive at College Park, College Park, MD.

扎赫迪表示：他個人非常傾向於找到一種建交模式能夠使台灣的「使館」繼續留在德黑蘭。但是，美方也應該理解，美國總統尼克遜已經表示了訪華的願望，很多美國國會議員和知名人士也希望訪華，再加上美國對中國共產黨政策的變化，這些因素已經構成影響伊朗政府決策的最重要因素。扎赫迪還表示已經安排了台灣駐伊朗「大使」面見巴列維，但是沒有取得什麼效果。[1] 6 月 21 日，麥克阿瑟二世再次面見扎赫迪，希望伊朗不要以迫使台灣駐德黑蘭「使館」撤走的方式來解決問題。扎赫迪再次表示：他個人希望台灣的「使館」繼續留在德黑蘭，但是，伊朗政府已經做出決定，就是在伊朗承認中華人民共和國之後，台灣駐伊朗的「大使」將受到區別對待，並在外交禮遇上有所降低。[2] 即使在這種情況下，美國仍然沒有放棄希望。6 月 24 日，美國國務院發電詢問美國駐伊朗使館，是否建議鼓勵周書楷與伊朗外長扎赫迪交涉，延緩中伊建交的進程。在 6 月 26 日的回電中，美國駐伊使館對此建議明確表示反對，因為，巴列維已經就承認中華人民共和國問題做出了不可逆轉的決定，唯一的問題只是承認的時間是在聯合國大會之前還是之後。巴列維也已經清楚地表明，伊朗是否繼續與台灣保持關係完全取決於後者。而且伊朗很有可能承認中華人民共和國政府是中國的唯一合法政府，並已經向中方轉達了這一立場，因此，美國駐伊朗使館強烈反對台灣在任何條件下與扎赫迪或任何伊朗官員進行接觸。[3] 至此，美國幫助台灣保持與伊朗的外交關係，

1 Telegram from American Embassy, Tehran to Department of State, No. 3159, June 14, 1971, Chirec: Iran, RG 59, General Records of the Department of State, Subject Numeric Files 1970 — 1973, Political & Defense, Box 2182, National Archive at College Park, College Park, MD.

2 Telegram from American Embassy, Tehran to Department of State, No. 3329, June 22, 1971, Chirec: Iran, RG 59, General Records of the Department of State, Subject Numeric Files 1970 — 1973, Political & Defense, Box 2182, National Archive at College Park, College Park, MD.

3 Telegram from Department of State to American Embassy, Tehran, No. 114029, June 24, 1971, Chirec-Iran, Telegram from American Embassy, Tehran to Department of State, No. 3433, June 26, 1971, Chirec: Iran, RG 59, General Records of the Department of State, Subject Numeric Files 1970 — 1973, Political & Defense, Box 2182, National Archive at College Park, College Park, MD.

在中伊雙邊關係層面製造「兩個中國」的努力最終失敗。

中國與伊朗通過兩國駐巴基斯坦的大使進行了建交談判，並最終於 1971 年 8 月 17 日發表了建交公報。公報表示：「中華人民共和國政府和伊朗王國政府根據發展兩國友好關係的共同願望，已經同意建立外交關係，它們還同意在儘可能短的期間內任命大使。中華人民共和國政府堅決支持伊朗王國政府為維護民族獨立和國家主權以及保護本國資源而進行的正義鬥爭。伊朗王國政府承認中華人民共和國政府是中國的唯一合法政府。」[1] 同日，台灣宣佈終止與伊朗的外交關係。我們可以看到伊朗與中華人民共和國建交與土耳其與中華人民共和國建交只相差幾天，兩國與中華人民共和國所達成的建交公報的模式是一樣的，即兩國都承認中華人民共和國政府是中國的唯一合法政府，但都沒有提及台灣是中華人民共和國領土不可分割的一部分，這表明中國在建交問題上對待土、伊兩國的立場是一致的，並在一個中國原則上顯示了極大的靈活性，目的可能在於儘快建立反對蘇聯霸權主義的統一戰線。

## 三、反霸統一戰線下的中伊關係「蜜月」

中國與伊朗建交後，雙邊關係迅速升溫，這主要表現在：第一，高層互訪不斷；第二，伊朗大力支持中國恢復在有關國際組織的合法席位；第三，中伊兩國的經貿關係有所發展，其根本原因在於雙方對國際形勢有着極為相似的看法。

中伊建交後，兩國的高層互訪一直持續不斷，這在「文化大革命」以及改革開放前的過渡時期，在中國對外關係還相對比較封閉的情況下是極為罕見的。1972 年 9 月 18 日，伊朗王后法拉赫·巴列維在首相胡

1 《中華人民共和國政府和伊朗王國政府關於中國和伊朗建立外交關係的聯合公報》，在《人民日報》1971 年 8 月 18 日，第一版。

韋達的陪同下抵達北京對中國進行友好訪問，周恩來親自前往機場迎接。法拉赫・巴列維在周恩來的陪同下檢閱了中國人民解放軍陸、海、空三軍儀仗隊，在法拉赫・巴列維的車隊經過天安門廣場和東西長安街時，又受到數萬人的夾道歡迎。[1]9 月 19 日，周恩來與法拉赫・巴列維舉行會談，並設宴歡迎法拉赫・巴列維訪華。9 月 22 日，周恩來與伊朗首相胡韋達舉行了會談。蘇聯的威脅是最為關注的話題。胡韋達對蘇聯同波斯灣地區的國家簽訂友好條約表示不安，他認為蘇聯勢力介入波斯灣會引起英美勢力干涉，使波斯灣成為大國爭霸的場所，給波斯灣帶來不穩定。周恩來指出：「中國不主張集團政策，世界和平是不可分割的，中東、次大陸如此繼續緊張，世界沒法和平；大國不應干涉別國內政；中國是發展中國家，中國絕不干涉他國內政，中國將永遠不做超級大國，不搞霸權主義。」[2]陪同法拉赫・巴列維訪華的伊朗外交部西歐司司長納亞爾・努里向美國駐伊朗使館的外交官表示，他抵達北京後不久，中國外交部亞非司司長何英就向他詢問，阿拉伯國家為什麼還能夠相信蘇聯。在何英看來，美國向以色列提供了武器，蘇聯允許猶太人移民以色列，這等於為以色列使用這些武器提供了人力資源。在這種情況下，阿拉伯國家還能相信蘇聯，這非常令人不解。在訪問中，中國官員不斷向他們所接觸的伊朗官員提出這個問題，這成為此次訪問給納亞爾・努里留下的最深刻的印象。[3]以上情況說明，對蘇聯擴張的擔心仍是中國處理與伊朗關係的主要關切。

1973 年 6 月，中國外長姬鵬飛前往英國、法國和伊朗進行訪問，這

1 《法拉赫・巴列維王后陛下到京 數萬人夾道歡迎 法里德・迪巴夫人、胡韋達首相等伊朗貴賓陪同王后陛下到京》，載《人民日報》1972 年 9 月 19 日，第一版。

2 王泰平主編：《中華人民共和國外交史（第三卷）1970 — 1978》，第 160 頁。

3 Telegram from American Embassy, Tehran to Department of State, No. 6078, October 7, 1971, Visit of Empress Farah to China, RG 59, General Records of the Department of State, Subject Numeric Files 1970 — 1973, Political & Defense, Box 2378, National Archive at College Park, College Park, MD.

是中國外長在「文化大革命」開始後首次出訪，訪問國就包括伊朗，這充分說明伊朗在中國「一條線，一大片」的反霸統一戰線中的重要位置。6月 14 日，姬鵬飛抵達德黑蘭，開始了他為期三天的對伊朗的正式訪問，伊朗國王巴列維、首相胡韋達、外交大臣阿巴斯・哈拉巴里分別會見了姬鵬飛。在會談中，姬鵬飛表示：中方對所謂的「緩和」並不樂觀，因為它只可能有短期的價值。姬鵬飛把作為冷戰緩和標誌的歐洲安全與合作會議稱為「蘇聯的詭計」，只能導致蘇聯從歐洲騰出手來，並在中東地區和中國造成嚴重的後果。姬鵬飛指出，蘇聯在印度洋的艦隊是一個不可否認的事實，蘇聯的長期目標就是企圖增加在這一地區的存在。姬鵬飛還駁斥了蘇聯領導人勃列日涅夫有關召開亞洲安全會議的提議。他認為蘇聯是一個歐洲國家，它沒有任何理由干涉亞洲國家的事務。蘇聯與伊拉克、印度等國簽訂的友好條約與它倡議的亞洲安全安排的目標背道而馳。[1]6 月 16 日，在伊朗外交大臣哈拉巴里舉行的歡迎宴會上，姬鵬飛針對蘇聯在波斯灣地區滲透和擴張發表語氣非常嚴厲的講話，這篇講話也成為此次訪問的點睛之筆。姬鵬飛說：「某些大國並沒有放棄他們的霸權主義和擴張主義的侵略政策。從中東到南亞，從波斯灣到印度洋，在亞洲、非洲和拉丁美洲乃至全世界，他們正在加緊擴張和競爭。許多國家受到侵略、顛覆和肢解的威脅，世界根本就不安寧。在這種情況下，第三世界國家和全世界人民必須保持警惕，加強團結，聯合起來共同反對帝國主義、擴張主義和霸權主義。」姬鵬飛特別強調：「伊朗和其他一些波斯灣國家認為，波斯灣地區的事情應當由波斯灣國家共同來處理，而不容任何外來干涉。這是正當的立場，我們堅決支持這一立場。」他還說：「我們贊成伊朗和斯里蘭卡等國在聯合國提出的宣佈印度洋為和平區

---

1 The National Archive, Access to Archival Databases（AAD）, RG 59, Central Foreign Policy Files, 1973TEHRAN04409, Iranian Foreign Minister Comments on Chi Pen-Fei Visit, June 21, 1973.

的建議。」[1] 中國之所以如此堅定地支持伊朗的政策，是因為伊朗的政策有利於將蘇聯的擴張勢力擋在印度洋和波斯灣地區之外，符合中國構建反霸統一戰線的構想。在訪問中，姬鵬飛還在多個場合表達了中國對伊朗加強國防與軍備建設的大力支持。6 月 19 日，在姬鵬飛訪問結束後，伊朗外交部官員瑪亞姆・達夫塔里向美國駐伊朗的外交官表示，姬鵬飛建議伊朗在軍事上變得強大起來，在與伊朗官員的私下會談中，姬鵬飛也多次表達了這一觀點。這給伊朗方面留下的印象是，中國對伊朗加強國防和軍備建設支持的熱情甚至超出了伊朗的最主要支持者 —— 美國。[2] 中國希望借重伊朗的力量來阻止蘇聯的滲透和擴張，使伊朗成為「一條線」反霸統一戰線的支點國家的戰略構想是非常明確的。

1975 年 4 月 5 日至 10 日，國務院副總理李先念又對伊朗進行了訪問，在訪問過程中，李先念再次對伊朗要求大國勢力撤出波斯灣地區的立場給予了堅定的支持。在 4 月 6 日伊朗首相胡韋達舉行的宴會上，李先念說：「我們不能不看到，某些大國沒有也決不會放棄它們的霸權主義和擴張政策。它們口頭上大講『和平』與『安全』，實際上卻在積極準備戰爭；口頭上講『友好』和『合作』，實際上則到處進行侵略和顛覆，這就是天下不安寧的根源。」李先念還對伊朗提出的「波斯灣的安全是波斯灣國家的事情」，建立「中東無核區」和「印度洋和平區」的主張給予了讚賞和支持。[3] 由此可以看出，中國支持伊朗的外交與安全政策主要目的是把蘇聯的擴張勢頭擋在印度洋、波斯灣、西亞和中東地區。

在伊朗伊斯蘭革命爆發前，對中伊關係造成最為深遠影響的訪問是

---

1 《哈拉巴里大臣設宴招待姬外長 哈拉巴里大臣、姬鵬飛外長在宴會上講話 中伊兩國外交部長舉行會談》，載《人民日報》1973 年 6 月 16 日，第四版。

2 The National Archive, Access to Archival Databases（AAD）, RG 59, Central Foreign Policy Files, 1973TEHRAN04373, Foreign Ministry Official Comments on Recent Visits to Tehran of Chinese Foreign Minister Chi, June 20, 1973.

3 《巴列維國王和胡韋達首相分別宴請李先念副總理 胡韋達首相和李先念副總理共頌兩國友好合作關係》，載《人民日報》1975 年 4 月 7 日，第六版。

中國國務院總理華國鋒於 1978 年 8 月底至 9 月初對伊朗的訪問。為了給華國鋒的訪問做準備，中國外長黃華先期於 1978 年 6 月 15 日至 18 日對伊朗進行了訪問。伊朗國王巴列維、首相賈姆希德·阿穆澤加爾和外交大臣哈拉巴里分別會見了黃華。在 6 月 16 日舉行的午宴上，哈拉巴里再次提出了伊朗有關印度洋和波斯灣地區應該不受大國干涉的政策主張，並希望獲得黃華的支持。黃華含蓄地支持了伊朗的觀點，他表示：「我們面臨的共同問題，使我們容易具有相似的觀點，使我們兩國、兩國人民的關係有了堅實的基礎。進一步加強兩國的友好關係符合兩國人民的要求，符合當前時代的需要。中國人民希望有一個強大的繁榮的伊朗，相信伊朗也希望有一個強大的繁榮的中國。」[1] 在接受記者採訪時，黃華更加直白地闡述了中國的外交政策。他敦促第三世界國家與西方國家聯合起來反對蘇聯，並把蘇聯指為「企圖征服整個世界的共同敵人」。他特別談到了蘇聯在非洲咄咄逼人的侵略態勢。黃華在接受採訪時對美蘇兩個超級大國的態度截然不同。他表示，美國雖然是一個帝國主義國家，但目前處於守勢，而蘇聯處於攻勢，在目前的情況下，全世界的注意力都應該集中於蘇聯人的壓迫政策。[2] 黃華的這種表態顯然與正在進行的中美建交談判有關。如前所述，此時中蘇關係沒有任何改善的跡象，蘇聯對中國國家安全的威脅反而在增加，而中美建交的條件已經成熟，黃華對兩個超級大國的態度就明顯帶有區別。

隨後，8 月 29 日至 9 月 1 日，在出訪羅馬尼亞和南斯拉伕後，中國共產黨中央委員會主席、國務院總理華國鋒對伊朗進行了訪問。此時，伊朗國內反對國王巴列維的抗議活動已經席捲全國，巴列維政權已經處

---

1 《伊朗國王巴列維接見和宴請黃華外長 首相和外長分別接見和宴請黃華外長》，載《人民日報》1978 年 6 月 18 日，第四版。

2 The National Archive, Access to Archival Databases（AAD）, RG 59, Central Foreign Policy Files, 1978TEHRAN05878, PRC-Iranian Friendship Reaffirmed, June 20, 1973.

在風雨飄搖之中，華國鋒之所以在這個特殊時刻仍然堅持訪問伊朗主要是出於以下四個原因。首先，此時文化大革命雖然已經結束，但是中國外交的孤立狀態仍然沒有得到根本改變，對外交往工作還沒有打開，特別是華國鋒作為中國新領導人還不為國際社會所熟悉，此次訪問有助於樹立華國鋒個人的國際威望和聲譽。其次，雖然中國實現了新老領導人的交替，但是，在外交戰略上中國仍然秉持毛澤東所確定的「一條線，一大片」的反霸統一戰線政策，中國仍然希望藉助伊朗等國的力量來遏制蘇聯在波斯灣乃至全球的擴張勢頭。特別是此時在阿富汗發生了政變，親蘇的阿富汗人民民主黨領導人塔拉基取代達烏德成為阿富汗領導人，中國更加需要伊朗在這一地區發揮穩定性作用。第三，中國希望通過加強與伊朗的關係來擴大與海灣地區阿拉伯國家的交往，與更多的海灣地區阿拉伯國家實現建交。第四，當時，中國領導人出訪所乘坐的飛機在飛往歐洲時，必須中途降落加油，伊朗恰好位於中歐航線的中點，地理位置十分重要。如果過其門而不入，則會給伊朗方面留下不尊重伊朗的印象。據原中國駐伊朗大使華黎明回憶，當時中國代表團曾致電中國駐伊朗大使焦若愚，就華國鋒是否還要訪問伊朗徵求他的意見。已經先期抵達伊朗的外交部副部長何英、西亞北非司司長周覺與焦若愚連夜開會進行研究。最後得出的意見是：「伊朗是具有重要戰略意義的國家，儘管局勢動盪，但過門不入會影響兩國關係，根據我們對形勢的估計，從我們整個的大戰略考慮，不宜改變行程。」[1] 由此也可以看出，中國始終是從反霸統一戰線這一外交戰略的角度來思考中伊關係的。

8 月 29 日，在巴列維舉行的歡迎宴會上，華國鋒發表了講話，再次含蓄地支持了伊朗的立場，即大國的力量應該從波斯灣地區撤出。華國鋒說：「任何一個國家的事情，應該由這個國家的人民自己來管，一個地

1　華黎明：《28 年前，在伊朗感受「革命」》，載《世界知識》2007 年第 7 期，第 56 頁。

區的事情，應該由這個地區的國家來處理，全世界的事情，應該由世界各國共同協商解決。我們堅決反對大國霸權主義的侵略擴張政策；堅決反對它們以任何藉口，干涉別國內政，踐踏別國的主權和尊嚴。」[1]8 月 30 日，華國鋒與巴列維舉行了首次正式會談。雙方分別進行了 30 分鐘的小範圍會談和 90 分鐘的大範圍會談。華國鋒和巴列維討論了如何反對大國在第三世界特別是波斯灣地區和印度洋地區的對抗。在阿富汗發生的政變也成為雙方的主要關切。雙方也談到了伊朗近期出現的抗議活動。據中國外交官會議，巴列維表示，伊朗的形勢已經非常嚴峻，他的前途是個「未知數」。[2] 午餐後，華國鋒又分別會見了伊朗首相謝里夫・埃馬米和外交大臣阿夫沙爾・加塞姆盧。8 月 31 日，華國鋒與巴列維舉行了第二輪會談，會談的議題與第一輪相似，主要討論了反對大國對波斯灣和印度洋地區影響的區域合作、阿富汗發生的政變以及蘇聯捲入非洲之角的地區衝突和也門局勢對區域安全的影響。中方也向伊朗方面表示，希望能夠與更多的海灣地區國家建立外交關係。最為引人注目的是，在華國鋒訪問結束後，中伊雙方沒有發表聯合公報，這主要是由於雙方在「反霸條款」問題上發生了分歧。伊朗當地媒體報道：伊朗政府反對在聯合公報中批評蘇聯，而中國則堅持一貫的立場，即如果不在聯合公報中明確地提出反對霸權主義，則還不如不發表任何公開文件。[3] 訪問結束後，9 月 10 日，美國駐伊朗大使威廉・蘇利文向巴列維詢問了對華國鋒訪問的印象。巴列維表示，他把大部分時間花在阻止中國發表公開聲明上，因為巴列維認為這種聲明會不必要地激怒蘇聯。巴列維還表示，雙方會談

1 《在巴列維國王陛下舉行的宴會上 華國鋒主席的講話》，載《人民日報》1978 年 8 月 30 日，第二版。

2 The National Archive, Access to Archival Databases（AAD）, RG 59, Central Foreign Policy Files, 1978TEHRAN05382, Hua's Second Day in Iran, August 31, 1973. 華黎明：《28 年前，在伊朗感受「革命」》，載《世界知識》2007 年第 7 期，第 56 頁。

3 The National Archive, Access to Archival Databases（AAD）, RG 59, Central Foreign Policy Files, 1978TEHRAN08425, Hua Kuo Feng Visit to Iran , Sept 5, 1973.

主要涉及了彼此對地區戰略平衡的感受，中國鼓勵伊朗把海軍的活動範圍擴大到印度洋，並對伊朗提出的波斯灣安全公約的倡議表示支持。[1]

華國鋒訪問結束後，美國駐華聯絡處對華國鋒的訪問的意義和目的進行了系統的分析，這些分析應該說是準確和深入的。報告指出：「華國鋒的訪問不僅是個人的勝利，也充分說明中國已經從「文化大革命」的自我封閉中走了出來。華國鋒的訪問是中華人民共和國在這一地區與蘇聯的影響力進行競爭的決心的表現。此次訪問至少有三個目的：第一，提升中華人民共和國和華國鋒本人的聲譽；第二，在中國與其舊日的緊密盟友如越南和阿爾巴尼亞的關係瓦解的時候，顯示北京仍然與一些社會主義國家保持密切聯繫。第三，通過建立北京與西亞和巴爾幹地區國家的關係來遏制蘇聯在這一地區的影響。並鼓勵華約組織成員國尋求羅馬尼亞式的獨立。」[2] 這份報告道出了華國鋒訪問的用意，然而，這次訪問也為未來中伊關係的發展埋下了隱患。

中伊關係「蜜月期」的另一個表現是伊朗支持中華人民共和國恢復在有關國際組織中的合法席位。伊朗支持中華人民共和國恢復在聯合國、世界銀行和國際貨幣基金組織中的合法席位，特別是在伊朗的大力支持下，中國加入了在亞洲奧林匹克理事會前身的亞洲運動會聯合會，參加了 1974 年 9 月在伊朗德黑蘭舉辦的第七屆亞運會。中國開始與國際奧林匹克運動結緣。

中國與伊朗建交之時正值第 26 屆聯大對中國在聯合國的代表權問題進行討論。伊朗對恢復中華人民共和國在聯合國的合法席位給予了堅定的支持。1971 年 8 月 31 日，伊朗國王巴列維在伊朗新一屆議會開幕儀

---

1 The National Archive, Access to Archival Databases（AAD）, RG 59, Central Foreign Policy Files, 1978TEHRAN08649, Shah on Hua Kuo-Feng to Iran, Sept 11, 1973.

2 The National Archive, Access to Archival Databases（AAD）, RG 59, Central Foreign Policy Files, 1978PEKING02847, Hua's Journey to the West: the View from Peking, September 12, 1978.

式上發表講話。他指出：「伊朗與中華人民共和國建交對兩個國家都有好處。希望中華人民共和國在聯合國及其安理會恢復完全的會員資格，這樣中華人民共和國就可以在國際大家庭中佔有它恰當的位置。」[1] 9 月 24 日，前來紐約參加第 26 屆聯大的伊朗外相哈拉巴里與美國國務卿羅傑斯舉行了會談。哈拉巴里指出：「中國在聯合國的代表權問題本質上是一個法律問題，即選擇哪個政府來代表中國。伊朗的立場是中華人民共和國政府是代表中國的唯一合法政府，它應該被聯合國接納。」羅傑斯表示：他並不認為中國在聯合國的代表權問題是一個法律問題，因為聯合國是一個政治組織而不是一個法庭。對阿爾巴尼亞提案的表決意味着要把台灣從聯合國驅逐出去，他對此表示反對，並希望伊朗和美國能就中國在聯合國的代表權問題達成一致意見。雖然，美國施加了壓力，但是伊朗方面仍然堅持自己的立場，即中華人民共和國政府是代表中國的唯一合法政府，它應該恢復在聯合國及其安理會的合法席位。[2] 在中國恢復在聯合國的合法席位後，伊朗副外長艾哈邁德・米爾芬德雷斯基拜會了美國常駐聯合國代表喬治・布什。米爾芬德雷斯基表示：「伊朗理解美國保留台灣當局在聯合國的席位的努力，但是這種努力在法律上是不可行的。中華人民共和國恢復在聯合國的席位將會帶來積極的影響。」米爾芬德雷斯基還談道，「對於中國進入聯合國，蘇聯比美國更緊張。」[3]

1971 年 10 月，中國恢復了在聯合國的合法席位。但是，中國在國際

1 Telegram from American Embassy, Tehran to Department of State, No. 4883, September 1, 1971, Shar's August 31 Speech from Throne, RG 59, Department of State/Office of the Secretary, Entry A1 1613-D Subject Numeric Files, Central Foreign Policy File 1970—1973, Container 2379, National Archive at College Park, College Park, MD.

2 Telegram from American Mission in UN to Secretary of State, No. 2861, September 25, 1971, RG 59, General Records of the Department of State, Subject Numeric Files 1970—1973, Political & Defense, Box 2378, National Archive at College Park, College Park, MD.

3 Telegram from American Mission in UN to Secretary of State, No. 4125, November 10, 1971, Iran Deputy Foreign Minister Call On Ambassador Bush, RG 59, General Records of the Department of State, Subject Numeric Files 1970—1973, Political & Defense, Box 2378, National Archive at College Park, College Park, MD.

奧委會和亞奧理事會的前身亞洲運動會聯合會的席位還沒有得到恢復。在加入亞洲運動會聯合會和參加第 7 屆亞運會的問題上，中國得到了伊朗的鼎力支持，其中伊朗國王巴列維的弟弟古拉姆・禮薩・巴列維親王發揮了最為重要的作用。

古拉姆・巴列維擔任伊朗奧委會主席、國際奧委會常委和亞洲運動會聯合會執委會主席。1973 年 8 月 2 日，古拉姆在宴請中國駐伊朗大使陳辛仁時以伊朗奧委會主席和第 7 屆亞運會主席的身份，正式邀請中國參加 1974 年在德黑蘭舉行的第 7 屆亞運會。陳辛仁則邀請古拉姆・巴列維訪華。古拉姆・巴列維表示，他要趕在 9 月份到北京觀看亞非拉乒乓球邀請賽。[1]1973 年 9 月 5 日至 15 日，古拉姆・巴列維應邀對中國進行了訪問。9 月 6 日，國務院副總理李先念舉行宴會歡迎古拉姆。李先念在祝酒詞中說：「在親王殿下的領導下，伊朗全國奧林匹克委員會為中華人民共和國體育組織在亞洲運動會聯合會中取得合法地位和權利進行了友好的積極的努力。對此，我們向親王殿下和伊朗政府表示深切的謝意。」古拉姆在祝酒時說：「伊朗政府對中華人民共和國運動員參加 1974 年 9 月在德黑蘭舉行的第七屆亞洲運動會表示特別關注。伊、中兩國體育組織為爭取中華人民共和國在亞洲運動會聯合會和國際體育組織中的合法席位而交換意見、密切合作，這是伊、中兩國友好團結的又一例證。」[2] 9 月 9 日，周恩來在人民大會堂會見了古拉姆・巴列維，後者表示，為中國參加亞運會而努力是伊朗的職責。在參觀長城時，陪同古拉姆・巴列維訪華的中國駐伊朗大使陳辛仁說，蘇聯有的擴張主義者說，長城以北

---

1　陳辛仁：《鴻爪遺踪（出使四國追憶）—— 二、在古絲綢之路上的伊朗》，載《外交學院學報》1995 年第 1 期，第 64 頁。

2　《李先念副總理舉行宴會 歡迎伊朗古拉姆親王和夫人》，載《人民日報》1973 年 9 月 7 日，第四版。

的領土都是俄國的。古拉姆·巴列維說，伊朗也被俄國佔了不少地方。[1] 這充分說明共同抗拒蘇聯的擴張和威脅已經成為維繫和促進中國與伊朗關係的最重要因素。1973 年 9 月 18 日，亞洲運動會聯合會執委會在曼谷舉行會議。在伊朗的提議下，會議通過投票的方式確認中華全國體育總會為亞洲運動會聯合會會員，台灣當局的代表被驅逐。[2] 中國在國際體育大家庭中的合法地位開始得到恢復。

進入 1974 年，伊朗體育官員又多次表示堅決支持中國派代表團參加第 7 屆亞運會，1 月 22 日，第 7 屆亞運會組織委員會主席、伊朗體育組織主席霍賈特·卡沙尼在德黑蘭舉行的記者招待會說：「我們熱烈歡迎中華人民共和國參加亞運會聯合會和今年將在德黑蘭舉行的第七屆亞運會，並堅決支持中華人民共和國參加世界體育組織的一切活動。沒有中華人民共和國的參加，今年在德黑蘭就不會有亞運會。」[3]8 月 20 日，中國體育代表團抵達德黑蘭，霍賈特·卡沙尼再次表示：「中華人民共和國不參加國際體育交往是不可想像的。在伊朗同意舉辦亞運會的時候，我們曾聲明：如果中國不參加亞運會，我們就不舉辦亞運會。」[4] 這樣中國代表團得以順利參加第 7 屆亞運會，中國體育開始「沖出亞洲，走向世界」。

隨着政治關係的密切，中伊兩國的經貿關係在 20 世紀 70 年代也有所發展。1973 年 4 月 3 日至 4 月 11 日，伊朗經濟大臣胡桑·安薩里率領的伊朗經濟代表團訪問了中國。在訪問期間，兩國簽署了中國與伊朗之間的貿易協定和支付協定。根據協定，兩國的雙邊貿易在第一年將達到

---

1 陳辛仁：《鴻爪遺踪（出使四國追憶）—— 二、在古絲綢之路上的伊朗》，載《外交學院學報》1995 年第 1 期，第 65 頁。

2 《亞洲運動會聯合會執委會通過伊朗的提案 確認我國為會員 驅逐蔣介石集團》，《人民日報》1973 年 9 月 20 日，第六版。

3 《伊朗體育組織主席霍賈特·卡沙尼歡迎我國參加第七屆亞運會》，載《人民日報》1974 年 1 月 22 日，第五版。

4 《亞運會組委會主席卡沙尼發表談話 強調加強合作發展體育運動》，載《人民日報》1974 年 8 月 29 日，第六版。

6900 萬美元。[1] 代表團還前往廣州參加了 1973 年春季的廣交會。[2] 雖然兩國的貿易協定沒有提及石油貿易問題。但是同年 9 月 28 日至 10 月 6 日，伊朗國家石油公司董事長兼總經理曼努切赫爾・埃格巴爾對中國進行了訪問，根據美方檔案，雙方就中伊之間的石油貿易達成了協議，伊朗同意每年向中國出口 50 萬噸石油。[3] 根據伊朗方面的統計，1973 年，伊朗共從中國進口 2130 萬美元的商品，進口物資主要包括棉紗和棉織品、陶瓷製品、木材、紙張、鉛筆、鐘錶等等。1973 年，伊朗共向中國出口 2690 萬美元的商品，主要出口商品包括棉花、金屬礦石等等。[4] 除此之外，兩國的民航業聯繫也日益密切。1974 年 11 月 19 日，伊朗國家航空公司開闢了德黑蘭 — 北京 — 東京航線。為了慶祝航線開通運營，巴列維國王的弟弟阿卜杜・禮薩・巴列維乘坐首架航班前往北京進行了訪問。[5] 以上情況說明，在共同的安全利益促動下，中伊兩國的經貿往來在 20 世紀 70 年代也有所發展。

---

1 Air Gram from American Embassy, Tehran to Department of State, No. A-171, November 17, 1973, Iran's Relations with Communist Countries, RG 59, General Records of the Department of State, Subject Numeric Files 1970 — 1973, Political & Defense, Box 2378, National Archive at College Park, College Park, MD.《伊朗經濟代表團抵達北京 白相國部長等到機場歡迎》，載《人民日報》1973 年 4 月 4 日，第四版；《中伊兩國政府貿易協定和支付協定在京簽字》，載《人民日報》1973 年 4 月 10 日，第四版。

2 《結束在我國的友好訪問 伊朗經濟代表團離開廣州》，載《人民日報》1973 年 4 月 12 日，第四版。

3 Air Gram from American Embassy, Tehran to Department of State, No. A-171, November 17, 1973, Iran's Relations with Communist Countries, RG 59, General Records of the Department of State, Subject Numeric Files 1970 — 1973, Political & Defense, Box 2378, National Archive at College Park, College Park, MD; The National Archive, Access to Archival Databases（AAD）, RG 59, Central Foreign Policy Files, 1974TEHRAN04344, 1973Iran/PRC Trade , May 29, 1973.《伊朗國家石油公司董事長兼總經理埃格巴爾到京》，載《人民日報》1973 年 9 月 29 日，第四版；《伊朗客人埃格巴爾博士和夫人離京去外地參觀訪問》，載《人民日報》1973 年 10 月 4 日，第三版。

4 The National Archive, Access to Archival Databases（AAD）, RG 59, Central Foreign Policy Files, 1974TEHRAN04344, 1973Iran/PRC Trade , May 29, 1973.

5 The National Archive, Access to Archival Databases（AAD）, RG 59, Central Foreign Policy Files, 1974TEHRAN09889, Prince Abdo Reza on North Korean Visit, November 21, 1974;《阿卜杜・禮薩・巴列維親王出國訪問途中到京》，載《人民日報》1974 年 11 月 21 日，第四版；《伊朗航空公司德黑蘭 — 北京 — 東京航線開航》，載《人民日報》1974 年 11 月 21 日，第五版。

中國與伊朗的雙邊關係之所以在 20 世紀 70 年代如此密切，歸根結底還是由於兩國領導人對當時的國際形勢有着極為相近的看法。20 世紀 70 年代是冷戰歷史上的「緩和」時期，美蘇兩個超級大國都從自身的力量與利益角度出發極力鼓吹「緩和」，簽訂了一系列標誌美蘇兩國關係緩和的雙邊協議。美蘇兩國實現「緩和」的主要地區是在歐洲，以 1975 年歐洲安全與合作會議為標誌，緩和在歐洲達到了高潮。而中國與伊朗兩國領導人都對「緩和」持消極態度，都認為緩和只能導致蘇聯騰出手來在第三世界進行擴張。

在 20 世紀 70 年代，巴列維政權利用出口石油的收入開展大規模的現代化建設，大力發展軍備，其背後的原因是對蘇聯在波斯灣地區擴展的恐懼和擔憂。1970 年 8 月 1 日，巴列維就曾對美國駐伊朗大使麥克阿瑟二世表示：在過去的兩年裏，蘇聯在波斯灣地區的活動前所未有地增加了，特別是蘇聯海軍的活動明顯增加，以及蘇聯幫助伊拉克修建海軍港口設施。巴列維認為蘇聯的戰略是第一步是利用極端的阿拉伯政權，如現在伊拉克、敘利亞和南也門的政權來摧毀在沙特阿拉伯、科威特、阿拉伯聯合酋長國的溫和的傳統政權。第二步是在這些國家建立包括阿拉伯復興社會黨、共產黨、庫爾德人政黨等勢力在內的「聯合陣線」。一旦這種「聯合陣線」建立，其中的共產黨就會在蘇聯的幫助和支持之下，逐漸增加自己的影響力，直到蘇聯成為這些政權唯一有效的外部影響勢力。[1]1973 年 4 月 6 日，美國駐伊朗使館又向美國國務院報告，巴列維表面上在世界舞臺上扮演着獨立的外交角色，但是表面下是對蘇聯力量的深刻持久的恐懼和對蘇聯意圖的根本性不信任。蘇聯與伊拉克和印度簽

1 Telegram from American Embassy, Tehran to Department of State, No. 3312, August 20, 1970, Shah's View on Security Situation in Gulf and Middle East and Iran's Need for Greater Deterrent and Defensive Military Strength, RG 59, General Records of the Department of State, Subject Numeric Files 1970 — 1973, Political & Defense, Box 2378, National Archive at College Park, College Park, MD.

訂的條約增加了巴列維對蘇聯的擔心，他把這些條約看作是在具有高度戰略意義的波斯灣地區向伊朗利益伸出的「魔爪」。美國駐伊朗使館特別強調，巴列維對美蘇之間的「緩和」感到不安，因為「緩和」只能使蘇聯騰出力量在波斯灣地區進行試探，而美國也將在美蘇關係有所改善的氛圍裏放鬆警惕。[1]

巴列維這種對蘇聯擴張勢頭的擔憂和對美蘇「緩和」的不安與毛澤東晚年的外交思想有着某些共同點。前文已經談到，毛澤東晚年對美蘇兩個超級大國鼓吹所謂「持久和平」與「緩和」始終持懷疑態度，並擔心美國和歐洲國家企圖「禍水東引」，在歐洲與蘇聯實現「緩和」是為了將蘇聯的擴張矛頭引向中國。在毛澤東晚年與外賓的談話中，這種對「緩和」的擔憂和批判可以說是俯拾皆是。1973 年 2 月 17 日，毛澤東在會見基辛格說：「是不是你們現在推動西德跟俄國講和，然後又推動俄國向東進。我懷疑整個西方有這麼一條路線。歐洲和你們以為這一下可好了，總希望這股禍水到中國那裏去哩。」1974 年 5 月 25 日，毛澤東在會見英國前首相希思時表示：「它（指蘇聯）只有那麼幾個兵，你們歐洲人那麼怕！西方有一部分輿論，每天都想把俄國這一股禍水流向中國。你們西方的老前輩張伯倫，包括達拉第，就是推德國向東。」10 月 20 日，在與丹麥首相哈特林會談時毛澤東表示：「現在到處講和平，就是怕戰爭，所以戰爭是跟和平共處的。如果不怕戰爭，講什麼和平呢？我是不贊成所謂永久和平的說法。」11 月 12 日，在會見南也門總統委員會主席魯巴伊時說：「我看這個世界不妙。到處吹這個『緩和』、『和平』，越說越不緩和，越不和平。」[2] 通過以上材料的列舉，可以看出中伊兩國領導人在對世

---

1 Iran Country Assessment, Telegram from American Embassy Tehran to Secretary of State, No. 2150, April, 1973, RG 59, General Records of the Department of State, Subject Numeric Files 1970 — 1973, Political & Defense, Box 2378, National Archive at College Park, College Park, MD.

2 中共中央文獻研究室編：《毛澤東年譜（1949 — 1976）》第六卷，第 469、518、534、554、557 頁。

界形勢的看法方面有着很多共同點，這種共同點是促使毛澤東提出「一條線，一大片」反霸統一戰線政策的重要原因，也是締造 20 世紀 70 年代中伊關係「蜜月」的根本原因。

中伊關係在 20 世紀 70 年代的「蜜月期」也促使我們重新評價中國此時所執行的「一條線，一大片」的反霸統一戰線政策。中國學術界一直認為，反霸統一戰線政策有其偏頗之處，主要是過高地估計了蘇聯對中國的威脅，給美國造成一個只要在安全問題上支持中國，在台灣問題上就可以為所欲為的錯誤印象。中伊關係的事實說明，在 20 世紀 70 年代，蘇聯利用冷戰的「緩和」在第三世界進行擴張，確實使很多國家都站到了蘇聯的對立面上。強調蘇聯的威脅，號召建立反對蘇聯霸權主義的統一戰線，使中國與很多國家有了共同語言和共同利益，也才使中國迎來歷史上第三次建交高潮，恢復了在很多國際組織中的合法席位。反霸統一戰線政策為中國外交帶來了重大利好，如果說這個政策有什麼偏頗，錯不在反霸統一戰線政策本身，而在於在某些時候機械地教條地執行了這一政策。

## 第三節　反霸統一戰線政策在非洲

### 一、中國對安哥拉內戰的政策

安哥拉原為葡萄牙在非洲的殖民地。在反抗葡萄牙殖民統治的過程中，安哥拉形成了三派互不隸屬又相互競爭的民族解放組織。它們分別是安哥拉人民解放運動（以下簡稱安人運），其領導人為阿戈斯蒂紐・內圖；安哥拉民族解放陣線（以下簡稱安解陣），其領導人為霍爾頓・羅伯託；以及爭取安哥拉徹底獨立全國聯盟（以下簡稱安盟），其領導人為若納斯・薩文比。到了 20 世紀 70 年代，葡萄牙在非洲的殖民統治已經岌岌可危了。1974 年 4 月，葡萄牙發生軍事政變，斯皮諾拉成為葡萄牙政府的最高領導人，他贊成讓所有葡萄牙所屬的非洲殖民地獲得民族獨立。1975 年 1 月 10 日，葡萄牙與安哥拉三個民族解放組織在葡萄牙的阿沃爾舉行會議，並達成了《阿沃爾協議》。協議規定安哥拉在 1975 年 11 月 11 日實現民族獨立。在過渡期間，成立由葡萄牙高級顧問領導的過渡政府，過渡政府主要包括安人運、安解陣和安盟的成員。但是，就在安哥拉民族獨立的曙光出現在地平線上的時候，安哥拉三派民族解放組織就發生了嚴重矛盾，並在 1975 年 7 月爆發了內戰。安哥拉內戰實際上到 21 世紀初期才完全結束。本書只討論中國從 1975 年 1 月《阿沃爾協議》達成到 1983 年 1 月中國與安哥拉建立外交關係期間中國對安哥拉的政策，而本章只涉及中國在推動建立反霸統一戰線期間對安哥拉內戰的政策。

1975 年 11 月 11 日，安哥拉宣佈獨立，但此時安哥拉已經出現了兩個政府，一個是安人運在首都羅安達建立的政府，該政府宣佈成立安哥拉人民共和國，安人運領導人內圖擔任該國總統。另一個是安解陣和安盟在安哥拉第二大城市萬博建立的政府，並宣佈建立安哥拉人民民主共和國。此時，在內戰中安人運佔上風，它不僅控制了安哥拉首都羅安達，而且掌握了安哥拉 16 個省中的 12 個省會。安解陣和安盟都承認各自的力量無法單獨戰勝安人運，因此兩派聯合起來。安哥拉內戰之所以持續時間長，破壞程度大，其根本原因在於三派民族解放組織背後都得到了大國的支持。安哥拉內戰實際上已經成為冷戰在非洲延伸出來的「地區熱戰」。安人運得到了蘇聯和古巴的支持，而安解陣和安盟則得到了美國、札伊爾[1]和南非白人種族隔離政權的支持。早在 1964 年，安人運的領導人內圖就訪問了蘇聯，蘇聯同意向安人運提供武器，並在蘇聯對安人運的成員進行軍事訓練。此後，內圖多次前往蘇聯參加重要活動。到

---

1　今剛果（金）。

1974年12月，至少有200名安人運的人員到莫斯科接受軍事訓練。截至1974年年底，據美方估計蘇聯向安人運提供的援助已經高達5400萬美元。到1975年年底，據美國估計，蘇聯至少向安人運提供了3億美元和200名顧問，並幫助把支持安人運的17000多名古巴武裝部隊運送到安哥拉。[1]1976年10月，內圖政府還與蘇聯簽訂了《友好合作條約》，該條約規定雙方在軍事上要相互合作。[2]蘇聯支持安人運不僅是因為安人運在政治理念上與蘇聯相近，更是由於蘇聯擔心美國和中國擴大在撒哈拉以南非洲的影響，同時，羅安達重要的戰略位置也成為蘇聯的必爭之地。在蘇聯和古巴的支持之下，安人運的實力快速增長，這引起了美國的擔憂。為了制衡蘇聯，美國開始向另外兩派提供幫助。在《阿沃爾協議》簽訂一周後，美國政府就決定，中央情報局可以向安解陣提供30萬美元，但是，這筆轉款不得購買武器。1975年7月17日，美國又向安解陣和安盟提供了3000萬美元的追加專款，其中包含的武器，是通過札伊爾和讚比亞投入到安哥拉內戰之中的。接着，8月20日，美國又投入了1070萬美元，11月下旬，美國再次投入700萬美元。總體來說，大約3200美元是現款，1600萬美元是武器。實際上，美國向兩派提供援助的總數可能比這些數字還要大得多，因為美國向札伊爾提供的援助實際上轉手幫助了安解陣。[3]除此之外，安解陣和安盟還分別得到了札伊爾和南非白人種族隔離政權的支持。安解陣領導人羅伯託與札伊爾總統蒙博託有私人親屬關係，因此，安解陣一直得到札伊爾蒙博託政府的支持，札伊爾實際上成為安解陣的後方大本營。在安哥拉內戰爆發後，羅伯託領導的安解陣退往安哥拉北方，背靠札伊爾。在安人運取得軍事上的勝利後，羅伯託又

1 ［美］羅伯特．唐納森編：《蘇聯在第三世界的得失》，北京：世界知識出版社，1985年版，第95-96、117頁。

2 劉海方：《列國志．安哥拉》，北京：社會科學文獻出版社，2006年版，第108頁。

3 ［美］羅伯特．唐納森編：《蘇聯在第三世界的得失》，第116頁。

帶領安解陣退出安哥拉境內，進入札伊爾，蒙博託政府一直對安解陣提供保護和支持。1977 年 3 月，反對蒙博託統治的札伊爾反對派剛果民族解放陣線從安哥拉境內發動了對札伊爾重要省份沙巴的進攻。儘管札伊爾政府擊退了進攻，但蒙博託指責安人運政府慫恿了這次進攻，而內圖則指責蒙博託窩藏和支持安解陣和安盟，雙方關係始終不睦。南非白人種族隔離政權對安盟的支持主要源於在西南非洲[1]爭取獨立西南非洲人民組織的主要基地在安哥拉境內，安人運對西南非洲人民組織也給予了支持。在追擊西南非洲人民組織武裝時，南非軍隊多次闖入安哥拉境內。1975 年 5 月至 8 月，安解陣和安盟都曾經與南非官員進行過會晤，到了 9 月，南非直接參加了安哥拉內戰。南非軍隊由南向北進攻，11 月和 12 月，南非的參戰部隊增加到 5000 人至 6000 人。[2] 在安哥拉南方為主要基地的安盟得到了駐紮在西南非洲基地的南非空軍的空中保護。南非軍隊也在西南非洲訓練安盟的游擊隊，並向安盟提供武器、燃料和食品；有時候，在安盟與安人運作戰時，南非地面部隊為安盟提供直接的支持。南非進入安哥拉的軍隊於 1976 年中期撤退，但此後又曾多次大規模入侵安哥拉，對安哥拉城市進行轟炸，扭轉安盟的敗局，對安人運政府造成巨大的打擊。

在安哥拉內戰初期，中國的政策包括五個方面：第一，從側重支持安解陣轉變為終止對三派民族解放組織的援助；第二，反對蘇聯干涉非洲統一組織解決安哥拉問題的努力，對承認安人運政權的非洲國家表示不滿；第三，不參加聯合國安理會對安人運政權加入聯合國的投票，在聯合國及其下屬機構中對蘇聯干涉安哥拉提出強烈批評；第四，在與美方的會晤中，中方多次提及安哥拉問題，希望引起美國對蘇聯在非洲地區進行擴張的警覺，並鼓動美國增強抗衡蘇聯的意志和力量。在中國五

1　今納米比亞。
2　［美］羅伯特·唐納森編：《蘇聯在第三世界的得失》，第 106 頁。

個方面的政策中所貫穿的主線就是批評蘇聯在南部非洲特別是在安哥拉的擴張。

為了支持安哥拉人民爭取民族獨立，反對殖民統治的鬥爭，中國很早就與安哥拉三派民族解放組織建立了聯繫，並向他們提供了援助。1961 年 5 月 4 日，安人運的附屬機構 —— 安哥拉全國工人聯合會代表團抵達北京，該代表團是作為葡屬非洲反帝組織的代表之一來到中國進行訪問的。[1] 5 月 8 日，中華全國總工會、中國亞非團結委員會、中國非洲人民友好協會等羣團組織在北京組織了盛大的「首都各界人民支持安哥拉及其他葡屬非洲殖民地人民反帝鬥爭大會」，時任中共中央辦公廳副主任、中華全國總工會副主席的李頡伯在大會上發表了題為《新老殖民主義從非洲滾出去》激昂慷慨的講話，在講話的最後他特別強調:「六億五千萬中國人民將始終站在英勇鬥爭的安哥拉人民和葡屬非洲殖民地人民一邊，直到他們取得最後的勝利。」[2] 更值得人們關注的是，在這次大會上，安哥拉全國工人聯合會副主席貝爾納．東貝雷也發表了講話。他在一開始就表示 :「以無比的高興謹向中華人民共和國的領導同志和人民給我們的巨大支持表示熱忱的感謝。你們現在所表示出的這個新的支持，將進一步加強我國人民徹底摧毀葡萄牙殖民統治和以不斷壯大的抵抗來反對一切帝國主義和新殖民主義的堅強信心。」[3] 這有可能表明中國已經向安人運提供了實質性的援助，甚至包括武器的援助。西方學者也得出了類似的結論。此時中國主要是通過亞非團結組織與非洲的民族解放力量保持聯繫。在美國學者布魯斯．拉金的著作《中國與非洲 1949 — 1970 ——

1 《安哥拉全國工人聯合會代表團到京》，載《人民日報》1961 年 5 月 5 日，第六版。

2 《中國人民堅決支持非洲民族解放運動 首都各界人民支持安哥拉人民反帝鬥爭大會通電》，載《人民日報》1961 年 5 月 9 日，第四版；《新老殖民主義從非洲滾出去 李頡伯在首都支持安哥拉及其他葡屬非洲殖民地人民反帝鬥爭大會上講話》，載《人民日報》1961 年 5 月 9 日，第四版。

3 《安哥拉人民將擊敗帝國主義的干涉 安哥拉全國工人聯合會副主席貝爾納．東貝雷的講話》，載《人民日報》1961 年 5 月 9 日，第四版。

中華人民共和國的外交政策》一書中也表示，中國可能通過亞非人民團結組織祕書處向安人運提供了資金和武器。[1] 但情況到了 1963 年夏季發生了變化，中國的關注重點從安人運轉到了安解陣，這是由於中蘇大論戰在 1963 年夏季達到了頂點，而安人運一直與蘇聯保持着密切的聯繫。另外，1963 年 7 月，非洲統一組織的一個調查團承認了安解陣，中國對安哥拉三派武裝的態度也隨非洲統一組織的態度發生了變化。1963 年 12 月中旬，中國外長陳毅在參加肯尼亞獨立慶典的過程中會見了安解陣的領導人羅伯託，雙方探討了中國對安解陣的支持。[2] 如前所述，安解陣主要以剛果（利）[3] 及後來的札伊爾為主要後方，而此時剛果（利）的阿杜拉政府和沖伯政府都遭到中國的反對，因此，中國與安解陣的聯繫一直到 1973 年左右才恢復。在這種情況下，安人運與中國的聯繫又有所增多。1966 年 6 月 10 日，安人運附屬組織安哥拉全國工人聯合會的一名官員來華訪問。[4]1971 年 7 月底至 8 月初，安人運領導人內圖率領安哥拉人民解放運動代表團來華訪問。8 月 3 日，周恩來會見了內圖一行，陪同會見的還有中國人民解放軍總參謀長黃永勝。[5] 安哥拉人民解放運動代表團還參觀了中國人民解放軍北京部隊某部，在參觀過程中，內圖等觀看了士兵們的射擊表演並參觀了連隊營房、修械所、副食加工廠、製藥廠等。[6] 種種跡象都表明，內圖的這次訪問很可能涉及中國對安人運的軍事援助。但是，由於安人運始終與蘇聯關係密切，同時，該組織還是一個以城市

---

1 Bruce D. Larkin, *China and Africa 1949 — 1970, The Foreign Policy of the Peoples Republic of China,* （Berkeley and Los Angeles: University of California Press, 1971）pp..59-60.

2 Steven F. Jackson, China's Third World Foreign Policy: The Case of Angola and Mozambique, 1961 — 93, *The China Quarterly,* No. 142（June., 1995）, p.396.

3 即剛果（金）。

4 《安哥拉一客人到京》，載《人民日報》1966 年 6 月 11 日，第五版。

5 《周恩來總理、黃永勝總參謀長會見安哥拉人民解放運動代表團》，載《人民日報》1971 年 8 月 4 日，第一版。

6 《安哥拉人民解放運動代表團訪問北京部隊某部受到熱烈歡迎》，載《人民日報》1971 年 8 月 1 日，第六版。

為主要活動範圍的民族解放組織，而此時，中國與蘇聯的關係已經完全破裂，中國更希望看到非洲也走中國農村包圍城市的革命道路，這些因素都限制了中國與安人運關係的發展。而安盟及其領導人薩文比與中國的聯繫可以最早追溯到 1964 年。薩文比本來參加的是羅伯託領導的安解陣，但是，到 20 世紀 60 年代中期，薩文比已經與羅伯特發生分歧，並準備組建自己的民族解放組織。1964 年 8 月至 9 月，薩文比在南京軍事學院參加過短期課程的學習，而南京軍事學院是中國傳授游擊戰術的主要機構。1965 年 1 月，薩文比再次來華，尋求中國對正式建立爭取安哥拉徹底獨立全國聯盟的支持。中國同意對安盟的成員進行有關游擊戰的訓練。薩文比本人也在南京進一步學習游擊戰的戰術。[1] 中國還對安盟提供了少量的軍事援助和財政援助。[2] 由此可見，在 20 世紀 70 年代以前，中國與安哥拉三派民族解放組織都有聯繫，對三派民族解放組織始終保持較為公正的立場，沒有明顯的偏向，為了支持安哥拉的民族解放事業，中國對三派民族解放組織都給予了或多或少的援助。

到安哥拉獲得民族獨立的前夕，中國仍然與安哥拉三派民族解放組織保持聯繫，但是援助的重心開始向安解陣偏移。到安哥拉獲得民族獨立後，中國終止了對安哥拉三派民族解放組織的支持。中國關注的重點向安解陣偏移主要是受到了中國與札伊爾關係正常化的影響。1972 年 11 月 24 日，中國與札伊爾關係實現正常化，結束了兩國斷交十年的不正常歷史。札伊爾總統蒙博託分別於 1973 年 1 月和 1974 年 12 月兩次來華訪問，是「文化大革命」後期訪問中國次數較多的撒哈拉以南非洲的領導人。如前所述，札伊爾一直是安解陣的大後方，蒙博託與安解陣領導人羅伯託又有姻親關係。因此，蒙博託必然要求中國對安哥拉關注的重點

1 Steven F. Jackson, China's Third World Foreign Policy: The Case of Angola and Mozambique, 1961 — 93, *The China Quarterly*, No. 142（June., 1995）, p.397.

2 ［美］羅伯特・唐納森編：《蘇聯在第三世界的得失》，第 120 頁。

轉移到安解陣身上。1973 年 1 月 10 日、12 日，周恩來與來訪的札伊爾總統蒙博託舉行會談。周恩來表示：「地處非洲中心的札伊爾和亞洲東方的中國結成友好關係，這對亞非人民團結會起影響。」[1] 1 月 11 日，蒙博託在周恩來舉行的歡迎宴會上作了長篇答詞，表達了各國都應該根據自己的情況選擇發展道路和模式，而不能「抄襲從國外進口的現成的觀念」，同時，還對東西方兩個超級大國都表示了不滿。[2]1 月 13 日，毛澤東會見了蒙博託，對他在歡迎宴會上的答詞表示充分肯定。[3]1974 年 12 月，蒙博託再次訪問中國，又得到了毛澤東、周恩來等中國領導人的接見。中國與札伊爾關係的正常化為中國重點支持安解陣提供了基礎和條件，可以想像，中國對安解陣的援助將通過札伊爾源源不斷地輸送給安解陣。

中國與札伊爾的關係剛剛正常化，羅伯託率領的安哥拉民族解放陣線代表團就於 1973 年 12 月 3 月抵達了北京。中國人民對外友好協會副會長楊驥在 12 月 4 日宴請羅伯託所率領的安解陣代表團時強調：「安哥拉人民和非洲人民一道在反對帝國主義、新老殖民主義、大國霸權主義和白人種族主義的鬥爭中，必將取得更大的勝利。」[4] 楊驥的講話中提到了大國霸權主義，這指的就是蘇聯，這也表明蘇聯霸權主義也成為繼新老殖民主義、帝國主義之後中國對非政策所反對的主要敵人之一。更為引人矚目的是，當時主持中共中央和國務院工作的國務院副總理鄧小平在 12 月 18 日會見了羅伯託一行。鄧小平強調：「我們希望你們反對敵人的各個部分都能很好地團結起來，團結起來的力量總比不團結大。當然團結是有原則的，誰在謀求民族的利益、爭取民族解放，反對敵人的鬥

---

1 中共中央文獻研究室編：《周恩來年譜 一九四九 — 一九七六》中卷，第 573 頁。

2 《在周恩來總理舉行的歡迎宴會上蒙博托總統的答詞》，載《人民日報》1973 年 1 月 12 日，第二版。

3 中共中央文獻研究室編：《毛澤東年譜 一九四九 — 一九七六》第六卷，第 465 頁。

4 《楊驥副會長宴請安哥拉民族解放陣線代表團》，載《人民日報》1973 年 12 月 5 日，第四版。

爭中最堅決，人民就會相信誰。人民總是選擇既講團結又講鬥爭的人。」[1] 鄧小平的講話含義至少有三點，首先，中國希望安哥拉三派民族解放組織團結起來。其次，中國已經在三派民族解放組織中有所偏向，由於安人運與蘇聯關係的密切，在中國的眼中已經不屬於在「反對敵人的鬥爭中最堅決」的人，而安解陣成為中國眼中在「反對敵人的鬥爭中最堅決」的人。第三，中國希望安解陣在與安人運的關係中既要團結又要鬥爭。

隨着安解陣與中國高層建立聯繫，中國對安解陣的支持也開始落到實處。中國對安解陣援助的主要形式是在札伊爾對安解陣的部隊進行訓練。據美國學者統計，1974 年 5 月 29 日，中國教官開始到達札伊爾，他們至少有 120 人，也可能達到 200 人。8 月和 9 月上旬，中國向安解陣提供了武器，但具體數量不詳。[2] 根據台灣方面的檔案，1974 年 9 月安解陣公開宣佈獲得中國援助的 45 噸軍火和一批醫療用品。[3]1975 年 8 月 23 日，讚比亞總統卡翁達在會見了到訪的美國參議員卡拉克，當被問及中國是否向安解陣提供了援助時，卡翁達對此表示懷疑，並認為中國主要是幫助訓練安解陣的部隊。[4] 根據中方資料，自 1974 年 5 月開始，中方已向札伊爾祕密派遣 18 名專家協助訓練了 658 名安解陣的「自由戰士」。1975 年 5 月，343 名中國軍事專家被陸續派往金沙薩訓練札伊爾突擊旅。[5] 由於札伊爾是安解陣的主要支持者，中國對札伊爾的軍事援助也是對安解陣的間接支持。1975 年 9 月 26 日，羅安達廣播電臺播送了一篇《紐約時報》的報道，其中也提到中國在札伊爾的軍事基地有 200 名軍事顧

1 中共中央文獻研究室編：《鄧小平年譜》第三卷，北京：中央文獻出版社，2020 年版，第 659 頁。

2 ［美］羅伯特・唐納森編：《蘇聯在第三世界的得失》，第 121 頁。

3 蔣華杰：《現代化、國家安全與對外援助 —— 中國援非政策演變再思考（1970—1983）》，載《外交評論》2019 年第 2 期，第 128 頁。

4 The National Archive, Access to Archival Databases（AAD）, RG 59, Central Foreign Policy Files, 1975LUSAKA01620, Kaunda Guardedly Optimistic of Victoria Falls Meeting, August 25, 1975.

5 蔣華杰：《現代化、國家安全與對外援助 —— 中國援非政策演變再思考（1970—1983）》，載《外交評論》2019 年第 2 期，第 127-128 頁。

問，他們支持得到美國幫助的兩個派別，也就是安解陣和安盟。[1] 對於安盟，中國提供的援助就更加有限了。1975 年 3 月 24 日，安盟領導人薩文比在盧薩卡對美國駐讚比亞大使表示，早在安盟建立初期他就已經開始和中國打交道了，但是他發現中國人並不可信，「他們承諾得多，提供的東西少」。薩文比還暗示，他們並不期望從中國或蘇聯獲得很多援助，因為他與這兩國「沒什麼往來」。[2] 由此可見，中國對安解陣和安盟的軍事援助是非常有限的，更多的是一種象徵意義，只是表達對於與蘇聯關係密切的安人運政權的不滿。

但即使是這種象徵意義大於實際意義的援助仍然引起了蘇聯的強烈不滿。在 1975 年，蘇聯連續發表文章對中國支持安解陣提出批評。7 月 17 日，蘇聯《真理報》發表題為《北京在安哥拉的顛覆活動》的評論員文章。文章指出：「北京和『新殖民主義者』一起支持反革命組織，對安哥拉真正的愛國力量（安人運）發動進攻。美國對非政策的走卒安解陣對安人運的攻擊已經把安哥拉帶到了內戰的邊緣。」[3]7 月 24 日，蘇聯《真理報》再次發表題為《對安哥拉自由的威脅》的評論員文章，作者與上一篇文章相同，指責中國和所謂的分離主義者「威脅了安哥拉的領土完整和獨立」。[4]1975 年 11 月初，安哥拉獲得民族獨立，蘇聯再次連續發表兩篇評論員文章。評論員文章把安人運政權描繪為一個愛國者的組織，這個組織正在遭受包括中國、美國、南非和其他企圖延長在安哥拉殖民統治的力量的聯合圍攻。文章還談到安人運面臨的強大的軍事力量包括

1 The National Archive, Access to Archival Databases（AAD）, RG 59, Central Foreign Policy Files, 1975LUANDA01461, New York Times Article Receives Local Coverage, October 1, 1975.

2 The National Archive, Access to Archival Databases（AAD）, RG 59, Central Foreign Policy Files, 1975LUSAKA00538, Savimbi March 24 Conversation with Ambassador, March 25, 1975.

3 The National Archive, Access to Archival Databases（AAD）, RG 59, Central Foreign Policy Files, 1975MOSCOW10089, Soviet Attack Alleged Chinese and U.S. Actions in Angola, July 18, 1975.

4 The National Archive, Access to Archival Databases（AAD）, RG 59, Central Foreign Policy Files, 1975MOSCOW10356, Soviet Condemn Cabinda Separatists, July 24, 1975.

安解陣和安盟，他們都得到了中國、以色列、美國、南非和葡萄牙軍事顧問的支持。文章甚至說：「中國的軍事顧問與美國中央情報局的顧問肩並肩地合作」。[1] 上述蘇聯對中國的指責在中國檔案沒有解密的情況下不足憑信，但這也從反面說明，中國對安解陣的支持的確帶有明確的反對蘇聯霸權主義的色彩，而在安哥拉問題上，中美卻擁有共同利益。同時，由於南非種族隔離政權也反對安人運政權，這使得中國似乎被動地與南非種族隔離政權站在同一立場上，這對中國的對非外交是不利的。

1975 年 1 月 10 日，葡萄牙與安哥拉三派民族解放組織達成《阿沃爾協議》。1 月 27 日，中國國務院總理周恩來即致電安哥拉三派民族解放組織，對協議的達成表示祝賀。但在排名上，安解陣被列為第一位，安人運位列第二，最後是安盟。在賀電中，周恩來除了強調安哥拉人民不能僅僅滿足於紙面上的協議，還要準備繼續進行艱苦卓絕的鬥爭，因為「老殖民主義勢力不會自動退出歷史舞臺，形形色色的新殖民主義勢力也必然會伺機破壞和搗亂」，最為重要的是，周恩來指出：安哥拉三派民族解放組織應該「進一步加強團結，時刻提高警惕，防止外來勢力的插手，再接再厲，堅持鬥爭」。[2] 這裏防止外來勢力插手是指蘇聯對安哥拉問題的干涉。中國認為蘇聯是人為地將一派力量定義為愛國的，將其他力量定義為反動的，以此來煽動三派民族解放組織互相攻擊，從而謀取自己的私利。這也成為中國對蘇聯輿論戰的一個主題。

1975 年，安哥拉三派民族解放組織都派代表團來到中國，這些代表團都是應中國人民對外友好協會的邀請來華訪問的。首先來華的是安盟代表團，隨後來華的是安人運代表團，最後來華的是安解陣代表團。這

1 The National Archive, Access to Archival Databases（AAD）, RG 59, Central Foreign Policy Files, 1975MOSCOW15829, Soviet Press Highlights Angola, November 3, 1975.

2 《周總理致電安哥拉三個解放組織領導人 熱烈祝賀安哥拉民族獨立鬥爭重大勝利》，載《人民日報》1975 年 1 月 29 日，第一版。

三個代表團都受到中國人民對外友協會會長柴澤民和外交部副部長何英的會見和宴請。其中重大的區別是，當時負責中共中央日常工作的鄧小平會見了安盟和安解陣代表團，而會見安人運代表團的是位階較低的副總理紀登奎。這種安排也顯然是經過精心策劃的，明確表現出三派民族解放組織在中國領導人心目中地位的不同。1975 年 3 月 31 日，鄧小平會見了以安盟總司令薩姆埃爾·契瓦勒為首的爭取安哥拉徹底獨立全國聯盟代表團。鄧小平在談話中說：「誰堅決反對殖民主義、帝國主義、誰能堅持團結，誰能堅持進步，人民就選擇誰。一時的軍事優勢決定不了最終的勝敗問題。人民最終贊成誰，這要看你的綱領、政策和主張。」[1] 鄧小平實際表明雖然安人運政權在軍事上佔了上風，但是這並不代表它最終能取得勝利。只要能堅持反帝反殖，同時與安解陣保持團結，安盟一定會在安哥拉內戰中取得勝利。7 月 16 日，鄧小平又會見了以安解陣政治局委員恩德里克·瓦爾·內圖為首的安哥拉民族解放陣線代表團。在會談中，鄧小平重複了他對安盟代表團所闡述的觀點：「人心的向背決定誰最後勝利。一時的勝利決定不了命運，起決定性作用的是正確的綱領、路線和政策。」鄧小平還指出對於安哥拉來說，堅持民族獨立、堅持團結、堅持進步就是正確的綱領和路線。[2] 鄧小平仍然意在強調安人運一時的勝利並不能決定一起，只要安解陣和安盟堅持團結，不受外部勢力的挑唆，堅持鞏固民族獨立，就一定能夠取得最後的勝利。

1975 年 11 月 11 日，安哥拉獲得了民族獨立，但是安哥拉三派民族解放組織的內戰進行得正酣。中華人民共和國外交部於 1975 年 11 月 15 日發表聲明，聲明首先對安哥拉的獨立和安哥拉三派民族解放組織表示祝賀。隨後，聲明把主要的筆墨放在譴責蘇聯的干涉上。聲明指出，安

1 中共中央文獻研究室編：《鄧小平年譜》第五卷，北京：中央文獻出版社，2020 年版，第 29-30 頁。

2 中共中央文獻研究室編：《鄧小平年譜》第四卷，第 69 頁。

哥拉內戰的不幸局面「完全是兩個超級大國的爭奪，特別是蘇聯的露骨的擴張和粗暴干涉所造成的」。三派民族解放組織有所分歧是正常的，完全可以在民族團結的前提下，在沒有外來干涉的條件下，通過和平協商解決問題。但是蘇聯「蓄意在解放組織之間製造分裂，並且運進大量武器，片面支持一派，大肆誣衊攻擊其他兩派，從而一手挑起了安哥拉的內戰」。聲明最後表示，希望安哥拉三派民族解放組織以大局為重，團結起來，「排除超級大國的插手和干涉，為建立一個民族和睦、團結、統一和真正獨立和安哥拉而共同努力」。[1] 由於此時安哥拉已經實現了民族獨立，中國認為安哥拉已經不需要軍事方面的援助來反抗殖民統治。而安哥拉的內戰日益激烈，對安解陣或安盟提供軍事援助並無助於問題的解決，因此，中國做出了停止對安解陣、安盟的軍事援助的決定，應該說中國的這個政策是正確而無私的。

1975 年 9 月 26 日，中國外長喬冠華在第 30 屆聯合國大會全體會議上發言。他談到了安哥拉爆發內戰的原因，那就是「蘇聯領導以民族解放運動的老子自居，不顧安哥拉三派組織達成的團結對敵的協議，通過它的宣傳機構，封這一派是革命的，罵那一派是反動的，蓄意製造分裂。它還向安哥拉的一派運送了大量武器，包含重型武器。這樣就挑起了安哥拉的內戰」。隨後，喬冠華強調：中國對安哥拉三派民族解放組織都給予過軍事援助，支援他們反抗葡萄牙的殖民統治。中國了解他們之間存在分歧，一直規勸他們團結對敵。「在安哥拉民族解放運動同葡萄牙達成獨立協議以後，我們就不再向安哥拉三派組織提供新的軍事援助。」[2] 11 月 22 日，喬冠華與來訪的法國外長索瓦尼亞格進行了長達 3 個小時的會談。在會談中，喬冠華表示：「中國過去曾經支持過安人運，但是，現在

1 《中華人民共和國外交部聲明》，載《人民日報》1975 年 11 月 16 日，第一版。

2 《在聯合國大會第三十屆會議全體會議上 中國代表團團長喬冠華的發言》，載《人民日報》1975 年 9 月 27 日，第四版。

中國不支持任何一方。我們號召三派民族解放組織能夠在一起制定出一個解決方案。而且中國將支持非洲統一組織在解決安哥拉內戰方面的努力。」[1]12 月 31 日，喬冠華又會見了以共和黨眾議員瑪格麗特・赫克勒夫人為團長的美國國會女議員訪華團。在交談中，喬冠華表示：在安哥拉獨立前，中國曾經支持過安哥拉所有三派民族解放組織，但是安哥拉內戰爆發後，中方已經停止了援助，中方支持建立一個聯合的政府。喬冠華還把蘇聯稱為「安哥拉內戰的主犯」。[2]1976 年 1 月 22 日，美國駐讚比亞外交官詢問讚比亞總統外事顧問馬克・喬納，他後來曾任讚比亞駐華大使，在安解陣目前所面臨的令人絕望的軍事形勢下，中國是否能夠對安哥拉提供任何幫助。馬克・喬納堅定地回答，不可能，中國人已經離開了安哥拉，而且不打算介入其中。1 月 20 日，安盟領導人薩文比也將相同情況告訴了美國駐讚比亞外交官。[3] 由此可見，中國一開始對安哥拉三派民族解放組織都有所支持，但是隨着形勢的發展，側重支持安解陣。中國的支持主要目的在於幫助安哥拉人民擺脫殖民統治的桎梏，獲得民族獨立。對安解陣的支持有所側重雖然總體上從屬於這一主要目標，但其主要目的在於表達對蘇聯介入安哥拉和安人運與蘇聯關係密切的不滿。

中國對安哥拉內戰的第二個政策主要在非洲統一組織和中國與其他非洲國家關係層面展開。首先，中國反對蘇聯插手干涉非洲統一組織解決安哥拉內戰問題的努力，並樂見非洲統一組織特別首腦會議沒有接受安人運政權成為非洲統一組織成員國。1976 年 1 月 10 日，關於安哥拉局勢的非洲統一組織國家元首和政府首腦特別會議在埃塞俄比亞首都亞的

1 The National Archive, Access to Archival Databases（AAD）, RG 59, Central Foreign Policy Files, 1975PARIS30651, French Foreign Minister's Visit to PRC, November 24, 1975.

2 The National Archive, Access to Archival Databases（AAD）, RG 59, Central Foreign Policy Files, 1975PEKING00011, Chiao Kuan-Hua Meeting with Codel Heckler, January 2, 1976.

3 The National Archive, Access to Archival Databases（AAD）, RG 59, Central Foreign Policy Files, 1976LUSAKA00186, Zambian, UNITA Officials Confirm Chinese Giving No Help in Angola, January 23, 1976.

斯亞貝巴召開。會議由非洲統一組織時任主席、烏幹達總統阿明主持。非洲統一組織 46 個成員國的首腦或代表參加了會議，安哥拉三派民族解放組織的領導人以觀察員身份參加了會議。在會議開始前，一些非洲國家領導人已經表達了勸和促談，外國干涉力量撤出安哥拉的主張。1 月 9 日，多哥總統埃亞德馬重申：「所有外國軍隊必須立即和無條件地撤出安哥拉；必須在安哥拉全境實行停火；由安哥拉人民在非洲統一組織協助下進行協商來決定他們自己的命運。」同一天，塞內加爾總統桑戈爾也表示，必須在安哥拉三個解放組織之間達成「積極的妥協」，以便建立一個民族團結政府。[1] 對這種主張，中國都表示高度的讚賞。

會議開始後，蘇聯、反對安人運政權的非洲國家和中國就開始了角力。會議開幕後就進入到祕密討論階段。而 1 月 11 日，在與會代表和各國記者活動的大廳裏出現了大量蘇聯關於安哥拉問題的所謂「新聞公報」。這些新聞公報被散發得到處都是，「新聞公報」的主要內容仍然是對安哥拉三派力量拉一派，打兩派，認為安人運政權是愛國者的政權，認為安解陣和安盟是反動組織，而他們得到了美國、中國、南非等國的支持。在會議期間，蘇聯的輿論還對那些要求外國干涉力量撤出安哥拉、呼籲安哥拉實現停火、主張安哥拉三派組成民族團結政府的非洲國家進行攻擊和指責。蘇聯駐埃塞俄比亞使館人員甚至盜用參會人員的入場證，企圖混進會場而被最終被發覺，入場證也被沒收。讚比亞總統卡翁達在會議上公開反對蘇聯對安哥拉內戰的政策。他說：「安哥拉的危險是超級大國干涉，它們企圖用武力扶植一派。這種作法構成了對非洲的嚴重威脅。」[2] 反對安人運政權獨霸安哥拉的非洲國家代表在會議開幕前的 1 月 9 日晚起草了一份有關安哥拉問題的決議草案。該決議草案的主要內容包括：1. 努力在安哥拉建立一個民族團結政府；2. 譴責並要求外部勢

1 《非統組織國家首腦特別會議商討安哥拉局勢》，載《人民日報》1976 年 1 月 12 日，第八版。
2 《蘇聯的卑劣表演 —— 非統首腦特別會議側記》，載《人民日報》1976 年 1 月 19 日，第六版。

力停止對安哥拉的干涉。中國不是非洲國家，自然也不是非洲統一組織的成員國，但是，中國通過新華社記者對此次非洲統一組織首腦會議發揮了影響。中國認為，非統組織應該僅限於承認獨立的安哥拉政府，而不應該明確規定有哪一派來代表這一政府。中國記者還對坦桑尼亞支持安人運政權的提案表達了不滿。[1] 會議結束後，在與美國駐讚比亞外交官的交談中，讚比亞總統外事顧問馬克・喬納表示，在非統組織特別首腦會議上支持安人運政權的非洲國家有索馬里、阿爾及利亞、坦桑尼亞、莫桑比克、尼日利亞、加納、幾內亞、貝擻和剛果（布），而支持三派團結的國家有讚比亞、塞內加爾、札伊爾、科特迪瓦、喀麥隆和埃及。當被問及中國的態度時，喬納表示讚比亞與中方保持經常性的聯繫，中方完全支持讚比亞在安哥拉問題上的政策，中方還積極地參與了對蘇聯的批評。[2] 由此可見，在非洲國家中就如何解決安哥拉內戰問題仍然存在巨大的分歧，這就使得此次非洲統一組織特別首腦會議無果而終。1976 年 1 月 13 日，非統組織特別首腦會議宣佈休會，會議沒有達成任何實質性的協議，尤其是沒有接納安人運政權作為安哥拉的代表加入非統組織，只是要求非洲各國首腦繼續密切關注安哥拉問題。[3] 應該說中國是樂於見到非洲統一組織本次特別首腦會議沒有做出接納安人運政權成為非統組織成員國的決定的。在會議結束前後，中國《人民日報》報道了大量非洲國家領導人和新聞媒體對於安哥拉內戰問題的態度，這些非洲領導人和新聞媒體都要求外國力量從安哥拉撤出，由安哥拉人自己和平解決問題。這說明中國希望利用非洲國家中與自己相近的觀點來論證中國立場的正

1 The National Archive, Access to Archival Databases（AAD）, RG 59, Central Foreign Policy Files, 1976ADDIS00320, Situation in OAU, January 10, 1976.

2 The National Archive, Access to Archival Databases（AAD）, RG 59, Central Foreign Policy Files, 1976LUSAKA00114, Zambian Playback on OAU Summit Meeting, January 17, 1976.

3 《維護非洲團結 反對外國干涉促成安哥拉和解 非統組織國家首腦會議宣佈休會 要求繼續密切注視安哥拉問題》，載《人民日報》1976 年 1 月 15 日，第六版。

確性。雖然，此次非統組織特別首腦會議沒有就接納安人運政權達成一致，但是到 1976 年 2 月 11 日，非統組織正式宣佈安人運政權為安哥拉的合法政府，並正式接納它為非統組織成員。由此可見，安人運政權作為安哥拉的合法政權被越來越多的非洲國家所接受，安人運是安哥拉合法政權的觀點正在逐步成為非洲的主流觀點。

而對於與承認安人運政權的非洲國家，中國則表達出某種不悅。1975 年 11 月 16 日，幾內亞總統杜爾召見了中國駐幾內亞大使錢其琛。杜爾表示：「對於非洲問題，幾內亞人民有着坦率、令人可信的先鋒隊的立場。」隨後，他就把話題轉移到安哥拉問題上。杜爾認為，安解陣的領導人羅伯託已經成為了「美國中央情報局的人」，幾內亞對他進行了揭露，並建議把安解陣開除出非洲統一組織。杜爾還談道，安解陣實際上一直留在札伊爾，只是發表過一些聲明，並沒有開展反對葡萄牙殖民統治的鬥爭，而札伊爾的領導人蒙博託是叛徒，「中國不應該去幫助蒙博託的反革命力量」。對於安盟，杜爾則表示：「薩文比公開承認得到了南非種族主義政府的支持，也完全是帝國主義者。」杜爾強調，安哥拉的實際情況是，從 1961 年 2 月 4 日起，只有安人運「是在國內與人民還一起進行反抗葡萄牙殖民統治的鬥爭」。錢其琛按照中國外交部 11 月 15 日的聲明表示：「今年 1 月後，為避免安哥拉出現內戰，我們不再向安哥拉三派組織提供新的軍援。目前，安哥拉出現的令人痛心的局面，完全是由於超級大國爭奪所造成的。」[1] 顯然，幾內亞政府對於中國偏向安解陣和安盟，疏遠與蘇聯關係密切的安人運政權感到十分不滿。根據美國外交檔案的記載，杜爾這次召見中國大使是在幾內亞民主黨政治局召開了特別會議之後按照會議決定進行的。在召見錢其琛之後，幾內亞民主黨政治局還發表了一份公報，公報主要涉及非洲當前的局勢和安哥拉令人關

---

1　錢其琛：《外交十記》，北京：世界知識出版社，2003 年版，第 252-253 頁。

注的具體形勢，重申和強調了非洲反帝鬥爭的支配地位。幾內亞民主黨政治局要求錢其琛將這份公報轉交給中共中央和中國政府。11 月 17 日，瑞士駐幾內亞代辦拜訪了錢其琛，錢其琛表示，杜爾向中方施加了不同尋常的壓力，並重申了幾內亞對安人運作為安哥拉反帝鬥爭唯一合法力量的支持。[1] 由此可見，中國對安哥拉三派民族解放組織有所偏向的政策已經引起了整個幾內亞領導集團的關注。對中國態度的不滿已經不是杜爾一人的情緒，而是幾內亞執政黨的決策。12 月 2 日，錢其琛按照外交部發來的說帖，向幾內亞方面系統介紹了中方在安哥拉問題上的立場。但目前說帖內容還不得而知。不過可以確定的是，幾內亞堅定支持安人運證券的立場也引起了中方的不快。根據美國外交檔案記載，1976 年年初，幾內亞政府請求中方像 1975 年那樣無償援助幾內亞 1 萬噸大米。中方起初對此予以了拒絕。美國駐幾內亞使館認為，這表明中方對幾內亞親蘇的安哥拉政策感到不悅。隨後，中國同意按照貿易的方式向幾內亞提供 5000 噸大米，而不是無償援助。到 1976 年 9 月初，4750 噸大米已經在幾內亞首都科納克里卸貨。中國駐幾內亞大使錢其琛表示，這 5000 噸大米實際上還是一種無償援助，因為中方只是把大米的價格加在幾內亞結算賬戶的欠款項上。[2]1976 年 10 月 28 日，錢其琛離任前向杜爾做辭行拜會。杜爾說：「幾內亞曾為中蘇糾紛而憂心忡忡，有人曾懷疑幾內亞純粹就是中國共產黨的激進側翼，而中國方面也可能認為幾內亞直接或間接第採取了反華立場。幾內亞一度處境困難，受到的威脅不僅來自帝國主義列強，還包括某些社會主義強國。」[3] 杜爾的話已經充分說明，過去中幾關係密切，中蘇關係破裂後，幾內亞承受了來自蘇聯的壓

---

1 The National Archive, Access to Archival Databases（AAD）, RG 59, Central Foreign Policy Files, 1975COMAKR01858, Highest Level Guinean Demarche to PRC re Angola, November 17, 1975.

2 The National Archive, Access to Archival Databases（AAD）, RG 59, Central Foreign Policy Files, 1975COMAKR01786, Chinese and French Food Aid to Guinea, September 4, 1975.

3 錢其琛：《外交十記》，第 254 頁。

力。而中國對幾內亞在安哥拉問題上的政策也有所不滿，而這種不滿是伴有實際行動的，這使得幾內亞在兩個社會主義大國間難以實現平衡，處境十分困難。

1976 年年初，蘇丹政府已經承認了安人運政權，而此前蘇丹總統加法爾·尼邁里曾經公開請求所有非洲國家暫緩承認安哥拉所有的政治力量。為了解釋這種政策的前後矛盾，1976 年 1 月 5 日，尼邁里發表了全國講話。他說：「蘇丹仍然致力於安哥拉的民族團結和三派民族解放運動的和解。」他強調：「承認安人運政府並不是承認某個黨派，而是對正在面臨南非種族隔離政權干涉的安哥拉人民的承認。」美國駐蘇丹大使館在分析尼邁里的講話時表示，蘇丹承認安人運政權完全是尼邁里的個人決定，而且立場毫不猶豫。他之所以發表這篇講話，除了美國政府的影響外，還因為中國駐蘇丹大使館也對蘇丹承認安人運政權的政策「安靜地表示了不快」。[1] 這也表明，中國拒絕承認安人運政權的態度是鮮明的，這種態度使得傾向於安人運的非洲國家不得不解釋乃至調整自己的政策。

莫桑比克也是支持安人運政權的非洲國家之一。由於中國對莫桑比克支持安人運的不滿，中國駐莫桑比克大使林中於 1975 年 11 月底或 12 月初離開莫桑比克，直到 1976 年 2 月底也沒有返回，中國駐莫桑比克大使出現了長達三個月的缺位現象。外交使節的缺位往往代表着派出國政府對駐在國政府某些政策的不滿。根據美國外交檔案記載，一位德國紡織業工程師向美國駐莫桑比克大使館介紹，中國駐莫桑比克大使之所以長期缺位是因為 3 個月前莫桑比克總統薩莫拉·馬謝爾將中方提供給莫桑比克的一批食品援助中的一半交給了安人運。據這名德國工程師說，中國駐莫桑比克大使曾經當面向馬謝爾提及此事，馬謝爾表示，援助一

---

1 The National Archive, Access to Archival Databases（AAD）, RG 59, Central Foreign Policy Files, 1976KHARTO00035, Angola, January 6, 1976.

旦運抵莫桑比克，他就可以按照自己的願望來使用這些援助。[1]中國一貫堅定支持莫桑比克爭取民族獨立的鬥爭，1975年6月25日，莫桑比克宣佈獨立，中國當天就與莫桑比克建立了外交關係，應該說中國是莫桑比克最重要的國際夥伴之一。然而，中國對莫桑比克在安哥拉內戰問題上的政策有所不快，導致了中國駐莫桑比克大使長期缺位。這也說明「以蘇劃線」的原則確實在20世紀70年代中國對非外交中起到了很大作用。

通過以上情況我們也可以看出，隨着安人運政權的日益鞏固，希望承認安人運政權的非洲國家為數不少，其中還有和中國長期保持友好關係的國家。中國出於建立反霸統一戰線的考慮，長時間不承認安人運政權，對支持安人運的非洲國家表示某種不悅，甚至採取一定的懲罰措施，這對中國與非洲國家的關係無疑會帶來一些消極影響。

中國對安哥拉內戰政策的第三個層面是在聯合國及其附屬機構中展開的。中國拒絕參加聯合國安理會對安人運政權加入聯合國的投票，並在聯合國及其附屬機構中對蘇聯干涉安哥拉提出強烈的批評。

20世紀70年代中期，中國剛剛恢復在聯合國的合法席位。聯合國及其附屬機構很快就成為中國闡述反對蘇聯霸權主義主張的講壇，中國對蘇聯干涉安哥拉內戰的批評幾乎遍及所有聯合國的場合。中蘇兩國就安哥拉內戰問題的論戰首先在聯合國開發計劃署的會議上爆發出來。1976年1月，聯合國開發計劃署管理委員會第21次會議在紐約舉行，討論對殖民地人民的援助問題。此前，由於安哥拉爆發內戰，聯合國開發計劃署駐安哥拉代表處已經撤離，對安哥拉的援助項目已經於1975年7月凍結。聯合國開發計劃署於1975年5月達成如下立場：即任何新的援助計劃必須得到安哥拉三派民族解放組織的同意。在1976年1月26日的

1 The National Archive, Access to Archival Databases（AAD）, RG 59, Central Foreign Policy Files, 1976MAPUTO00180, Possible Explanation for Departure of PRC Ambassador to Mozambique, February 25, 1976.

會議上，美國代表團表示支持聯合國開發計劃署在 1975 年 5 月就援助安哥拉問題達成的原則立場。隨後中國代表發言，點名批評蘇聯對安哥拉三派民族解放組織拉一派打一派的做法。中國代表表示：「中華人民共和國的目標是實現得到非洲統一組織承認的安哥拉三個民族解放運動的團結，但這個目標被超級大國的帝國主義行徑，特別是蘇聯社會帝國主義破壞了。」中國代表強調聯合國開發計劃署應該對三派民族就解放運動平等相待，不能向單獨的一派組織提供援助。中國代表的發言引起了蘇方的強烈反應，蘇聯代表用了 20 分鐘時間宣讀了一份已經準備好的文稿，表示在安哥拉年輕的共和國和帝國主義勢力正在進行一場「殘酷的戰爭」。「蘇聯在安哥拉除了幫助新獲得獨立的人民和反對帝國主義之外不尋求任何其他東西。指控蘇聯希望在安哥拉建立軍事基地是毫無根據的指責。」中國代表重申：「安哥拉的分裂和對抗是超級大國對抗，特別是蘇聯社會帝國主義處心積慮的行動的結果。蘇聯通過干涉安哥拉內戰為另一個超級大國和南非種族主義政權捲入其中提供了機會。」中國代表還談到了蘇聯干涉安哥拉內戰的「險惡用心」，其中包括安哥拉的戰略地位與南大西洋海路的關係、安哥拉富饒的自然資源、通過在安哥拉民族解放運動中製造分裂來破壞非洲團結等。[1]2 月 4 日，聯合國開發計劃署管理委員會第 21 次會議休會，在休會前，中蘇雙方都要求把自己一方針鋒相對的聲明納入到管理委員會的報告中。在休會的間歇，管理委員會報告的起草者一直努力使中蘇雙方能夠相互妥協。最終，在美國代表團的建議之下達成了一致意見，所有令人不快的言論都應該從管理委員會

---

1 The National Archive, Access to Archival Databases（AAD）, RG 59, Central Foreign Policy Files, 1976USUN00275, UNDP Governing Council, 21st Session: Completion of Plenary Discussion of Agenda Item 7, Assistance to Colonial Countries and Peoples: UNDP Policy in Angola, January 26, 1976.

的報告中刪除，取而代之的是僅僅引用中蘇兩國立場的結論性段落。[1] 至此，中蘇兩國在聯合國舞臺上的第一輪較量才告一段落。

如前文所述，南非種族隔離政權為了追擊西南非洲人民組織和支持安盟和安解陣曾經直接派兵侵入安哥拉境內，這引起了很多非洲國家的嚴重關切和強烈不滿。根據美國常駐聯合國使團報告，非洲國家駐聯合國的代表擬於 1976 年 3 月 8 日或 9 日與一些不結盟國家的代表會晤，要求聯合國安理會在 3 月 10 日或 11 日討論南非侵略安哥拉的問題。而中國常駐聯合國代表團則堅持認為應該討論所有外國對安哥拉的干涉，而不應僅僅把討論限於南非在安哥拉的軍事存在。[2] 顯然，中國把蘇聯對安哥拉內戰的干涉和南非武裝入侵安哥拉看作是同樣性質的事件，而蘇聯對安哥拉的干涉對中國而言更為重要，中國要求的是包括蘇聯和南非在內的所有外國干涉勢力從安哥拉撤走。最終非洲國家常駐聯合國代表於 3 月 9 日舉行會議，但沒有就如何在聯合國安理會提出南非侵略安哥拉問題達成一致意見。非洲國家代表希望將該問題的討論推遲到 5 月，這是因為中國將在 4 月擔任安理會輪值主席國，必然對蘇聯指使古巴干涉安哥拉內戰持反對立場，因此非洲代表不想在中國擔任安理會輪值主席期間討論此事。美國常駐聯合國代表團認為，推遲討論將為南非從安哥拉撤軍提供可能，而南非從安哥拉撤軍是符合美國的利益的。[3] 最終，南非種族隔離政權被迫於 1976 年 3 月 27 日從安哥拉撤出了它的軍隊。4 月 1 日，《人民日報》發表題為《南非撤軍，蘇修怎辦？》的評論員文章。文章指出，蘇聯干涉安哥拉內戰，目的就是要霸佔安哥拉這一戰略要地，

---

1 The National Archive, Access to Archival Databases（AAD）, RG 59, Central Foreign Policy Files, 1976USUN00418, United Nations Development Program Governing Council, 21st Session: End of Session-Post Script, February 5, 1976.

2 The National Archive, Access to Archival Databases（AAD）, RG 59, Central Foreign Policy Files, 1976USUN00887, Security Council and South African "Aggression" in Angola, March 8, 1976.

3 The National Archive, Access to Archival Databases（AAD）, RG 59, Central Foreign Policy Files, 1976USUN00920, Security Council: Meeting on South African "Aggression" in Angola, March 10, 1976.

並進一步在南部非洲進行擴張，而絕不是反對南非的入侵。「事實是，蘇修的武裝干涉在前，南非的入侵在後。」在南非入侵前，蘇聯的武裝干涉屠殺的是安哥拉人民。「蘇修侵略安哥拉和非洲是真，反對南非入侵是假。」南非的撤軍「使繼續賴在安哥拉不撤的蘇修干涉者處於十分尷尬的境地」。[1] 以上情況表明，中國為了反對蘇聯對安哥拉的武裝干涉，客觀上造就了一種對南非種族隔離政權有利的局面，使得南非種族隔離政權侵略安哥拉的行徑免於遭到國際社會的譴責，這也客觀上符合美國的利益。而中國這一立場是許多非洲國家所不能接受的，機械地執行「一條線，一大片」的政策已經損害到了中國與非洲國家的關係。

隨後，中國又在聯合國安理會、經社理事會和聯合國大會等場合對蘇聯干涉安哥拉提出嚴厲批評。1976 年 3 月 17 日，聯合國安理會討論莫桑比克與尚在白人種族主義政權控制下的羅德西亞（今津巴布韋）之間的矛盾。中國代表黃華在發言中表示了對莫桑比克的支持和對羅德西亞的譴責。隨後，他話鋒一轉就開始對蘇聯干涉安哥拉提出批評，黃華說：「在他們武裝干涉安哥拉的過程中，蘇聯社會帝國主義正在策劃新的陰謀。」黃華的言論引起蘇聯代表的強硬反彈。蘇聯代表指責中國在安哥拉問題上與南非相勾結，「蘇聯沒有干涉其他國家的內政，只是支持兄弟人民加強他們的獨立。」黃華再次反脣相譏，他重申：「蘇聯社會帝國主義賴在安哥拉不走，蘇聯正在追求建立世界霸權的目標。蘇聯卑鄙的記錄是無法隱藏。」黃華強調，蘇聯在安哥拉的所作所為遲早會曝光，而現在沒有時間詳述蘇聯的行徑。[2] 4 月，聯合國經社理事會召開會議，討論打擊種族主義和種族歧視十年行動計劃。在會議上中蘇兩國代表再次發生激烈爭論。蘇聯代表表示：「國際緊張局勢的緩和與不斷增長的和平

---

1 《南非撤軍，蘇修怎辦？》，載《人民日報》1976 年 4 月 1 日，第五版。

2 The National Archive, Access to Archival Databases（AAD）, RG 59, Central Foreign Policy Files, 1976USUN01067, USUN Daily Classified Summary No. 50, March 18, 1976.

共處為反對帝國主義的鬥爭創造了新的有利條件，在這場鬥爭中，社會主義國家是站在民族解放運動一邊的，例如在安哥拉。」中國代表表示，南非公然違抗世界輿論，它這樣做是受到了一個超級大國的支持。但是，「另一個超級大國正在試圖向非洲滲透，並取代帝國主義。」中國代表強調，安哥拉問題就是「惡意侵略」的一個例證。「中華人民共和國譴責南非對安哥拉的侵略，但同樣譴責蘇聯社會帝國主義。蘇聯也應該立即和完全地從安哥拉撤軍。」[1]10 月 5 日，在第 31 屆聯大上，中國代表團團長、外交部長喬冠華在發言中表示：「我們強烈譴責蘇聯分裂安哥拉民族解放運動的團結，對安哥拉進行武裝干涉。我們堅決反對兩個超級大國在南部非洲的爭奪，尤其反對社會帝國主義偽裝支持民族解放運動，乘機挑撥離間，進行武裝干涉。」除此之外，喬冠華還對歐洲安全與合作會議提出嚴厲批評，「西方總是有人想推動社會帝國主義向東，把這股禍水引向中國」，認為歐安會就是二戰前西方國家對納粹德國綏靖主義和慕尼黑會議的再版。[2] 喬冠華的發言在毛澤東逝世後再次闡發了他關於建立反霸統一戰線和反對東西方實現冷戰的緩和的立場，發言中把安哥拉內戰作為反對蘇聯霸權主義擴張的例子予以強調，也充分說明中國是在反霸統一戰線這一大戰略背景下考慮安哥拉內戰問題的。

中國在聯合國層面對安哥拉內戰所採取的最重要行動是拒絕參加安理會有關安人運政權作為安哥拉的代表加入聯合國的討論。1975 年 11 月 11 日，安哥拉實現了民族獨立，由哪一派建立的政府作為安哥拉在聯合國的代表加入聯合國就成為大國關注的話題。安哥拉獨立的前一天，美國常駐聯合國代表團就與安理會成員國的代表進行了非正式的磋商。美

---

1 The National Archive, Access to Archival Databases（AAD）, RG 59, Central Foreign Policy Files, 1976USUN01769, $60^{th}$ ECOSOC: Agenda Item 3（Decade for Action to Combat Racism and Racial Discrimination）, April 27, 1976.

2 《中國政府繼續堅決執行毛主席的革命外交路線和政策 中國代表團團長喬冠華在聯合國大會第三十一屆全體會議上的發言》，載《人民日報》1976 年 10 月 6 日，第一版。

國確認，希望推遲討論安人運政權加入聯合國問題或對此問題準備棄權的國家包括美國、中國、英國、法國、瑞典、意大利、日本和哥斯達黎加，而支持安人運政權作為安哥拉的代表加入聯合國的是蘇聯、白俄羅斯、伊拉克、毛里塔尼亞和坦桑尼亞。[1] 由此可見，中國在安哥拉獲得民族獨立時就不希望看到安人運政府作為安哥拉的代表加入聯合國，但中國並不打算為此使用否決權。1976 年 6 月 23 日，聯合國安理會舉行會議，首次討論安哥拉加入聯合國的問題。中國代表賴亞力在會議上指出：「安哥拉雖然贏得了獨立，但是，由於蘇聯社會帝國主義瘋狂推行侵略和擴張主義政策，安哥拉的內政仍然遭到粗暴的干涉，安哥拉的民族團結以及它的獨立和主權仍然受到嚴重的侵害。」賴亞力強調，中國堅決反對蘇聯武裝干涉安哥拉，堅決反對為蘇聯延長在安哥拉的侵略、干涉行為提供藉口，因此，中國代表團對蘇聯等國提出的推薦安哥拉為聯合國會員國的決議草案不參加投票。[2] 在這次會議上，由於美國行使否決權，蘇聯提出的推薦安哥拉為聯合國會員國的決議草案沒有通過。幾天之後，在中國駐聯合國教科文組織代表團舉行的午餐會上，中國代表團官員對美國官員表示，賴亞力 6 月 23 日在聯合國安理會上的聲明是一項「非常重要的政策聲明」，應該引起美方的密切關注。中國駐聯合國教科文組織代表團的官員說：「中華人民共和國一貫支持民族解放運動，但是，中華人民共和國同樣堅持認為這些民族解放運動應該遵循獨立自主的原則。安人運由於尋求蘇聯支持的古巴軍隊的幫助，已經不符合獨立自主的標準。因此，中華人民共和國不會與安人運政權打交道，並將繼續拒絕給予安人運政權以外交承認。」這位中國官員還特別強調要對蘇聯軍事擴張主

---

1 The National Archive, Access to Archival Databases（AAD）, RG 59, Central Foreign Policy Files, 1975USUN05855, Security Council: Angolan Membership Application, November 11, 1975.

2 《我代表在安理會闡述我國對安哥拉問題一貫原則立場 堅決反對蘇聯繼續武裝干涉安哥拉》，載《人民日報》1976 年 6 月 25 日，第五版。

義的危險保持警惕。他確定安哥拉國內還在繼續進行反對安人運的游擊戰，並表示中國密切關注並充分了解安哥拉政治軍事的最新發展，他還表示目前交戰各方還不可能進入談判解決的階段。[1]1976 年 11 月，聯合國教科文組織第 19 屆大會在肯尼亞首都內羅畢召開。中國代表團表示：「安哥拉的獨立受到了威脅，因為一個『超級大國』的行動導致了安哥拉民族解放組織的分裂。」中國代表團重申了中華人民共和國堅決反對對安哥拉的武裝干涉和中國不參加聯合國安理會關於安哥拉加入聯合國問題的投票的立場。中國代表團把安哥拉稱為「帝國主義不共戴天」的敵人，並且已經擊敗了「僱傭軍」。[2] 這裏的帝國主義已經是指蘇聯，而所謂「僱傭軍」就是得到蘇聯支持在安哥拉參與內戰的古巴軍隊。1976 年 11 月 22 日，聯合國安理會再次審議安哥拉加入聯合國的決議草案。中國代表賴亞力重申了中方 6 月 23 日的立場，即反對為蘇聯延長其在安哥拉的侵略和干涉提供藉口，因此，中國代表團決定不參加投票。但是，這次安哥拉加入聯合國的決議草案有 13 個安理會成員國投了贊成票，美國投了棄權票，中國沒有參加投票，決議草案因而獲得了通過。[3] 這樣安人運政權作為安哥拉的代表加入聯合國問題才最終塵埃落定。應該說，中國在聯合國的各個場合與蘇聯就安哥拉問題進行了持久和堅決的纏鬥，這充分說明中國是把在安哥拉問題上反對蘇聯擴張看作是落實反霸統一戰線政策的最主要措施，因此，中國的行動才如此廣泛而堅決。

中國對安哥拉內戰政策的最後一個層面就是中國領導人在與美國方面的會晤中反覆提及安哥拉問題，以安哥拉問題為由批評西方對蘇聯的

1 The National Archive, Access to Archival Databases（AAD）, RG 59, Central Foreign Policy Files, 1976PARIS20047, PRC and Angolan Application for UN Membership, July 9, 1976.

2 The National Archive, Access to Archival Databases（AAD）, RG 59, Central Foreign Policy Files, 1976NAIROB12109, 19th General Conference, Nairobi: Summary of Proceeding at Plenary on November 1, 1976, November 3, 1976.

3 《我代表在聯合國安理會上重申我國對安哥拉加入聯合國的立場》，載《人民日報》1976 年 11 月 24 日，第 6 版。

緩和政策，希望引起美國對蘇聯在全球稱霸計劃的注意，並力促美國採取行動反對蘇聯在全球的擴張。從 1977 年開始，李先念和黃華等中國領導人在多個場合對來訪的美國代表團闡述中國對安哥拉問題的看法。毛澤東逝世後，中國領導人繼續堅持毛澤東對冷戰緩和的批判和「一條線，一大片」的反霸統一戰線政策。在中國領導人與美方的會談中仍然時時可以看到毛澤東的觀點。

1977 年 4 月 11 日，黃華會見了以美國民主黨眾議員、眾議院民主黨副領袖約翰・布雷德馬斯和共和黨參議員理查德・施韋克為首的美國國會議員代表團。在談話中，黃華系統闡述了中國對安哥拉內戰的看法。首先，黃華以安哥拉內戰為例對西方與蘇聯的緩和提出了批評。他說：「在赫爾辛基會議後蘇聯利用古巴的軍隊經過長途跋涉干涉了安哥拉，最近蘇聯又利用安哥拉招募新的僱傭軍干涉札伊爾共和國。」黃華把西方對蘇聯的緩和稱為「綏靖政策」，並引用一句中國成語「養虎為患」來形容這種政策。隨後，黃華又強調安哥拉及札伊爾局勢的嚴重性。他說：「在干涉安哥拉之後，蘇聯已經向札伊爾進犯。在我們看來，蘇聯使用僱傭軍侵略札伊爾是它奪取全球霸權行動的一部分。這一事件並不是孤立的或者偶然的。如果我們將蘇聯在上述兩國的行動與蘇古兩國領導人的互訪聯繫起來，我們就可以發現蘇聯在非洲發起了新一輪的政治和軍事攻勢。」最後，黃華強調：「我們認為在安哥拉和札伊爾美國的反應太弱了，這將只能導致蘇聯擴張和侵略的野心更加膨脹。」[1] 據美國外交檔案記載，黃華在擔任中國常駐聯合國代表時就表現出對蘇聯的強烈厭惡。在與美國常駐聯合國代表的談話中，黃華經常談到美國國內要有面對蘇聯挺身而出的勇氣。在談到蘇聯支持古巴參與安哥拉內戰問題時，黃華引

1 The National Archive, Access to Archival Databases（AAD）, RG 59, Central Foreign Policy Files, 1977PEKING00724, Codel Brademas/Schweiker Meeting with Foreign Minister Huang Hua, April 14, 1977.

用了中國的一句古詩，那就是「射人先射馬」。在美方看來黃華的意思是美國應該直接打擊蘇聯，因為蘇聯對古巴干涉安哥拉負有責任。[1]

5 月 24 日，國務院副總理李先念會見了美國青年政治領袖訪華團。在交談中，李先念也以蘇聯干涉安哥拉為由對冷戰的緩和提出批評。他指出，在歐安會結束後，蘇聯立刻進入了安哥拉，蘇聯的軍隊增加了 300 萬到 400 萬，這使我們無法相信裁軍與緩和。李先念還談道，在古巴軍隊在蘇聯的支持下進入安哥拉之前，我們曾經支持過安哥拉的三個派別。當然，我們的支持在本質上不同的。我們支持三派反對葡萄牙殖民主義，而蘇聯企圖在反對殖民主義的招牌下干涉安哥拉，其目的在於讓蘇聯的走卒進入到該地區。蘇聯是支持一派打擊其他兩派。[2]10 月 22 日，黃華在會見美中關係全國委員會理事會代表團。他再次以安哥拉問題為例對緩和政策提出批評。黃華表示，所謂「緩和」、《第一階段限制戰略武器條約》和歐安會都是沒有作用的。在歐安會結束後不久，安哥拉內戰就爆發了。在這之後，包括蘇聯支持的僱傭軍對札伊爾的侵略，蘇聯對非洲之角和埃塞俄比亞的干涉等一系列事件發生了。在任何地方，在亞洲，在非洲，在歐洲的南北兩翼對抗變得更加緊張。這就是我們認為世界局勢更加緊張而沒有緩和的原因。戰爭的因素正在增加而沒有減少。[3]1978 年 1 月 6 日，黃華又會見了以民主黨參議員、參院民主黨副領袖艾倫・克蘭斯頓為團長的美國國會議員代表團。在會談中，黃華又以安哥拉問題為例闡述了 3 個月前中共十一大對國際形勢的判斷。他說：

---

1 The National Archive, Access to Archival Databases（AAD）, RG 59, Central Foreign Policy Files, 1975USUN06024, Biographic Information on Huang Hua, Foreign Minister of the PRC and Former Permanent Representative to the UN, December 9, 1976.

2 The National Archive, Access to Archival Databases（AAD）, RG 59, Central Foreign Policy Files, 1977PEKING01173, Young Political Leaders Meeting with Li Hsien-Nien: Verbatim Transcript, June 10, 1977.

3 The National Archive, Access to Archival Databases（AAD）, RG 59, Central Foreign Policy Files, 1977PEKING02453, Transcript of October 22 Huang Hua Meeting with NCUSCR Board, October 25, 1977.

「蘇聯在安哥拉取得暫時的成功後，就企圖利用該國為基地使其僱傭軍侵略札伊爾並插手札伊爾局勢，這是蘇聯爭奪世界霸權計劃的一部分。蘇聯希望控制進入印度洋的通道和南大西洋，這是他們為奪取世界霸權進行最後一戰的部署計劃的一部分。」[1]

由此可見，中國領導人是在毛澤東對世界局勢的觀察的框架下來審視安哥拉問題的。蘇聯對安哥拉內戰的干涉成為證明緩和政策失敗的又一有力證據。中國領導人希望以安哥拉內戰為例說服美方放棄對蘇聯緩和的政策，強化制衡蘇聯的意願和行動，從而鞏固反對蘇聯霸權主義的統一戰線。中國在圍繞安哥拉問題落實反霸統一戰線的過程中表現出行動的有限性，這也導致反霸統一戰線效果的有限性。中國從側重支持安解陣和安盟逐漸演變為停止對安哥拉三派民族解放組織的支持，在安哥拉內戰期間，中國並沒有給與安解陣和安盟更多實質性的支持，最終導致安人運成為唯一能夠控制安哥拉的政治力量。中國對承認安人運政權的非洲國家只是非常委婉地表達不滿，也沒有採取實際行動阻止非洲統一組織接納安人運政權，最終非統組織還是接納了安人運政權。中國與蘇聯在聯合國的各個場合圍繞安哥拉問題進行了長時間堅決的鬥爭。但對於安人運政權加入聯合國採取的是不參與投票而沒有行使否決權，最終導致安人運政權仍然在 1976 年年底加入聯合國。中國希望以安哥拉問題為例證明西方對蘇緩和政策的失敗，但美國卡特政府在 1979 年之前仍然沒有放棄對蘇緩和的努力，中國只是要求美國加強制衡蘇聯的意志與力量，但沒有與美國合作在安哥拉採取聯合行動，這也使得蘇聯可以長期在安哥拉發揮主導作用。這種行動的有限性與效果的有限性是中國執行反霸統一戰線政策的鮮明特點。

1 The National Archive, Access to Archival Databases（AAD）, RG 59, Central Foreign Policy Files, 1978PEKING00066, Transcript of Meeting between Codel Cranston and Foreign Minister Huang Hua, January 7, 1978.

## 二、中國對歐加登戰爭的政策

1974 年初，埃塞俄比亞發生軍事政變，海爾·塞拉西一世皇帝被廢黜。從 1974 年至 1977 年，埃塞俄比亞陷入長達三年的政治動盪之中。在權力鬥爭中，門格斯圖·海爾·馬里亞姆逐漸成為埃塞俄比亞的最高統治者。

埃塞俄比亞與索馬里是鄰國，但是兩國有領土糾紛。這塊有糾紛的領土面積約為 22 萬平方公里，叫做「歐加登」（又稱哈拉爾）地區。[1] 這塊土地位於埃塞俄比亞的東部和索馬里的西部邊境，主要居住着索馬里人。這裏土地肥沃，盛產咖啡、小麥、甘蔗、棉花和皮革。歐加登地區之所以存在領土糾紛仍然是殖民統治的惡果。根據索馬里方面的資料，1887 年以前，歐加登地區屬於一個獨立的伊斯蘭王國。1887 年，埃塞俄比亞出兵佔領了歐加登地區。在英國和意大利對索馬里進行殖民統治時期都曾與埃塞俄比亞簽訂過條約或協定，承認埃塞俄比亞對歐加登地區的統治權。1935 年，意大利入侵埃塞俄比亞，奪取了歐加登地區，但後來又被英國奪回。二戰後，英國最終將歐加登地區全部交還給了埃塞俄比亞。而索馬里在獲得民族獨立之後，不承認殖民統治時期所劃定的邊界，要將所有的索馬里人居住的地區，包括歐加登地區、法屬索馬里（今吉布提）和肯尼亞東北部地區全部收回，組成一個統一的大索馬里。這就使得索馬里與自己的幾乎所有鄰國都有領土爭端。早在 1964 年，埃塞俄比亞與索馬里兩國就因為歐加登地區的歸屬發生過軍事衝突。

1977 年 2 月，歐加登的索馬里族武裝組織西索馬里解放陣線利用埃塞俄比亞政局動盪之機，在歐加登發動游擊戰爭，襲擊埃塞俄比亞政府軍哨所、軍營和政府設施。索馬里的西亞德·巴雷政權向西索馬里解放

---

1　顧章義、付吉軍、周海泓：《列國志．索馬里 吉布提》，北京：社會科學文獻出版社，2006 年版，第 194 頁。

陣線提供了軍事援助。1977 年 6、7 月間，索馬里政府軍以支持西索馬里解放陣線為名開始進攻歐加登地區，埃索兩國爆發大規模的戰爭。戰爭初期，索軍和西索馬里解放陣線居於優勢。在索馬里的支持下，西索馬里解放陣線在不到半年的時間裏就佔領了歐加登大部分地區。同年 9 月，歐加登重鎮季季加也被西索馬里解放陣線控制。到 1978 年初，埃塞俄比亞在得到蘇聯和古巴的援助後開始大舉反攻，擊退了索馬里軍隊的進攻，並於 3 月初收復了季季加。索馬里政府被迫於同年 3 月 9 日宣佈從歐加登地區撤軍。以上就是歐加登戰爭的簡要過程。歐加登戰爭以索馬里的失敗而告終，不過，埃索兩國關係仍很緊張，歐加登地區的歸屬問題也沒有得到解決。

歐加登戰爭以埃塞俄比亞勝利索馬里失敗而告結束，這是與蘇聯的干涉密不可分的。在歐加登戰爭時期，美蘇兩個超級大國與埃索兩國的關係發生了調整，蘇聯從支持索馬里轉變為支持埃塞俄比亞，而埃塞俄比亞的門格斯圖政權一反海爾·塞拉西政權的親美傾向，開始倒向蘇聯，而美國也相應地把支援的重點轉向索馬里。1969 年，索馬里的西亞德·巴雷政權上臺後，美索關係一度惡化。1974 年 7 月，蘇聯與索馬里簽訂了友好合作條約。索馬里一度成為蘇聯在非洲最親密的盟友之一。1961 年— 1977 年蘇向所提供的軍事援助約為 2 億美元，派遣的軍事專家和顧問最多時達到了 6000 人。蘇聯還一度掌握了索馬里重要的軍事部門和兵種，索馬里則允許蘇聯使用柏培拉軍事基地。[1] 索馬里軍隊不僅獲得了蘇聯生產的比較先進的軍事裝備，蘇聯還幫助索馬里軍隊培訓了情報人員即國家安全人員。到索馬里與蘇聯關係惡化時，大約有 2400 名索馬里軍官在蘇聯接受過軍事訓練，還有 150 名索馬里軍官在東歐國家接受過軍事訓練。[2]1977 年 2 月，門格斯圖逐漸掌握了埃塞俄比亞的最高權力。

---

1　王繩祖主編：《國際關係史》第十卷（1970 — 1979），第 221 頁。

2　顧章義、付吉軍、周海泓：《列國志．索馬里 吉布提》，第 193 頁。

美國卡特政府以破壞人權為由，宣佈暫停向埃塞俄比亞提供軍事援助。為了進行報復，埃塞俄比亞驅逐了美國的軍事顧問團，關閉了美國在埃塞俄比亞的一些設施，包括非常重要的卡格紐電臺。門格斯圖於 1977 年 5 月訪問蘇聯，兩國簽訂了一項軍事援助協定，根據該協定，蘇聯將向埃塞俄比亞提供價值大約 5 億美元的現代化武器。[1] 歐加登戰爭爆發後，蘇聯選擇站在埃塞俄比亞一方，指責索馬里是「沙文主義、擴張主義」。而索馬里則指責蘇聯是「政治投機」，是索的「頭號敵人」。1977 年 11 月，索馬里廢除了 1974 年與蘇聯簽訂的友好條約。從 1977 年 11 月底開始，蘇聯向埃塞俄比亞進行了大規模空運和海運。12 月，大約 16000 名古巴陸軍的第一批人員到埃塞俄比亞參戰。[2] 歐加登戰爭爆發後，蘇聯向埃塞俄比亞派遣了 1000 多名軍事顧問。到 20 世紀 80 年代中期，蘇聯軍事顧問的人數增至 1800 多名。同時，保加利亞、捷克斯洛伐克、匈牙利、民主德國和波蘭等國也向埃塞俄比亞派遣了 2000 多名軍事顧問。1977 年— 1990 年，蘇聯共向埃塞俄比亞提供了價值 130 億美元的軍事援助。[3]

中國對於歐加登戰爭的政策仍然體現出反霸統一戰線在非洲的特點，即行動和效果的雙重有限性。首先，中國在與西方國家的交往中提出應從蘇聯在全球擴張的視角看待蘇聯對歐加登戰爭的干涉；其次，中國對於索馬里廢除與蘇聯簽訂的友好條約高度讚賞；第三，中國與索馬里之間保持了密切的高層互訪，但中國是否向索馬里提供了軍事援助還有待進一步考證；第四，戰爭初期，中國仍然與埃塞俄比亞門格斯圖政權保持良好的關係，但隨着索馬里總統西亞德的訪華，在蘇聯的鼓動下，門格斯圖開始攻擊中國，中埃關係逐漸走向冷淡。

---

1　［美］羅伯特 · 唐納森編：《蘇聯在第三世界的得失》，第 132 頁。

2　［美］羅伯特 · 唐納森編：《蘇聯在第三世界的得失》，第 133 頁。

3　鐘偉雲：《列國志 · 埃塞俄比亞 厄立特里亞》，北京：社會科學文獻出版社，2006 年版，第 255 頁。

歐加登戰爭爆發不久，中國就利用各種不同的渠道與美國探討非洲之角的局勢。中國的基本觀點是蘇聯對歐加登戰爭的干涉是其稱霸全球計劃的一部分。來自蘇聯的戰爭是不可避免的，但並非迫在眉睫。只要世界各國都能清醒地認識到蘇聯的戰略意圖，擴大和鞏固反對蘇聯霸權主義的統一戰線，戰爭就可以被推遲。中國領導人還繼承了毛澤東對冷戰「緩和」的看法，認為在美國存在對蘇聯實行「綏靖主義」政策的傾向，其意在促使美國對蘇聯採取更加強硬的措施。

1977 年 3 月 11 日，美國駐馬里大使館官員利用聯合國組織的交流活動的機會與中國駐馬里大使樊作楷就歐加登戰爭問題交換了意見。樊作楷說：「蘇聯將努力挑動埃塞俄比亞與索馬里一決雌雄。蘇聯是埃塞俄比亞政府背後的主要影響力量，並密謀策劃了對埃塞俄比亞前國家領導人及其副手的刺殺。」樊作楷特別強調：「非洲之角的局勢完全處於動盪之中，蘇聯需要索馬里的柏培拉港來實現它的印度洋戰略。」[1] 從中國大使的表述中我們已經可以看出，中國是把蘇聯對歐加登戰爭的干涉看作是其在中東、非洲和印度洋擴張稱霸計劃的一個步驟。

1977 年 9 月 27 日，剛剛恢復工作的鄧小平會見了美國前駐華聯絡處主任喬治・布什。在與布什的會談中，鄧小平系統地分析了蘇聯的戰略態勢，並將歐加登戰爭放在蘇聯全球戰略的大背景下進行了闡述。鄧小平對布什說：「我認為蘇聯方面有兩個弱點。第一是蘇聯的戰略部署還沒有完成，更進一步說，這種戰略部署在一些地方已經受到了破壞和阻礙。蘇聯試圖在全世界建立軍事基地，它們在一些地方成功了，但在其他地方都失敗了。在埃及，它們失敗了。在安哥拉，它們成功了，但是變化正在那裏發生。在印度，它們也遭受到了相當大的挫折，但蘇聯試圖在某種程度上保持它們的地位。現在，它們開始干涉索馬里和埃塞俄

1 The National Archive, Access to Archival Databases（AAD）, RG 59, Central Foreign Policy Files, 1977BAMAKO00973, Chinese Views on Northeast Africa, March 14, 1977.

比亞。在札伊爾，它們遭受了挫折。所有這一切都證明蘇聯正在把它的觸角伸向世界的每一個部分。但是由於遭受挫折，它們的戰略部署還沒有完成。一些國家警覺和警惕已經增加了。第二個弱點就是經濟問題。蘇聯還沒有解決它的農業問題。一旦氣候不利，就會導致農業歉收。」[1] 由此可見，在鄧小平看來蘇聯的戰略意圖是在全世界進行擴張，並進而建立霸權。蘇聯對於歐加登戰爭的干涉只是完成其在全球的戰略部署的一個步驟。蘇聯的戰略部署處處受阻，導致其稱霸世界的計劃暫時還無法實現。鄧小平還特別強調了美國對蘇聯的「綏靖主義」，認為對蘇聯的「綏靖主義」特別是對蘇聯經濟的「綏靖主義」已經成為美國政治的一個重要方面。鄧小平說：「我們總的認為，戰爭總要來的，沒有什麼持久和平，但戰爭可以延緩。延緩戰爭的辦法就是不要放鬆警惕，不要搞綏靖主義。」[2] 由此可以看出，雖然此時毛澤東已經逝世，但在分析世界局勢方面，此時鄧小平還基本沿襲了毛澤東的思維框架，即認為來自蘇聯的戰爭不可避免，但蘇聯的野心與其實力不相稱。對西方國家熱衷於蘇聯搞緩和持強烈的批評態度。在這種思維框架下，蘇聯對歐加登戰爭的干涉被賦予了蘇聯稱霸全球的一個步驟的重要意義，也就不能不引起中國的關注。這種思維框架不改變，中國對蘇聯在非洲之角所作所為的看法就不會改變。

僅僅過了不到一個月，1977 年 10 月 22 日，中國外長黃華又會見了美中關係全國委員會理事會代表團。在與美方的會談中，黃華對西方與蘇聯的「緩和」再次提出不同意見，甚至在「緩和」政策與蘇聯在全球擴張之間明確建立起因果關係。黃華說：「最近幾年，雖然美蘇兩國之間有談判、條約和協定，但蘇聯已經發展了它的力量，戰爭因素在全球範

1 The National Archive, Access to Archival Databases (AAD), RG 59, Central Foreign Policy Files, 1977PEKING02199, Verbatim Transcript-Vice Premier Teng Hsiao-Ping and Former Ambassador George Bush, September 29, 1977.

2 中共中央文獻研究室編：《鄧小平年譜》第四卷，第 207 頁。

圍內增加了。所謂的『緩和』、限制戰略武器談判和歐安會毫無影響力。我認為，一個國家如果希望通過在政治上讓步來與蘇聯妥協；承認蘇聯在東歐的勢力範圍來阻止它的擴張；通過限制戰略武器談判來限制蘇聯的力量；通過提供貸款來遏制蘇聯的貿易；通過技術交流來延緩軍備競賽，所有這些努力都將遭遇失敗。歐安會結束不久，安哥拉內戰就發生了。在此之後，一連串的事情就發生了，包括蘇聯支持僱傭軍入侵札伊爾，蘇聯干涉非洲之角，蘇聯干涉埃塞俄比亞。在亞洲、非洲和歐洲的南北兩翼以及任何地方，對抗都變得更加緊張。」[1] 黃華的談話表明，中方不僅認為蘇聯在非洲之角的干涉是蘇聯全球戰略的一部分，也是西方世界對蘇聯實行「緩和」政策的結果。「緩和」政策實際上成為蘇聯在包括非洲之角地區在內的世界各地進行擴張的一個促動因素。

又過了不到一個月，隨着蘇聯對歐加登戰爭干涉的不斷加深，中國已經根據非洲之角形勢的變化明確提出擴大反霸統一戰線，與美國合作抗衡蘇聯的動議。1977 年 11 月底至 12 月初，美國當前危險委員會代表團訪問了中國。11 月 28 日，中國人民外交學會會長郝德青大使會見了代表團一行。郝德青對該代表團說：「作為一個社會問題，戰爭是可以避免的，但只要霸權主義存在，戰爭就是不可避免的。只有通過世界人民的共同努力才能推遲戰爭的爆發。事實上，埃及、蘇丹、札伊爾和索馬里已經將自己從蘇聯的控制之下解放出來。」郝德青強調：「中華人民共和國是一個發展中國家，和平對於我們來說非常寶貴，但是一旦戰爭爆發，我們就準備戰鬥。」郝德青最後說：「中美之間有很多共同點，我們應該一起對付『北極熊』。」[2] 郝德青所謂「戰爭不可避免」的論述顯然引

---

1　The National Archive, Access to Archival Databases（AAD）, RG 59, Central Foreign Policy Files, 1977PEKING02453, Transcript of October 22 Huang Hua Meeting with NCUSCR Board, October 25, 1977.

2　The National Archive, Access to Archival Databases（AAD）, RG 59, Central Foreign Policy Files, 1977PEKING02787, Committee for Present Danger Meets with CPIFA President Hao Te-Ching, November 28, 1977, November 29, 1977.

起了對方的強烈關注。第二天，中國外長黃華也會見了美國當前危險委員會代表團。在談話中，黃華進一步闡述了中國對「戰爭不可避免」的看法。黃華說：「當年我們說戰爭不可避免時，我們的意思並不是戰爭迫在眉睫，我們的意思是根據當前美蘇兩國爭奪的趨勢，戰爭將不可避免。但是，推遲戰爭是可能的，這要靠第三世界的力量的增長和人民對蘇聯威脅更加清醒的認識，這將使蘇聯實現它的野心變得更加困難。因此，我們必須擴大反霸統一戰線，這樣戰爭就可以被推遲，但不是無限期的。」黃華強調：「最近蘇聯遭受了一個又一個的挫敗，在埃及、蘇丹、札伊爾和安哥拉內戰中都是如此，特別是最近索馬里政府採取行動驅逐了蘇聯人。更多的人看到蘇聯的目的在於掠奪和控制他們的國家。只要進行針鋒相對的鬥爭，就有可能打亂蘇聯的計劃，贏得更多的時間，獲得更有利的局勢。」[1] 通過郝德青與黃華的談話，我們可以看出蘇聯對歐加登的戰爭的干涉引起了中國的高度警覺。在中國領導人看來，蘇聯的行動使得鞏固、擴大和充實反霸統一戰線變得更加必要，而中國將美國拉入反霸統一戰線，與美國攜手共同制衡蘇聯的戰略意圖也更加明顯。

1978 年初，美國參議員愛德華・甘迺迪來華訪問。由於愛德華・甘迺迪在美國是有影響力的重要政治人物，中國利用與他交流的機會進一步闡述中國對蘇聯干涉歐加登戰爭的看法。愛德華・甘迺迪抵京後，中國人民外交學會會長郝德青、外交部長黃華和國務院副總理鄧小平都會見了他。1978 年 1 月 1 日，郝德青在會見愛德華・甘迺迪時談到了中國對埃塞俄比亞兩國紛爭的態度。他表示：「中國關注非洲之角的局勢，一貫提倡埃塞俄比亞和索馬里兩國不要通過使用武力來解決它們之間的問

1 The National Archive, Access to Archival Databases（AAD）, RG 59, Central Foreign Policy Files, 1977PEKING02817, Committee for the Present Danger Meets with Huang Hua, November 29, 1977, December 1, 1977.

題。」[1]1 月 3 日，中國外長黃華又會見了愛德華・甘迺迪。愛德華・甘迺迪表示，蘇聯已經從埃塞俄比亞、索馬里、莫桑比克等非洲國家撤退。而黃華明確表示不同意愛德華・甘迺迪的觀點。他指出：「我們認為當前美國和蘇聯的爭奪是不可調和的。雖然，這種爭奪可能採取不同的形勢，但爭奪已經變得更加緊張。這遲早將導致戰爭，軍事力量將被用來解決這些爭奪。」隨後，黃華列舉了一系列美蘇進行爭奪的地區，包括西歐、地中海、中東、非洲之角和南部非洲等等。[2] 鄧小平與愛德華・甘迺迪的會見無疑是此次訪問的重頭戲。在會談中，鄧小平並沒有具體談非洲之角的形勢，而是再次對美國對蘇實施「綏靖政策」提出了警告。鄧小平說：「至於國際形勢，我們建議不要採取『綏靖政策』。不要期望通過貿易，向蘇聯提供食品和糧食，支持對蘇聯的技術出口就可以約束蘇聯的擴張。我認為這些事情只會刺激蘇聯的擴張。」[3] 通過與愛德華・甘迺迪的交流，中方實際表明了這樣的觀點，美蘇之間的爭奪並沒有緩和，而是更加緊張了，蘇聯對非洲之角的干涉就是這種緊張形勢的明證。美國通過「緩和政策」根本無法遏制蘇聯，這種「緩和政策」無異於「綏靖政策」。只有通過反霸統一戰線國家的切實努力，才能阻止蘇聯在全球的擴張與稱霸。

幾乎就在愛德華・甘迺迪訪華的同時，以民主黨參議員、參議院民主黨副領袖艾倫・克蘭斯頓為團長的美國國會議員代表團又來到了中國。1 月 6 日，中國外長黃華會見了克蘭斯頓一行。在談到蘇聯對歐加登戰爭的干涉時，黃華再次把這件事同蘇聯稱霸全球的計劃聯繫在一起。

---

1 The National Archive, Access to Archival Databases（AAD）, RG 59, Central Foreign Policy Files, 1978PEKING00053, Kennedy's Meeting with CPIFA President Hao The-Ching, January 6, 1978.

2 The National Archive, Access to Archival Databases（AAD）, RG 59, Central Foreign Policy Files, 1978PEKING00026, Senator Kennedy's Meeting with Foreign Minister Huanghua, January 4, 1978.

3 The National Archive, Access to Archival Databases（AAD）, RG 59, Central Foreign Policy Files, 1978PEKING00044, Senator Kennedy's Meeting with Vice Premier Teng Hsiao-Ping: Transcript, January 5, 1978.

他說：「蘇聯想要控制進入印度洋和南大西洋的通道。這是它們為爭奪世界霸權進行最後一搏的部署計劃的一部分。除此之外，蘇聯在非洲之角企圖控制埃塞俄比亞和索馬里。他們提供軍事援助企圖控制埃塞俄比亞並希望重回索馬里，以控制紅海。」克蘭斯頓表示索馬里方面事實上挑起了戰爭，蘇聯主要是幫助埃塞俄比亞進行防衛行動。黃華並不同意美方的看法。他說：「歐加登戰爭的根本原因是兩個超級大國的較量，蘇聯希望控制索馬里，並保留在那裏的軍事基地。蘇聯利用了兩個國家存在的矛盾。」[1] 幾周之後，黃華又利用宴請來訪的布隆迪外長的機會，進一步闡述了中國對蘇聯干涉歐加登戰爭的看法。1 月 25 日，在歡迎布隆迪外長的宴會上致辭時，黃華不點名地批評了所謂「打着社會主義招牌的超級大國」，這個超級大國向非洲之角大規模空運人員和武器，妄圖挑起更大範圍的戰爭，造成更大的動亂。其目的就是控制非洲之角以及紅海通道，「為奪取那裏的石油資源和進一步向非洲擴張、爭奪世界霸權做好戰略部署」。[2] 4 月 26 日，中國駐埃塞俄比亞大使王錦川在與美國駐埃塞俄比亞臨時代辦交談時，又談到了蘇聯在非洲之角採取行動的目的。王錦川認為，當前蘇聯在非洲之角的行動僅僅是蘇聯包圍西歐的戰略計劃的一部分，蘇聯企圖控制歐洲石油供應嚴重依賴的海上通道，並消除美國的影響。必須迫使蘇聯和古巴撤出非洲之角。王錦川建議美國應該強烈地表明在非洲之角問題上的立場。[3] 上述材料說明，中國已經將蘇聯在非洲之角的行動定義為控制海上重要通道的戰略部署，最終目的是稱霸全球。中國如此密集地闡述對蘇聯干涉歐加登戰爭的看法，要求擴大和充實反

1 The National Archive, Access to Archival Databases（AAD）, RG 59, Central Foreign Policy Files, 1978PEKING00066, Transcript of Meeting between CODEL Cranston and Foreign Minister Huang Hua, January 7, 1978.

2 《穆甘加部長抵京 黃外長歡宴布隆迪貴賓》，載《人民日報》1978 年 1 月 26 日，第四版。

3 The National Archive, Access to Archival Databases（AAD）, RG 59, Central Foreign Policy Files, 1978ADDIS01916, Friendlier Chinese Diplomats, April 27, 1978.

霸統一戰線，要求美國和西方國家放棄對蘇聯的緩和，採取更加有力的行動阻止蘇聯的擴張是非常罕見的。

這裏要說明的是，中國雖然堅決反對蘇聯對歐加登戰爭的干涉，反對蘇聯支持埃塞俄比亞，打擊索馬里，但中國對歐加登戰爭本身的政策是較為公正合理的。如前所述，中國一貫倡議埃索兩國通過和平協商解決問題。1978 年 3 月 8 日，中國駐馬里大使樊作楷又邀請美國駐馬里大使到訪中國駐馬里大使館，雙方重點就非洲之角形勢交換了意見。樊作楷表示：「整個非洲之角的衝突都是蘇聯自身的錯誤。埃塞俄比亞已經公開表示，它不會跨過索馬里的邊界，中華人民共和國希望如此。」樊作楷強調：「中方的立場是清楚的，索馬里應該撤出歐加登地區。兩國的邊界應該得到尊重，應當在非洲統一組織的主持下通過談判來實現問題的解決。」[1]

中國對歐加登戰爭政策的第二個方面是對索馬里廢除與蘇聯的友好條約表示高度讚賞。如前所述，由於在歐加登戰爭中，蘇聯選擇支持埃塞俄比亞，這引起了索馬里的強烈反感。1977 年 11 月 13 日，索馬里新聞和國家指導部長阿卜杜勒·哈桑宣佈，索馬里政府決定廢除 1974 年與蘇聯簽訂的友好條約。索馬里政府還要求蘇聯必須立即撤除它在索馬里領土和領海內的一切軍事設施。全部蘇聯專家必須在一周之內離開索馬里。蘇聯駐索馬里大使館的外交官員和工作人員必須減少到與索馬里駐莫斯科大使館同等的數目。[2]

中國對索馬里廢除與蘇聯的友好條約的決定表示堅決的支持。1977 年 11 月 15 日，《人民日報》報道了索馬里廢除索蘇友好條約的消息，同一天的《人民日報》還發表了題為《痛擊蘇聯霸權主義的正義行動》的述評。述評指出：索馬里政府的這一行動沈重地打擊了蘇聯霸權主義。

---

1 The National Archive, Access to Archival Databases（AAD）, RG 59, Central Foreign Policy Files, 1978BAMAKO01187, Conversation with PRC Ambassador, March 13, 1978.

2 《索馬里宣佈廢除索蘇「友好條約」》，載《人民日報》1977 年 11 月 15 日，第五版。

「這一行動反映了索馬里人民保衛國家主權、維護民族獨立、反對超級大國干涉的堅強意志，標誌着非洲國家和人民的新覺醒，是非洲和整個第三世界反對霸權主義鬥爭中取得的又一重大勝利。」述評進而指出，蘇聯之所以覬覦索馬里，是因為索馬里具有重要的戰略地位，蘇聯希望利用索馬里的港口修建軍事設施，以便同美國爭奪紅海和印度洋的霸權。蘇聯之所以在歐加登戰爭中轉而支持埃塞俄比亞，是因為索馬里抵制和反對蘇聯提出的非洲之角國家與也門建立聯邦的建議。述評隨後強調，無論超級大國如何行事，「都阻擋不了非洲和整個第三世界聯合反霸鬥爭滾滾向前的洪流」。[1] 第二天，《人民日報》在第一版再次發表題為《不畏強暴敢於鬥爭》的評論員文章。文章指出，蘇聯向非洲之角滲透，干涉該地區的事務，完全是為了配合它在地中海、紅海以及印度洋的侵略擴張活動，同美國爭奪世界霸權。「索馬里人民現在已經清楚地看到，蘇聯根本不是他們的朋友。」索馬里廢除索蘇友好條約，驅逐蘇聯專家「理所當然的正義行動」。文章還進一步指出：「凡是同蘇聯打過交道的國家，通過切身的體驗，遲早都會識破蘇聯這個超級大國的霸權主義野心。」文章還列舉了埃及和蘇丹的類似行動來證明這一點。文章最後強調：「中國人民堅決支持索馬里政府和人民的這一正義行動，高度讚賞索馬里人民不畏強暴、敢於鬥爭的大無畏精神。」[2] 這兩篇文章代表了中國對索馬里廢除與蘇聯簽訂的友好條約的高度讚賞的態度。

11 月 15 日，外交部長黃華應約會見了索馬里駐華大使卡欣。卡欣向黃華通報了索馬里廢除與蘇聯的友好條約的決定。黃華對索馬里政府為維護國家獨立和主權、反對超級大國干涉非洲事務所採取的果敢的正義立場，表示讚賞和支持。[3] 當地時間 11 月 15 日，美國國務卿萬斯會見了

---

1　《痛擊蘇聯霸權主義的正義行動》，載《人民日報》1977 年 11 月 15 日，第五版。
2　《不畏強暴　敢於鬥爭》，載《人民日報》1977 年 11 月 16 日，第一版。
3　《黃華外長應約會見索馬里大使卡欣》，載《人民日報》1977 年 11 月 18 日，第四版。

中國駐美國聯絡處主任黃鎮，雙方主要圍繞國際熱點問題展開了討論。對於非洲之角的形勢，萬斯表示由於埃塞俄比亞得到了更多的武器，戰略平衡已經被打破，從長遠角度講，形勢將更加惡化，美國對此表示關切。萬斯還談道，他已經與伊朗國王巴列維和尼日利亞外長約瑟夫·加爾巴進行了討論。對於索馬里和非洲之角的形勢，黃鎮說他剛剛收到了一篇來自北京的評論員文章，這篇文章應該就是前文所提到的《不畏強暴敢於鬥爭》，文章表達了中國對索馬里決定反對蘇聯霸權主義的支持。黃鎮強調，索馬里已經看穿了蘇聯的本質，那就是假支持，真控制。埃及此前已經認識到蘇聯的真實意圖。這表明，任何與蘇聯打過一段交道的國家都會得出相同的結論。[1] 上述材料說明，不管是在中索雙邊關係層面還是在中國與美國就國際熱點問題進行交流的場合，中國都對索馬里廢除與蘇聯的友好條約表示堅定的支持和高度的讚賞。

中國對歐加登戰爭政策的第三個方面是在戰爭期間保持與索馬里的高層互訪，有跡象表明，中國向索馬里提供了一定數量的軍事援助。歐加登戰爭開始後，由於失去了蘇聯的支持，索馬里開始向其他各國求援。1977 年 6 月 2 日，索馬里駐美國大使拜訪了美國助理國務卿，前者向美國方面介紹，索馬里副總統伊斯梅爾·阿里·阿布卡爾將在近期訪問中國，商談由中國向索馬里提供蘇聯設備的零部件。而索馬里第一副總統阿里·薩馬特爾已經在莫斯科清楚地向蘇聯方面闡明，索馬里政府不願意犧牲自己的國家利益來促成蘇聯在非洲之角擴張的成功。[2]1977 年 6 月 20 日，索馬里副總統伊斯梅爾·阿布卡爾率領的索馬里政府代表團抵達北京。當天的《人民日報》在第一版刊發了長篇評論文章《熱烈歡

---

1 The National Archive, Access to Archival Databases（AAD）, RG 59, Central Foreign Policy Files, 1977STATE278214, The Secretary's Meeting with Huang Chen, November 19, 1977.

2 The National Archive, Access to Archival Databases（AAD）, RG 59, Central Foreign Policy Files, 1977STATE128517, Somali Ambassador Addou Called on Assistant Secretary, June 3, 1977.

迎索馬里友好使者》。文章指出，索馬里位於西印度洋和紅海的入海口，地理位置十分重要。兩個超級大國為了控制歐洲、稱霸世界在這裏進行了激烈的爭奪。文章用極為嚴厲的語言批評了蘇聯在非洲之角的所作所為。文章把蘇聯形容為陰險狡猾，貪婪狠毒。它利用殖民統治時期遺留的一些歷史問題，「挑撥離間，煽風點火，製造糾紛，破壞團結」。「蘇聯的所作所為已成為對非洲和紅海地區各國人民安全的嚴重威脅。」文章的點睛之筆在於它指出蘇聯社會帝國主義的面目正在被越來越多的人們所識破。「非洲以及紅海沿岸各國人民正在進一步團結起來。一個反對蘇聯霸權主義的統一戰線正在形成和發展。」[1] 這樣文章就把伊斯梅爾訪華定性為建立和擴大反對蘇聯霸權主義統一戰線的重要步驟。這也充分說明，落實反霸統一戰線是中國對歐加登戰爭政策的指導原則。

當天晚上，國務院副總理李先念為伊斯梅爾訪華舉行歡迎宴會。在致辭時，李先念幾乎用了與《人民日報》文章同樣尖刻的語言批評了蘇聯在非洲之角地區的政策。李先念強調，蘇聯的行為「只能激起非洲人民越來越大的反抗，促使非洲人民和世界各國人民加強聯合反霸的正義鬥爭，最終埋葬掉超級大國的霸權主義。」李先念的講話不啻是建立反霸統一戰線的號召。伊斯梅爾在致辭中介紹了索馬里的外交政策，那就是紅海是重要的航道，應該成為和平區，而不應該成為任何衝突的舞臺。索馬里反對任何國家在印度洋設置軍事基地。[2] 如前所述，蘇聯極為重視索馬里柏培拉港的軍事基地，伊斯梅爾的講話實際上明確反對蘇聯繼續控制柏培拉港。

在此後的 6 月 21 日和 22 日，李先念與伊斯梅爾先後舉行了兩次會談。中共中央主席、國務院總理華國鋒也接見了伊斯梅爾一行。由於檔

1 《熱烈歡迎索馬里友好使者》，載《人民日報》1977 年 6 月 20 日，第一版。

2 《伊斯梅爾副總統率政府代表團到京 李先念副總理盛宴歡迎索馬里貴賓》，載《人民日報》1977 年 6 月 21 日，第一版。

案的缺乏，目前尚不知雙方會談的細節，但中國人民解放軍副總參謀長張才千一直參與接待和會談，這也從一個側面說明雙方會談必然涉及軍事援助的問題。根據中方的資料，由於中方正在醞釀調整對非援助。在6月22日會見伊斯梅爾之前，華國鋒曾經表示不能完全接受對方提出的援助清單。[1] 但無論如何，伊斯梅爾必然不會空手而回。6月23日，《中索兩國政府經濟技術合作協定議定書》在北京簽字。[2] 當天，在即將結束在北京的訪問前往中國河南進行參觀訪問前夕，伊斯梅爾舉行答謝宴會。在伊斯梅爾的致辭中有一句話值得我們充分關注。他說：「我深信，如果我們不認識首先自力更生，依靠自己的力量和資源的義務，我們的共同努力和諒解仍將是徒然的。」[3] 綜合上述情況分析，對於索馬里提出的援助請求，中方主要建議由索馬里方面通過自力更生的努力來解決，而不要過多地依靠外國援助，但中方仍然部分地滿足了索馬里的援助要求，提供蘇聯設備零部件的問題應該有望得到解決。在伊斯梅爾的答謝宴會上，李先念在致辭中再次提出了在紅海地區建立反霸統一戰線的號召，他強調，紅海地區的國家和人民應該緊密團結起來，「求大同，存小異，共同對敵，堅持鬥爭，把超級大國霸權主義的侵略勢力統統從紅海地區趕出去」。[4] 由此可見，中國對非洲之角形勢的最大關切仍然在於當地國家不完全依賴中國的援助，而依靠自己的力量建立起反對蘇聯霸權主義的統一戰線。

在伊斯梅爾訪問中國之後，中索兩國的高層往來不斷，在1977年至1978年間，來到中國訪問的有索馬里友好參觀團、索馬里新聞代表團、索馬里革命社會主義黨代表團、索馬里教育代表團、索馬里工業代表團等。前往索馬里訪問的有中國對外友協代表團、中國政府友好代表

1 蔣華杰：《現代化、國家安全與對外援助 —— 中國援非政策演變再思考（1970 — 1983）》，載《外交評論》2019年第2期，第128頁。

2 《中索兩國政府經濟技術合作協定議定書簽字》，載《人民日報》1977年6月24日，第四版。

3 《伊斯梅爾副總統在宴會上的講話》，載《人民日報》1977年6月24日，第四版。

4 《李先念副總理在宴會上的講話》，載《人民日報》1977年6月24日，第四版。

團等。1977 年 11 月，中國援建的摩加迪沙體育場也建成交付使用。1978 年 3 月 13 日，在歐加登戰爭戰場形勢發生不利於索馬里的變化時，鄧小平會見了來華訪問的索馬里新聞代表團。鄧小平首先對蘇聯宣稱中國是超級大國的言論給予了回擊。隨後，鄧小平強調：「在西亞德總統領導下，索馬里人民團結一致，一定能夠取得反霸鬥爭的勝利。」[1]

在索馬里軍隊撤出歐加登地區之後，索馬里以自己一方已經撤軍為由要求蘇聯以及古巴僱傭軍撤出歐加登地區。在這種情況下，中索之間的高層往來非但沒有中斷，反而變得更加密切起來，其中最重要的索馬里總統西亞德．巴雷對中國的訪問和中國兩位副總理陳慕華和耿飆接連對索馬里的訪問。

1978 年 4 月 14 日，索馬里總統西亞德．巴雷抵達北京開始對中國進行訪問。西亞德抵達的當天，《人民日報》在頭版頭條發表社論《熱烈歡迎西亞德總統》。社論除了頌揚索馬里在反對蘇聯霸權主義方面所取得的成就外，特別提到西亞德總統已經決定從歐加登地區撤軍，這就為和平解決非洲之角的衝突創造了有利的條件，從而使蘇聯沒有任何藉口賴在非洲之角不走。但是，蘇聯仍然拒絕從非洲之角撤軍。「這只能進一步暴露它同非洲和第三世界國家與人民為敵的反動面目，進一步動員人們為徹底挫敗蘇聯社會帝國主義的侵略擴張活動而鬥爭。」[2] 同一天，《人民日報》還發表了《索馬里的戰略地位和鬥爭傳統》的介紹性文章，文章稱索馬里為「紅海鬥鬥」。[3] 上述材料說明，在蘇聯的支持下，索馬里一方在歐加登戰爭遭遇失敗，不得不撤出歐加登地區。索馬里希望以此行動換取蘇聯和古巴撤軍。索方的這一政策得到了中國的堅定支持。也說明，

1 中共中央文獻研究室編：《鄧小平年譜》第四卷，第 278-279 頁。《鄧副總理會見索馬里新聞代表團》，載《人民日報》1978 年 3 月 14 日，第四版。

2 《熱烈歡迎西亞德總統》，載《人民日報》1978 年 4 月 14 日，第一版。

3 《索馬里的戰略地位和鬥爭傳統》，載《人民日報》1978 年 4 月 14 日，第五版。

中國對歐加登戰爭的最大關注點在於防止蘇聯控制非洲之角，控制紅海和印度洋的海上通道。

西亞德此行的最大目的仍然在於獲得中國的經濟和軍事援助，這從西亞德在中方為其舉行的歡迎宴會上發表的講話就可以清楚地看出。在講話中，西亞德多次感謝中國對索馬里提供的經濟援助，表揚中國援索專家為索馬里發展事業所做的貢獻。西亞德甚至說中國的援助「已成為我國經濟和社會發展的一個支柱」。隨後，西亞德簡要介紹了非洲之角的地區形勢，他強調：「具有關鍵性的一件要緊的事就是蘇聯和古巴部隊要從當地撤走，這些部隊的存在是造成這個地區十分不穩定的因素。」對於中國最為關注的紅海和印度洋航道問題。西亞德表示，紅海和印度洋都應該成為和平區，這樣才符合沿海各國和全世界的利益。[1]

4 月 15 日和 16 日，國務院副總理李先念和西亞德舉行了兩次會談，4 月 16 日，中共中央主席、國務院總理華國鋒也會見了西亞德，並對索馬里對外反對大國霸權主義和帝國主義的政策表示讚賞。[2] 由於檔案的缺乏，目前對會談內容還不清楚。不過從一個側面情況可以得知，雙方會談必然涉及索馬里向中方提出的經濟和軍事援助的要求。這個側面情況就是西亞德一行在 4 月 15 日參觀中國人民解放軍衛戍區某師。在歡迎西亞德參觀時，該師師長張良友說：「索馬里政府不怕蘇聯社會帝國主義的威脅，敢於同超級大國針鋒相對地進行鬥爭，我們對這一正義行動表示堅決支持。」西亞德一行還觀看了士兵們的軍事訓練彙報表演。這些表演包括輕武器射擊、刺殺、投彈、爆破、打坦克等等。[3] 在西亞德訪問的過程中安排如此特殊的行程，明顯帶有威懾蘇聯的目的。

目前尚無檔案材料可以證明此次中國向索馬里提供援助的具體情

1 《在國務院舉行的歡迎宴會上 西亞德總統的講話》，載《人民日報》1978 年 4 月 15 日，第四版。

2 《華主席會見西亞德總統》，載《人民日報》1978 年 4 月 17 日，第一版。

3 《李先念副總理同西亞德總統舉行會談西亞德總統參觀部隊並出席文藝晚會》，載《人民日報》1978 年 4 月 16 日，第三版。

況。不過通過以下情況的綜合分析，我們可以得出一些大致的結論。4月17日，在西亞德舉行的告別宴會上，李先念在致辭中首先感謝了西亞德對中國援助索馬里的高度評價。李先念說：「我們一向認為，援助從來都是相互的，中國在力所能及的範圍內向索馬里人民提供微薄的援助，是我們應盡的無產階級國際主義義務。」[1]4月18日，《中索兩國政府經濟技術合作協定》在北京簽字。4月19日，在回到摩加迪沙後，西亞德在總統府舉行的記者招待會上說：「我對中國的訪問是成功的，而且非常富有成果。」[2]然而美國外交檔案卻呈現出完全不同的情景。美國駐華聯絡處在給美國國務院的電報中談到，參加機場送行的外國外交官向美方表示，西亞德對此行的成果明顯地感到不快。德國駐華使館的一位外交官從索馬里外交官處獲悉，中方沒有回應索馬里提出的軍事援助的要求，而只是含糊地保證完成一些在蘇索關係還十分友好時期就已經開始的經濟援助項目，除此之外，中方沒有做出新的重要承諾。在電報中，美國駐華聯絡處還提到，一名索馬里外交官表示，索馬里政府懷疑中國試圖保持與埃塞俄比亞領導人的關係。在亞的斯亞貝巴，埃塞俄比亞領導層發生了一次小規模的內訌和清洗，埃塞俄比亞駐華使節已經祕密地抵達北京，中方可能向埃塞俄比亞提供了軍事支持，因為最近來華訪問的埃塞俄比亞代表團得到了中國軍方領導人陳錫聯的接見。美國駐華聯絡處最後總結說，中國並沒有給予索馬里在歐加登的冒險活動以全身心的支持，並試圖與埃塞俄比亞政府保持正確的關係，這一點看起來是很清楚的。[3]綜合以上情況，我們似乎可以得出這樣的結論，在西亞德訪華期間，

1 《西亞德總統呼籲團結保衛平等自由李先念耿飈許德珩出席西亞德總統的告別宴會 李副總理說，不管國際形勢的風雲出現什　樣的變化，决不能阻撓中索人民團結反霸》，載《人民日報》1978年4月18日，第四版。

2 《西亞德總統說訪華非常富有成果 索馬里報紙指出索中友誼揭開了新的一頁》，載《人民日報》1978年4月20日，第五版。

3 The National Archive, Access to Archival Databases（AAD）, RG 59, Central Foreign Policy Files, 1978PEKING01112, Siad Barre Completes Peking Visit, April 21, 1978.

中國的確向索馬里提供了經濟援助，但經濟援助的數量可能低於索馬里方面的預期，而對於索馬里最為關注的軍事援助，中方則沒有滿足索方的要求。導致這種情況出現的原因有兩點。首先，中國正在逐步調整對非援助的整體政策，縮減援助規模。其次，歐加登戰爭發生在「兩個中國」均與之保持友好關係的非洲國家之間，出於防止蘇聯控制海上交通要道，建立反霸統一戰線的目的，中國支持了索馬里，但中國並不想因此破壞中國與埃塞俄比亞的關係，事實上，在戰爭期間，中國與門格斯圖政權仍然保持着友好的交往。

此後中索兩國的高層互訪似乎也證明了上述結論。1978 年 7 月至 8 月和 11 月，中國兩位副總理陳慕華和耿飆先後訪問索馬里。陳慕華訪問索馬里的主要目的是落實在建而尚未完成的中國援助索馬里的經濟項目，而耿飆的訪問有可能涉及軍事援助問題。

1978 年 7 月 30 日，中國國務院副總理陳慕華抵達摩加迪沙開始對索馬里的訪問，陳慕華訪問索馬里的主要目的是出席由中國援建的貝萊特溫—布勞公路竣工典禮。7 月 31 日，陳慕華拜會了索馬里總統西亞德·巴雷。在談話中，西亞德譴責蘇聯在非洲之角、紅海和印度洋的陰謀，並表示索馬里決不會向霸權主義屈服，堅決捍衛自己國家的尊嚴。此前，在非洲統一組織第十五屆國家和政府首腦會議上，西亞德對蘇聯和古巴干涉非洲事務提出嚴厲的批評，強調非洲是非洲人的非洲，別人不要插手非洲事務。陳慕華對此表示高度讚賞，她說：「西亞德總統在非洲統一組織第十五屆國家和政府首腦會議上高舉反霸的旗幟，對加強反對蘇聯霸權主義的統一戰線做出了積極的貢獻。中國讚賞和支持這一立場。」[1] 當天晚上，

1 《一些非洲國家領導人在非統組織首腦會議上發言強烈譴責外來勢力在非洲挑起衝突製造分裂》，載《人民日報》1978 年 7 月 22 日，第六版。《陳慕華副總理抵索馬里進行友好訪問 阿布卡爾副總統和數萬名群眾熱烈歡迎 陳慕華副總理拜會西亞德總統》，載《人民日報》1978 年 8 月 1 日，第六版。

索馬里副總統伊斯梅爾舉行國宴歡迎陳慕華一行。在宴會上的致辭中，陳慕華首先盛讚去年 11 月，索馬里廢除與蘇聯簽署的友好條約的決定。值得注意的是，陳慕華在致辭中再一次把蘇聯對非洲之角的干涉與其全球稱霸計劃聯繫在一起。她說：「那個後起的超級大國為了迂迴包抄西歐，急於從歐洲的側翼中東和非洲下手，謀求佔領軍事要地和掠奪戰略資源，肆意干涉這個地區國家之間的事務，破壞這些國家之間的團結。」[1] 由此可見，鞏固和落實反對蘇聯霸權主義的統一戰線，防止蘇聯控制非洲之角從而控制紅海出海口和印度洋的重要水道一直是中索高層往來的主旋律。

8 月 1 日，陳慕華出席了中國援建的貝萊特溫 — 布勞公路的竣工典禮。這條公路於 1973 年 7 月開始修建，途徑索馬里 5 個州，全長達 970 公里。值得注意的是，在竣工典禮上，陳慕華發表講話說：「中國是一個發展中的社會主義國家，經濟力量有限，我們只能根據自己的力量盡自己的國際主義義務，向第三世界友好國家提供一些微薄的援助。」[2] 陳慕華的講話與西亞德訪華期間李先念關於向索馬里提供經濟援助的表述幾乎一模一樣，這再次說明，到 1978 年，中國雖然重視反對蘇聯霸權主義的統一戰線，重視索馬里的戰略地位，但也在調整以援助換取統一戰線鞏固的對外援助政策，此時中國能夠提供給索馬里的經濟援助已經比較有限。

在陳慕華結束訪問後不到 3 個月，中國國務院副總理耿飆於 11 月 2 日抵達摩加迪沙，開始對索馬里進行私人訪問。由於耿飆的軍方身份，以及很少出現在中國領導人外交活動中的「私人訪問」這一形式，使此

1 《阿布卡爾副總統舉行國宴歡迎陳慕華副總理 阿布卡爾副總統讚頌索中友好合作不斷發展，譴責蘇古赤裸裸干涉非洲 陳慕華副總理表示中國人民在反帝反霸鬥爭中堅決站在索馬里人民一邊》，載《人民日報》1978 年 8 月 2 日，第五版。

2 《索馬里隆重舉行貝萊特溫 —— 布勞公路竣工典禮 阿布卡爾副總統指出公路勝利建成進一步加深了索中人民的友誼 陳慕華副總理表示中國政府堅決支持索馬里人民反帝反霸的鬥爭》，載《人民日報》1978 年 8 月 3 日，第五版。

次訪問顯得格外引人注目，而中國媒體的報道卻非常有限。耿飈抵達摩加迪沙後就力圖避免給外界造成一種雙方將商討軍事合作幫助索馬里進行反擊的印象。索馬里國家通訊社報道，耿飈與索馬里領導人的會談將集中於中國與索馬里的雙邊關係，而不涉及包括非洲之角地區形勢在內的其他國際問題。抵達摩加迪沙後，耿飈表示：「此次訪問旨在進一步促進中國與索馬里的友好關係。」耿飈特別強調：「非洲人的問題應該由非洲人自己解決，非洲人有權在一個非洲的背景下來解決他們自己的問題。」美國駐索馬里大使館表示，沒有了解到在訪問過程中雙方商討任何軍事援助問題的信息，但美國使館注意到，耿飈所率領的代表團是乘坐中國空軍的飛機和非民航飛機抵達的。在機場還出現了中英文的歡迎標語：「索馬里人民和中國人民是真正的手足同志」。而「手足」一詞的英文是 Arms，也有武器裝備的含義。[1] 索馬里總統西亞德於 11 月 2 日、3 日和 5 日三次會見耿飈，這已經充分說明索馬里領導層與耿飈會談從而獲得中國軍事援助的急切心情。11 月 25 日，剛剛結束非洲七國訪問回到中國的耿飈會見了美國公民事務組織領導人訪華團。耿飈向美方表示：「當索馬里從蘇聯購買武器時，蘇聯就認為索馬里是一個革命國家。但當蘇聯設定某些條件，而遭到索馬里人的拒絕時，蘇聯就撤走了全部的援助，並把索馬里稱為一個反動、反革命的國家。」[2] 這也從一個側面表明，耿飈訪問索馬里時確有可能談到中國對索馬里的軍事援助問題。

美國駐索馬里大使館 1978 年 12 月 18 日在一份介紹各國對索馬里軍事援助情況的電報中談到，中國駐索馬里大使張世傑承認索馬里曾經要求中國提供軍事援助。但張世傑表示，中國沒有能力給予索馬里所要求的東西。張世傑也沒有解釋為什麼中國提供的軍事援助的數量低於索馬

1 The National Archive, Access to Archival Databases（AAD）, RG 59, Central Foreign Policy Files, 1978MOGADI02685, PRC Delegation Visit to Somalia, November 5, 1978.

2 The National Archive, Access to Archival Databases（AAD）, RG 59, Central Foreign Policy Files, 1978PEKING03849, Keng Piao Meeting with US Civic Affairs Leaders, November 27, 1978.

里方面的要求，或者為什麼提供與索馬里特別要求的東西有所不同的設備。[1] 一年以後，一位美國之音記者訪問了歐加登地區，他發現西索馬里解放陣線游擊隊使用了蘇聯製造的 AK-47 衝鋒槍和中國製造的 B-40 反坦克火箭。[2] 以上情況說明，中國有可能向索馬里提供了極為有限的軍事裝備。

埃塞俄比亞之所以能夠在歐加登戰爭中最後取得勝利是因為得到了蘇聯和古巴的支持。中國對於蘇聯勢力控制非洲之角和紅海及印度洋極為關切和擔心，但在戰爭初期，中國仍然與埃塞俄比亞門格斯圖政權保持良好的關係，但隨着索馬里總統西亞德的訪華，在蘇聯的鼓動下，門格斯圖開始攻擊中國，中埃關係逐漸走向冷淡。

在整個 1977 年，中國與埃塞俄比亞都保持了密切的往來。1977 年 1 月 6 日，埃塞俄比亞新聞代表團來華訪問，受到了以新華社為代表的中國新聞界的熱烈歡迎。在當天舉行的歡迎晚宴上，新華社社長朱穆之和埃塞俄比亞新聞代表團團長阿斯拉特．德斯塔都對中埃關係給予了高度評價。雙方均認為中國與埃塞俄比亞之間有很多相似之處，「兩國人民在反帝、反殖、反霸的鬥爭中，建立了深厚的戰鬥友誼」。埃塞俄比亞新聞代表團的來訪將對兩國深化友誼和加強友好合作起到積極的作用。[3]1 月 8 日，國務院副總理李先念會見了埃塞俄比亞新聞代表團。由於此時鄧小平尚未恢復工作，李先念實際上是中國外交工作的重要領導人，由他出面會見埃塞俄比亞新聞代表團，也說明了中國對中埃關係的重視。不到 3 個月之後，埃塞俄比亞政府代表團又來華訪問。4 月 5 日，在歡迎宴會上外交部長黃華說：「繼續發展和加強兩國人民的友誼和兩國的友好合作

1 The National Archive, Access to Archival Databases（AAD）, RG 59, Central Foreign Policy Files, 1978MOGADI03212, Military Assistance for Somalia, December 18, 1978.

2 The National Archive, Access to Archival Databases（AAD）, RG 59, Central Foreign Policy Files, 1979STATE300621, VOA Report on Ogaden, November 19, 1979.

3 《埃塞俄比亞新聞代表團抵北京　首都新聞界舉行宴會熱烈歡迎》，載《人民日報》1977 年 1 月 7 日，第四版。

關係，是符合兩國人民的根本利益的，也有利於第三世界的團結反霸事業。」[1] 從黃華的講話中我們可以看出，此時中國仍然把埃塞俄比亞看作是亞非國家反霸統一戰線的一員。4 月 7 日，國務院副總理王震也會見了埃塞俄比亞政府代表團一行。中國對埃塞俄比亞兩個代表團的高規格接待一方面有「文化大革命」剛剛結束，中國新領導層希望得到更多國際支持的考慮，一方面也說明，門格斯圖對蘇聯的接近還沒有影響到中埃雙邊關係的層面。

在這一年，中國與埃塞俄比亞關係在經貿領域也有所發展。1977 年 6 月 30 日，中國和埃塞俄比亞 1977 年— 1978 年度貿易議定書在埃塞俄比亞首都亞的斯亞貝巴簽字。這份貿易議定書從簽字之日起生效。根據這份貿易議定書，中國將從埃塞俄比亞進口咖啡、油菜籽、豆類、皮革、樹膠和棉花等；埃塞俄比亞將從中國進口紡織品和衣物、日用消費品、茶葉和罐頭、文具、化學產品、藥品和醫療器械、建築材料、五金和鋼、機械、農業機械和農具。[2] 此時，歐加登戰爭已經開始，埃塞俄比亞領導人門格斯圖已經訪問蘇聯，並獲得了來自蘇聯的軍事援助。從貿易議定書來看，中國從埃塞俄比亞進口的主要是農產品，而埃塞俄比亞從中國進口的主要是工業製成品。這也說明，埃塞俄比亞與蘇聯的接近並沒有妨礙埃塞俄比亞從中國獲得某些具有戰略價值的產品。

1977 年 10 月 1 日，門格斯圖又向中國總理華國鋒致賀電，對中國國慶節表示祝賀。這是粉碎「四人幫」之後的第一個國慶節。對於以華國鋒為首的新領導層，門格斯圖的賀電顯然會受到中國領導人的高度讚賞。1977 年，新舊兩任中國駐埃塞俄比亞大使交替。1977 年 8 月 3 日，中國駐埃塞俄比亞大使楊守正離任。7 月 30 日，埃塞俄比亞領導人門格

1 《埃塞俄比亞政府代表團到京》，載《人民日報》1977 年 4 月 6 日，第四版。
2 《中國和埃塞俄比亞簽署一項貿易議定書》，載《人民日報》1977 年 7 月 4 日，第六版。

斯圖會見了即將離任的楊守正，並請他轉達對華國鋒主席的祝賀。[1]11 月 7 日，中國新任駐埃塞俄比亞大使王錦川離京赴任。12 月 17 日，王錦川向門格斯圖遞交了國書。門格斯圖再次請王錦川轉達對華國鋒主席和中國政府和人民「兄弟般的熱烈問候」。[2] 中國駐埃塞俄比亞大使無論是辭行還是到任遞交國書，均受到門格斯圖的接見。特別應該引起我們注意的是，門格斯圖在不同場合都對以華國鋒為首的中國新領導層表示了認可和支持，這對當時的中國外交來說是至關重要的。這也說明，即使在歐加登戰爭爆發，蘇聯通過埃塞俄比亞大規模向非洲之角擴張勢力的情況下，中國與埃塞俄比亞的關係仍然保持了友好。

到 1978 年 3 月底，中國與埃塞俄比亞關係仍然有重要發展。3 月 30 日，中國民航北京 — 卡拉奇 — 亞的斯亞貝巴航線正式開通。這是新中國建立以來開通的第一條通往非洲的國際航線。中國選擇埃塞俄比亞首都亞的斯亞貝巴作為中國第一條通往非洲的國際航線的終點站，充分說明了中國與埃塞俄比亞關係的友好程度以及對門格斯圖政權的戰略信任。4 月 1 日，中國民航班機首次抵達亞的斯亞貝巴。為了慶祝航線的開通，以中國民航總局副局長張瑞靄為團長的中國代表團也乘坐班機抵達亞的斯亞貝巴，開始對埃塞俄比亞的訪問。4 月 12 日，以埃塞俄比亞民航局局長比伊尼·德斯塔為團長的埃塞俄比亞代表團又訪問了中國，受到中國副總理陳錫聯的接見。[3] 值得注意的是，就在開通航線的時候，索馬里總統西亞德·巴雷正在訪華。而埃塞俄比亞領導人門格斯圖正在蘇聯進行訪問，《人民日報》對門格斯圖訪蘇進行了報道，稱兩國領導人「就

1 《門格斯圖主席接見我駐埃塞俄比亞大使》，載《人民日報》1977 年 8 月 6 日，第五版。

2 《我新任駐埃塞俄比亞大使遞交國書》，載《人民日報》1977 年 12 月 18 日，第五版。

3 《北京 — 卡拉奇 — 亞的斯亞貝巴航線開航 我友好訪問團赴埃塞俄比亞參加慶祝活動》，載《人民日報》1978 年 4 月 1 日，第五版；《我民航班機首次飛抵亞的斯亞貝巴》，載《人民日報》1978 年 4 月 3 日，第五版；《陳錫聯副總理會見埃塞俄比亞友好代表團》，載《人民日報》1978 年 4 月 13 日，第三版。

非洲之角形勢以及加強兩國關係問題進行了長時間的和有成果的會談」，門格斯圖還對蘇聯的援助表示感謝。[1] 報道絲毫不見對門格斯圖親蘇政策的批評，甚至連含蓄的批評都沒有。這充分說明，中國力圖在歐加登戰爭中只反蘇不反埃，希望同時保持與埃塞俄比亞和索馬里的友好關係。

然而，從西亞德·巴雷訪華和門格斯圖訪蘇之後，埃塞俄比亞採取了一系列行動惡化中國與埃塞俄比亞的關係，兩國關係開始冷淡下去。1978 年 5 月中旬，新華社駐埃塞俄比亞首席記者向美國駐埃塞俄比亞使館官員表示，埃塞俄比亞政府在官方層面對中國採取了冷淡的姿態，但是，當地華人與埃塞俄比亞人之間的人際關係仍然很好。埃塞俄比亞政府已經不允許中國技術專家進入一些軍事敏感地區，如阿薩布港，而此前兩到三個月，中國技術專家還可以進入這些地區。這位記者還表示，在索馬里總統西亞德·巴雷訪華期間，中國官員曾經建議他協助改善中國與埃塞俄比亞的關係，從而力圖實現與埃塞俄比亞的和平共處。中國不打算在埃塞俄比亞和索馬里之間選邊站，也不希望在任何其他非洲國家之間內部衝突中選邊站。這位記者坦承，在做出決定時，中國需要把其他外交政策的考量包括在內，西亞德對中國的訪問就是這樣一個例子。[2] 從以上情況可以看出，中國擔心的是蘇聯通過干涉歐加登戰爭控制非洲之角，乃至紅海和印度洋的交通要道，但中國並不打算在歐加登戰爭中偏向任何一方，希望與埃塞俄比亞和索馬里都保持良好的關係。但是，西亞德對中國的訪問以及門格斯圖對蘇聯的訪問顯然使這種政策目標無法實現。

1978 年 9 月 9 日至 20 日，蘇聯最高蘇維埃主席團第一副主席庫茲涅佐夫訪問了埃塞俄比亞。9 月 12 日至 18 日，古巴領導人卡斯特羅也訪問了埃塞俄比亞。他們此行的主要目的之一就是參加 9 月 14 日開幕的由埃

1 《門格斯圖主席訪蘇後回國》，載《人民日報》1978 年 4 月 8 日，第六版。

2 The National Archive, Access to Archival Databases（AAD）, RG 59, Central Foreign Policy Files, 1978ADDIS02274, New China News Agency Correspondent's View on Ethiopia, May 19, 1978.

塞俄比亞組織的「阿拉伯和非洲人民反對帝國主義和反動派國際團結會議」和配合會議舉辦的博覽會。門格斯圖和卡斯特羅都在會議的開幕式上發表了講話。會議通過的決議對中國支持索馬里「入侵」埃塞俄比亞和中越關係的惡化提出了批評。此前，門格斯圖還無端指責中國與美國中央情報局合作，支持厄立特里亞的分離主義勢力。美國駐埃塞俄比亞使館在向美國國務院彙報上述情況的電報中明確表示，「蘇聯無疑對門格斯圖攻擊中國感到高興」。[1]9 月 12 日，門格斯圖公開發表言辭非常激烈的講話，對中國領導人提出批評，這一改他此前對粉碎「四人幫」後中國新領導人的支持態度。此後，埃塞俄比亞政府控制的當地媒體每天都會發表一兩篇文章表達對門格斯圖講話的支持。但是，埃塞俄比亞民眾對 9 月 12 日門格斯圖講話態度並不一致。那些在政治上比較清醒的人不相信門格斯圖對中國的攻擊，不相信埃塞俄比亞政府所說的，並力圖尋找攻擊中國背後的原因。很多埃塞俄比亞人都認為中國對埃塞俄比亞的援助是巨大的和無私的，這一點過去是，現在也是。他們得出的結論就是門格斯圖對中國的攻擊是蘇聯煽動的。[2] 進入到 11 月，埃塞俄比亞的反華活動明顯升級，埃塞俄比亞對中國的批評已經不僅僅是意識形態領域的分歧，埃方開始無端攻擊中國參加分裂埃塞俄比亞的活動。這種情況必然影響中國與埃塞俄比亞之間的外交關係。美國駐埃塞俄比亞使館在給美國國務院的電報中表示：「埃塞俄比亞採取行動限制中華人民共和國在埃塞俄比亞的外交行動，甚至徹底斷絕與中國的外交關係的可能性在增加。」中國駐埃塞俄比亞大使王錦川也向美方表示，埃塞俄比亞的反華活動是蘇聯煽動和指導的。他沒有必要去尋求埃塞俄比亞方面的意見，

---

1 The National Archive, Access to Archival Databases（AAD）, RG 59, Central Foreign Policy Files, 1978ADDIS04076, International Solidarity Conference and Exposition, September 20, 1978.《庫茲涅佐夫和卡斯特羅在非煽動反華》，載《人民日報》1978 年 9 月 23 日，第六版。

2 The National Archive, Access to Archival Databases（AAD）, RG 59, Central Foreign Policy Files, 1978ADDIS04294, Ethio-PRC Relations, October 5, 1978.

他也不打算屈尊去和門格斯圖或任何其他埃塞俄比亞官員爭論事情的本質。王錦川說，他打算繼續保持耐心，並密切跟蹤事態的發展。[1] 這裏特別需要強調的是，即使在埃塞俄比亞政府搞大規模反華活動的情況下，中國對埃塞俄比亞的經濟技術援助項目仍在繼續，仍然有大約 250 名中國技術專家在埃塞俄比亞幫助埃塞俄比亞發展生產。[2]

綜上所述，中國對歐加登戰爭的政策仍然表現出反霸統一戰線政策行動的自限性和效果的有限性。對於歐加登戰爭，中國最為關切的是蘇聯通過向非洲之角進行滲透和擴張從而控制紅海和印度洋的交通要道，但中國並未在非洲之角地區採取實質性的行動來反對蘇聯的滲透和擴張，只是反覆提醒美國等西方國家蘇聯干涉歐加登戰爭所帶來的危險後果。中國對於索馬里的支持大多限於口頭，諸如對索馬里廢除索蘇友好條約表示高度讚賞等。雖然中國與索馬里保持了高層互訪的勢頭，但是，中國對索馬里給予的實質性援助非常有限，特別是索馬里急需的軍事援助，中國所能提供的援助可能只是微乎其微的。同時，中國不希望在歐加登戰爭中選邊站，希望同時與埃塞俄比亞和索馬里保持友好關係。在戰爭的大部分時間裏，中國與埃塞俄比亞的關係仍然保持良好。在蘇聯的慫恿下，埃塞俄比亞門格斯圖政權從 1978 年年中開始採取了反華的態度，但即使如此，中國並沒有和埃塞俄比亞進行論戰，也沒有對埃塞俄比亞採取實質性的懲罰措施。中國行動的自限性也導致中國在非洲之角地區反霸政策效果的有限性。這些有限性包括，中國沒能幫助索馬里扭轉戰局，最終歐加登戰爭仍然以索馬里一方的失敗而告終。第二，中國未能實現同時與埃塞俄比亞和索馬里保持友好關係的目標，未

---

1　The National Archive, Access to Archival Databases（AAD）, RG 59, Central Foreign Policy Files, 1978ADDIS04690, Ethiopian Anti-PRC Campaign Steps Up, November 2, 1978.

2　The National Archive, Access to Archival Databases（AAD）, RG 59, Central Foreign Policy Files, 1978ADDIS04847, Ethiopian Relations with Communist Countries, November 15, 1978.

能阻止埃塞俄比亞門格斯圖政權倒向蘇聯。第三，中國也沒能有效地把蘇聯的擴張勢力擋在非洲之角以外。

最後，我們有必要在綜合分析中國對安哥拉內戰和歐加登戰爭的政策基礎上探討中國在非洲實行反霸統一戰線政策時行動的自限性和效果的有限性的原因。首先，中國提出建立反霸統一戰線政策時，毛澤東、周恩來等領導人均已進入暮年，垂暮之年的偉人已經很難有精力與蘇聯霸權主義進行較為激烈的鬥爭。同時，「四人幫」篡黨奪權的活動越發猖獗，毛澤東接班人的問題始終沒能得到較好的解決，「文化大革命」又進入一個政治鬥爭較為激烈的時期。1976 年 9 月，毛澤東主席逝世，隨後「四人幫」被粉碎，這對中國來說無疑是改天換地的大事。中國實際上進入了從黨的第一代領導集體到以鄧小平為核心的黨的第二代領導集體的過渡階段。鞏固自己的地位，深入揭批「四人幫」，這都成為中國新領導層首先要考慮的大事。中國國內政局的劇烈變化使中國外交的執行能力受到限制，這是中國反霸統一戰線政策行動自限性的第一點原因。其次，中國的反霸統一戰線政策從一開始提出，重點就在於對西方國家與蘇聯的緩和提出批評，防止西方國家與蘇聯的緩和成為一種綏靖政策，從而使蘇聯的注意力轉向中國。中國在反霸統一戰線上的戰略重點在於促使以美國為首的西方國家採取強硬措施來遏制蘇聯在全球的擴張，從而起到一種「隔岸觀火」的效果。這種戰略的考量也使中國在採取行動時往往較為克制。第三，中國與非洲相隔遙遠，當時，中國對非洲的軍事投送能力和外交影響能力還較為有限。非洲形勢的變遷對中國的核心利益和國家安全影響相對有限，這也使得中國在採取行動時往往比較克制。第四，中國始終支持非洲國家的民族解放與自立自強，因此與非洲國家的關係普遍較好，中國一方面要在非洲建立反霸統一戰線，另一方面又不願意看到「以蘇劃線」政策導致中國與某些非洲國家關係惡化。這也使得中國往往不能採取強有力的措施來落實反霸統一戰線政策。第五，蘇聯以一個社會主義國家的面目出現在非洲，不斷宣稱自己要幫助非洲國家實現民族獨立和發展民族經濟，這對某些非洲國家來說具有一定的吸引力，這也使得中國在非洲的反霸統一戰線政策取得的效果較為有限。

## 第四節　中國與東南亞國家關係的反轉

### 一、中國與馬來西亞、菲律賓和泰國建交

20 世紀 70 年代中期，中國與東盟國家的關係實現了一定程度的突破，在 1974 年和 1975 年分別與馬來西亞、菲律賓和泰國建立了外交關係。這一方面是受到中美關係緩和的影響，雙方都調整了對彼此的政策，另一方面也是由於中國和東盟國家都不希望看到蘇聯的力量滲透進東南亞地區，希望把蘇聯的勢力擋在東南亞地區之外。總之，這種變化的產生都與反對蘇聯霸權主義有關。

東盟是東南亞國家聯盟的簡稱，它成立於 1967 年 8 月 8 日，最初的 5 個成員國是印度尼西亞、馬來西亞、菲律賓、泰國和新加坡。東盟成立之初的主要目的就是依靠美國軍事上的保護，抵禦所謂中國和印度支那共產主義勢力的擴張。因此，東盟最初的 5 個成員國都與美國關係密切，與中國關係均較為冷淡。1967 年，中國與印尼斷絕了外交關係，而與其他四國，中國均未與其建立外交關係。進入 20 世紀 70 年代，隨着國際關係格局的變化，東盟的對外政策做了重大調整。1971 年在馬來西亞首都吉隆坡舉行的東盟外長會議上發表了《東南亞中立化宣言》，決定把東南亞建成「和平、自由和中立區」。[1] 其中「中立」一詞尤其應該引起我們的注意。這意味着東盟國家不希望東南亞成為冷戰中兩個超級大國角力的戰場，基於這些國家與美國關係的良好，中立從某種程度上也

---

1　王泰平主編：《中華人民共和國外交史（1970 — 1978）第三卷》，第 87 頁。

含有希望把蘇聯的影響力排除在本地區之外之意。此時，蘇聯正在推行它提出的建立「亞洲集體安全體系」的建議，東南亞地區的中立化無疑是對蘇聯倡議的一種否定。1972 年，尼克遜訪華，中美關係實現緩和。中日恢復邦交。1973 年初，巴黎協定簽署，越南戰爭結束，美國開始從印度支那地區撤出軍隊，同時也收縮在東南亞的軍事存在。在這種情況下，東盟國家開始奉行大國平衡政策，不再單獨依靠美國，希望改善與中國的關係。東盟國家是中國的近鄰，中國對這一地區的形勢一向極為關切。中國十分重視改善和加強與東盟國家的關係，這對於中國周邊環境的和平與穩定，更直接說對中國的國家安全至關重要。在中蘇關係緊張對峙的情況下，中國當然也不希望看到蘇聯的勢力滲透進東南亞地區。同時，中國適度調整了對東南亞各國共產黨的政策，增加同東盟各國官方的交往。這就是中國與馬來西亞、菲律賓和泰國建交的背景。

中國與馬來西亞建交的主要障礙包括兩點即馬來西亞國名問題，也就是馬來西亞與印尼之間的領土糾紛問題或者說馬來西亞的領土範圍問題和馬來西亞共產黨問題。

1963 年 9 月 16 日，馬來西亞聯邦成立，其成員包括馬來半島（西馬）的 11 個州、新加坡和位於加里曼丹島北部的沙巴和沙撈越。當時，印尼的領導人是蘇加諾。印尼認為位於北加里曼丹的沙巴和沙撈越同印尼接壤，它們併入馬來西亞對印度尼西亞的國家安全構成威脅，因此採取了同馬來西亞對抗的政策，兩國斷交。印尼支持北加里曼丹爭取獨立、反對馬來西亞的鬥爭。20 世紀 60 年代中期，中國與蘇加諾主政的印度尼西亞關係極為密切，因此，在印尼與馬來西亞的爭端中站在印尼一方。在籌備第二次亞非會議的過程中，中國甚至把馬來西亞稱為「帝國主義和新老殖民主義拼湊起來的侵略工具」。[1] 因此中國報刊在提及馬來西

1 《關於第二次亞非會議問題給亞齊德的備忘錄》，1965 年 6 月 8 日，載《關於第二次亞非會議問題給阿爾及利亞總統特使亞齊德的備忘錄》，中華人民共和國外交部檔案，檔號：107-00927-04。

亞國名時均加上了引號。但到 20 世紀 70 年代初，印尼和馬來西亞以及印尼和中國的關係已經發生了劇烈變化。1965 年，印尼發生的「九三〇」事件最終導致蘇加諾下臺，蘇哈託成為印尼領導人。蘇哈託上臺之後，停止了與馬來西亞對抗的活動，1967 年 8 月，馬來西亞和印尼恢復外交關係。東盟成立後，兩國都是成員國，關係進一步得到改進。而 1967 年 10 月，中國和印度尼西亞斷絕了外交關係。1970 年 9 月，馬來西亞總理拉扎克在盧薩卡舉行的不結盟國家首腦會議上提出，在美國、蘇聯、中國三大國的保證下，實現東南亞地區的中立化。[1] 此時，蘇聯正熱衷於搞「亞洲集體安全體系」，其實質是想把自己的勢力滲透進東南亞地區。馬來西亞等東南亞國家提出東南亞地區中立化的倡議實際上是對蘇聯「亞洲集體安全體系」建議的一種抵制。中國樂見蘇聯的影響力被擋在東南亞地區之外，中馬兩國的外交政策開始出現某種程度的接近。去掉馬來西亞國名的引號，正式承認馬來西亞的領土主權已經成為中馬關係正常化勢在必行的第一步。

1970 年底至 1971 年初，馬來西亞首都吉隆坡及其它幾個州發生了 40 年來最為嚴重的水災，人民生命財產遭受較大損失。當時，中國外交部亞洲司建議以中國紅十字會的名義向馬來西亞紅十字會發出慰問電，並向災民捐獻 50 萬元人民幣的救災物資。慰問電上馬來西亞的國名沒有再加引號，而這一慰問電是由周恩來最終批准發出的。[2] 這就初步解決了馬來西亞的國名問題，但慰問電電文當時未見諸中國報端。

1971 年 5 月，馬來西亞政府派出了以東古・拉查利為首的貿易代表團參加廣交會，並訪問了北京。拉查利是拉扎克總理的親信，他此行的目的就是向中方傳遞馬方關於中馬建交的口信。中國總理周恩來和副總理李先念會見了拉查利一行。拉查利說：「馬政府認為中馬建交的時機已

1　程瑞聲：《睦鄰外交四十年》，第 138 頁。
2　程瑞聲：《睦鄰外交四十年》，第 139 頁。

經成熟，建交步驟可分為三個階段：（一）通過民間交往增進相互了解；（二）發展雙邊貿易；（三）正式建立外交關係，希望中方邀請拉扎克總理訪問中國。」中方表示：如果馬來西亞政府承認中華人民共和國政府是中國的唯一合法政府，不搞「一中一台」，我們將邀請拉扎克總理訪華。[1] 周恩來還強調指出：「任何一個國家的事情只能由那個國家的人民自己解決，別的國家不能干涉；中馬兩國政府應促進人民來往，以推動兩國關係發展；相信兩國相互承認的時刻很快會到來。」[2] 周恩來的這一表態十分重要，其暗含的意思是中國將調整對馬來西亞共產黨的政策，不會通過馬共來顛覆馬來西亞政府，希望馬來西亞政府和馬共自己來解決兩者關係問題。值得注意的是，《人民日報》對馬來西亞貿易代表團訪華進行了全程報道，馬來西亞國名均不再使用引號，表明了中國對馬來西亞的實際承認。

1971 年 8 月，中國貿易促進會代表團回訪了馬來西亞。這是新中國成立以來第一個訪問馬來西亞的中方代表團。代表團實際上是由外貿部、外交部、銀行、保險、進出口公司等多部門的人員組成。團長是中國化工進出口總公司總經理張光鬥。中國代表團在馬來西亞受到了非常熱情的接待。8 月 24 日下午，馬來西亞總理拉扎克接見了中國代表團一行。在談話中拉扎克表示：「馬來西亞承認中華人民共和國是中國的唯一合法政府，不搞『兩個中國』，只有一個中國，中國的問題應由中國人民解決。」拉扎克極為關切馬來西亞共產黨的問題。他表示，馬來西亞有「恐怖分子」，他們承認同北京有關係。如果中國表明不支持他們，與他們沒關係，我們兩國關係就容易接近了。拉扎克一再要求中國代表團回答馬共問題是否是馬來西亞內政，表示如果中國公開聲明這是馬來西亞內政，不支持馬共，兩國將很容易建交。據參加代表團的中國外交官程

1 王泰平主編：《中華人民共和國外交史（1970 — 1978）第三卷》，第 89 頁。
2 程瑞聲：《睦鄰外交四十年》，第 139 頁。

瑞聲回憶，代表團團長張光鬥按有關口徑表了態。[1] 但程瑞聲並未說明中方的口徑究竟是什麼，由於檔案的缺乏，目前還不清楚中方表態的內容。

1971 年 10 月，在第 26 屆聯大上，馬來西亞投票贊成恢復中華人民共和國在聯合國合法席位的提案。1972 年 11 月，馬來西亞總理拉扎克派其特別經濟顧問莫哈爾祕密訪問北京，與中方商討建交問題。周恩來會見了他，韓念龍副外長與他進行了會談。莫哈爾提出兩點需要解決的問題：一是華人、華僑問題，要求中方接回在馬犯法和干涉內政的華僑；二是要求中方公開否認同馬共的聯繫。中方表示可以接回被遣返的犯法華僑。關於馬共問題，中方表示：思想沒有國界之分，但革命行動不能輸出，中共和馬共有道義上的關係，這不影響中馬之間的國家關係。[2]

根據馬方的建議，中馬建交談判於 1973 年 6 月 20 日在紐約聯合國總部舉行。雙方爭論的焦點問題有三個：（一）關於馬共問題，馬方要求中方撤銷馬共駐北京辦事處和馬共設在中國境內的廣播電臺，中方未予置理。（二）關於華僑問題，中方闡述了有關華僑問題的一貫政策。馬方要求就此問題單獨簽訂協議。中方表示，可以在建交公報中適當反映，不必簽署單獨協議。（三）關於台灣問題，中方堅持「一個中國」的原則，馬方同意斷絕與台灣的領事關係和官方往來，廢除與台灣的官方條約和協議，關閉台駐馬的官方機構。到 1974 年 4 月，中馬建交談判已經進行了 14 次，馬方做出了一些讓步，不再要求在建交公報中提馬共問題，也不再堅持單獨簽署關於華人、華僑問題的協議。[3]

應該說，不僅僅是馬方做出了讓步，僅從現有材料來看，中方在於馬共的關係方面也做了適當的調整。韓念龍所謂中國與馬共之間只有道義的關係，其含義就是中國不會再實質性大規模地支持馬共，也不會利

1　程瑞聲：《睦鄰外交四十年》，第 141 頁。
2　王泰平主編：《中華人民共和國外交史（1970 — 1978）第三卷》，第 90 頁。
3　王泰平主編：《中華人民共和國外交史（1970 — 1978）第三卷》，第 90 頁。

用馬共來干涉馬來西亞內政。中國希望看到馬共的問題將由馬共和馬來西亞政府自行解決。根據美國外交檔案記載，周恩來曾對泰國國防部長表示，中國已經停止了對東南亞國家共產黨的支持，拉扎克對這一表態表示歡迎。當被問及他是否接受周恩來的表態，拉扎克表示他接受這一表態。[1] 但是這一情況無法得到中方材料的驗證。但無論如何，到 1974 年春季，中馬建交的條件基本成熟了。3 月 22 日，馬來西亞總理拉扎克就馬來西亞的外交政策發表講話。在談到與中國的關係時，他說：「我很高興地宣佈，我們在紐約進行的談判是在友好的氣氛中進行的，並且很快就會成功結束。與中華人民共和國建立外交關係這一我國歷史上的里程碑式的事件將很快實現。這將使我們不結盟的外交政策、我們使東南亞中立化的計劃和我們在相互尊重和不干涉內政基礎上與所有國家友好相處的願望徹底地確定下來，而不論我們之間的意識形態與社會制度的不同。」[2]4 月下旬，在回答國會議員有關中馬建交的提問時，拉扎克表示：1. 中馬建交談判已經進入了最後的階段，但是宣佈中馬建交的日期還沒有確定。2. 中馬建交將使馬來西亞總理訪華成為可能，但是，馬來西亞政府並沒有邀請中國總理訪問馬來西亞。3. 中馬關係將覆蓋馬來西亞國家利益和需求所決定的所有領域。4. 馬來西亞政府認為台灣是中國的一部分，馬來西亞人民與台灣人民的關係將繼續，但是，馬來西亞政府和台灣當局將不再有任何形式的關係。[3] 以上情況說明，馬來西亞方面對中馬建交談判給予了非常積極的評價。這也從一個側面說明，中方在談判過程中對於馬來西亞最為關切的馬共問題也必然有令馬方感到滿意的表

1 The National Archive, Access to Archival Databases（AAD）, RG 59, Central Foreign Policy Files, 1974KUALA00738, Razak Visit to China, February 21, 1974.

2 The National Archive, Access to Archival Databases（AAD）, RG 59, Central Foreign Policy Files, 1974KUALA0134 · 1, Foreign Policy Statement by PM Razak, March 26, 1974.

3 The National Archive, Access to Archival Databases（AAD）, RG 59, Central Foreign Policy Files, 1974KUALA01866 · 1, GOM-PRC Relations, April 24, 1974.

態，否則，中馬建交談判不可能順利結束。

還應該指出的是，馬來西亞對馬六甲海峽這一重要的國際水道的態度也與中國反對蘇聯霸權主義在全球擴張的政策有相通之處，這也是促進中馬建交的積極因素之一。如前所述，中國對蘇聯在全球範圍內控制重要的國際航道，特別是蘇聯在印度洋地區的擴張非常關切，並感到一種切實的威脅。馬六甲海峽是連接印度洋和中國南海乃至整個太平洋的重要水道，一旦蘇聯控制馬六甲海峽，對於中國國家安全造成的不利影響將十分巨大。馬來西亞一直認為，根據十二海里海權的原則，馬六甲海峽是馬來西亞和印度尼西亞的領海。而蘇聯出於控制馬六甲海峽的目的則認為該海峽是所謂「國際水道」，為了控制馬六甲海峽，蘇聯還增派軍艦通過馬六甲海峽進入印度洋。馬來西亞對馬六甲海峽的政策與中國的反霸政策有了交匯點。1973 年 12 月 3 日，馬來西亞總理拉扎克在國會發表講話指出：「在馬來西亞和印度尼西亞之間的馬六甲海峽不能被其他國家利用來達到本身的政治和軍事目的。馬來西亞對馬六甲海峽所採取的政策是基於維護十二海里海權的原則。」隨後，馬來西亞與印尼還在馬六甲海峽舉行了聯合軍事演習。[1]1974 年 2 月 13 日，馬來西亞總檢察長阿卜杜勒・卡迪爾重申，馬六甲海峽不是國際水域，這個海峽的水域是馬來西亞和印度尼西亞的領海。卡迪爾強調，馬六甲海峽並沒有被宣佈為國際水域，少數主要的海上強國曾主張這個海峽為國際水域，但這種說法在國際法上是沒有意義的。[2] 馬來西亞反對域外強國包括蘇聯在內控制馬六甲海峽的態度無疑是符合中國反對蘇聯霸權主義擴張的總體政策的，馬來西亞的這種政策也是中馬建交的促進因素。

1974 年 5 月 28 日至 31 日，應中國國務院總理周恩來的邀請，馬來

---

1 《馬來西亞總理拉扎克談馬六甲海峽問題 指出在馬來西亞和印尼之間的馬六甲海峽不能被其他國家利用來達到本身的政治和軍事目的》，載《人民日報》1973 年 12 月 11 日，第六版。
2 《馬來西亞重申馬六甲海峽非國際水域》，載《人民日報》1974 年 2 月 16 日，第五版。

西亞總理拉扎克訪問了中國，並正式簽署了中馬建交公報，中國與馬來西亞建交得以實現。在 5 月 28 日舉行的歡迎宴會上，周恩來致辭，高度評價馬來西亞政府關於在東南亞建立和平中立地區的主張，並強調超級大國的侵略和擴張，是東南亞地區和平與安全的主要威脅。「只要東南亞人民加強團結，堅持鬥爭，一定能夠挫敗超級大國的陰謀，捍衛自己的獨立和主權。」[1] 由此可見，推動建立反對蘇聯霸權主義的統一戰線仍然是中國與馬來西亞建交的最主要推動因素之一。

5 月 29 日下午 4 時，毛澤東會見了拉扎克。6 時，周恩來與李先念又與拉扎克舉行了會談。三位中國領導人分別闡述了中國在馬共問題和華僑國籍問題上的基本立場。毛澤東對拉扎克說：「我們也是共產黨，各國共產黨我們不能拒絕他們到我們這個國家來，至於你們各國的內政，我們不能干涉。我們跟你們是國家關係，我們跟各國共產黨很多都有關係，我們是黨派之間的關係，我們不隱瞞這一點。共產黨很多呢，各有各的意見。」[2] 毛澤東的談話實際上是對國與國之間的外交關係和各國共產黨之間的黨際關係進行了區分，並明確表示中國不會利用與馬共之間的關係來干涉馬來西亞的內政。同時，毛澤東指出各國共產黨之間有聯繫，這沒有什麼值得隱瞞的，但在革命道路方面是各走各的路。毛澤東的話對馬來西亞方面最為關切的馬共問題是一個比較圓滿的回答，也是中國調整對東南亞國家共產黨政策的一個標誌。周恩來在與拉扎克的會談中說：「我一貫主張中國血統的人凡已經取得或將取得當地國籍者，即成為當地公民，我不贊成雙重國籍。對未參加馬國籍的 20 萬華人，如有願參加馬國籍的，我表示鼓勵；如要求保留中國國籍，原則上可同意發護照，但要在建館後，經過調查研究再解決。」[3] 5 月 31 日，李先念在拉扎

1　《在歡迎拉扎克總理宴會上 周恩來總理的講話》，載《人民日報》1974 年 5 月 29 日，第二版。

2　中共中央文獻研究室編：《毛澤東年譜 一九四九 — 一九七六》第六卷，第 535 頁。

3　中華人民共和國外交部外交史研究室編：《周恩來外交活動大事記 1949 — 1975》，第 703 頁。

克舉行的答謝宴會上發表講話時再次強調，中國鼓勵華人自願加入居住國的國籍。凡已自願加入或已取得居住國國籍的中國血統的人，都自動失去了中國國籍。中國願意看到他們為居住國做出貢獻。至於那些自願保留中國國籍的僑民，我們要求他們遵守僑居國的法律，與當地人民友好相處。他們的正當權利和利益將得到中國政府的保護。[1] 周恩來和李先念重申了中國單一國籍的政策，表達了對華僑擁有雙重國籍的反對，這又解決了馬方的另一個關切。這樣馬來西亞與中國建交才算是真正的瓜熟蒂落，水到渠成。

1974 年 5 月 31 日，周恩來與拉扎克簽署了中馬建交的《聯合公報》。《聯合公報》除了宣佈中國與馬來西亞建立外交關係，和平共處五項原則是中馬關係的政治基礎，以及中馬雙方在華人國籍問題上的基本立場外，特別強調：「雙方認為，一個國家的社會制度，只能由這個國家的人民自己選擇決定。它們反對任何國家或國家集團在世界上任何地區建立霸權和勢力範圍的圖謀。」前一句話是中國對不會通過馬共干涉馬來西亞內政的一種承諾。後一句實際上表達了中馬雙方反對蘇聯霸權主義在全球擴張的共同意志，是典型的「反霸條款」。在《聯合公報》中，馬來西亞鄭重承諾：「馬來西亞政府承認中華人民共和國政府為中國的唯一合法政府，並承認中國政府關於台灣是中華人民共和國領土不可分割的一部分的立場。」[2] 中國與馬來西亞建交，東南亞國家開始成為反霸統一戰線的新成員。

中國與菲律賓兩國建交的動因與中國和馬來西亞建交的情況相似。首先，隨着美國在越南戰爭中的失敗，美國開始收縮在東南亞的軍事存在。菲律賓也開始調整以往完全依賴美國的外交政策，提出了按照人民

---

1 《在拉扎克總理舉行的答謝宴會上 李先念副總理的講話》，載《人民日報》1974 年 6 月 1 日，第二版。

2 《中華人民共和國政府和馬來西亞政府聯合公報》，載《人民日報》1974 年 6 月 1 日，第一版。

的利益制定更加靈活的外交政策的指導方針，開始積極發展與社會主義國家、發展中國家的關係。1973 年，菲律賓政府提出在美國、日本、中國、蘇聯等國家之間求生存，與世界各國建立友好關係的「多極平衡」的外交政策。[1] 菲律賓開始出現與中國建交的意願。其次，作為東盟成員國，菲律賓支持東南亞地區的和平中立，反對任何大國包括蘇聯在內控制東南亞地區，這與中國反對蘇聯霸權主義的政策有相通之處。從中國方面講，中國一貫高度重視與周邊國家的關係，希望利用中美關係緩和的機會打開與東盟國家外交關係的局面，為中國創造一個良好的周邊環境。其次，中國也希望擴大反霸統一戰線，使菲律賓這樣的東盟國家也成為反霸統一戰線的一員。但中菲關係的正常化也仍然面臨三個問題：首先是當地共產黨問題；其次是華人華僑問題；第三是中菲兩國海洋領土爭端問題。

中國與菲律賓之間開始有實質性的接觸大約始於 1971 年 5 月。當月，菲律賓貿易代表團和菲律賓工商界參觀團先後抵達北京進行訪問，中國總理周恩來會見了這兩個代表團。[2] 隨後，菲律賓青年、婦女、文化教育、銀行貿易、農業等代表團和部分國會議員先後來到中國訪問，中菲雙方的交往還是頻繁起來。

由於馬科斯家族當時在菲律賓的顯赫地位，在中菲建交的過程中，菲律賓總統馬科斯及其夫人伊梅爾達·馬科斯還有伊梅爾達的弟弟本哈明·羅穆亞爾德斯和堂兄愛德華多·羅穆亞爾德斯發揮了最為重要的作用。

1972 年 2 月 5 日至 12 日，應中國人民外交學會的邀請，本哈明·羅穆亞爾德斯作為菲律賓總統的代表訪華。2 月 10 日晚，周恩來會見了本哈明·羅穆亞爾德斯。由於菲律賓與台灣的關係較為密切，周恩來着重

---

1 馬燕冰、黃鶯:《列國志．列國志．菲律賓》，北京:社會科學文獻出版社，2007 年版，第 343 頁。
2 《周恩來總理會見菲律賓客人 同客人進行了友好的談話》，載《人民日報》1971 年 5 月 9 日，第一版。

介紹了從 1895 年中日甲午戰爭失敗台灣被割讓到 1945 年抗日戰爭勝利台灣的主權歸還了祖國的歷史過程。周恩來特別強調：「台灣是中國的一個省，是中國不可分割的領土。不存在『台灣地位未定』的問題。現在台灣的蔣介石政府有美國『保護』，所以一直到現在，中國內戰還沒有結束。不論是中華人民共和國也好，蔣介石也好，都承認只有一個中國。這個中國包括台灣省在內。去年聯合國大會的決議，以 76 票對 35 票絕大多數通過的決議證明了這一點是真理、是事實。所以，不論是美國也好，日本也好，菲律賓政府也好，雖然你們是在 35 票裏，不能不服從絕大多數的決議。」[1] 周恩來的談話實際上為中菲建交設定了最基本的政治條件，那就是菲律賓政府必須堅持「一個中國」原則，必須承認聯合國大會 2758 號決議的內容。

1974 年 3 月 19 日，愛德華多·羅穆亞爾德斯又率領菲律賓國家男子籃球代表團訪華。4 月 30 日，中國國家男子籃球代表團到達馬尼拉，對菲律賓進行回訪。這次「籃球外交」為中菲建交又增加了推動力，是中菲建交過程中非常重要的一步。

愛德華多·羅穆亞爾德斯的身份非常特殊，他曾經擔任過菲律賓駐美國大使，他此行的目的實際上是探詢馬科斯總統夫人伊梅爾達訪華的可能性。3 月 23 日，周恩來會見了愛德華多·羅穆亞爾德斯。後者表示，菲律賓政府已決定同中國建交，馬科斯總統希望中方先邀請其夫人伊梅爾達來中國訪問，交談兩國建交中的一些細節問題。周恩來表示歡迎馬科斯夫人訪華。[2]4 月 2 日，馬科斯向美國駐菲律賓大使威廉·沙利文詳細介紹了愛德華多·羅穆亞爾德斯訪華的情況。馬科斯表示，周恩來所表現出來的中國對中菲關係正常化的態度「令人吃驚的熱切」。周恩來同意馬科斯夫人最早在今年夏天訪問中國。由於中菲之間還沒有外交關

1 中華人民共和國外交部外交史研究室編：《周恩來外交活動大事記 1949 — 1975》，第 622 頁。
2 程瑞聲：《睦鄰外交四十年》，第 146 頁。

係，馬科斯夫人將由中國國務院文化組（即文化部）負責接待。當談到馬科斯夫人訪華的身份時，周恩來沒有做出正面的回應，而是介紹了中國婦女的地位。羅穆亞爾德斯還奉特別指令詢問了周恩來對於美國在日本、南朝鮮、泰國、菲律賓的軍事基地的態度。周恩來說：「這些軍事基地服務於某種目的，它們應該撤走。」在談到台灣問題時，周恩來說，不管怎麼樣，解決台灣問題只是一個時間問題，而且時間在我們一邊。周恩來還說，他將派一名負責任的官員隨同中國籃球代表團在 5 月份訪問菲律賓。他希望馬科斯能夠繼續與這名官員進行對話。[1]

在中國國家男子籃球代表團訪問菲律賓期間，馬科斯於 5 月 7 日會見了代表團。他說：「目前的形勢堅定地朝着菲律賓和中華人民共和國關係正常化的方向發展。我們的希望是：不久以後我們就建立外交關係。」[2] 5 月 11 日，菲律賓外長卡洛斯．羅慕洛在香港對記者發表談話。在談到中菲關係的時候，羅慕洛表示菲律賓方面已經積極地考慮了一段時間了，「我們希望將會很快建立外交關係」。[3] 這次中菲之間的籃球外交是中菲建交重要的起步，它為馬科斯夫人伊梅爾達訪華打開了通道，而伊梅爾達訪華就基本奠定了中菲建交的基礎。

1974 年 9 月 20 日至 29 日，馬科斯夫人伊梅爾達訪問了中國。而實際上，在她啟程前，馬科斯已經下定決心與中國建交。9 月 12 日，馬科斯會見了美國駐菲律賓使館的外交官。此次談話主要圍繞中菲關係展開，馬科斯用了一個半小時的時間介紹菲律賓的對華政策。馬科斯談話的主要內容就是重申菲律賓與中國實現關係正常化的決心。馬科斯說，

---

1 The National Archive, Access to Archival Databases（AAD）, RG 59, Central Foreign Policy Files, 1974MANILA03890, PRC Reception of Romualdez and Phil Basketball Team, April 2, 1974.

2 《菲律賓總統馬科斯表示　希望菲中兩國不久以後建交》，載《人民日報》1974 年 5 月 9 日，第五版。

3 《菲律賓外長羅慕洛談對外關係 表示希望同中國很快建立外交關係》，載《人民日報》1974 年 5 月 14 日，第五版。

中國常駐聯合國代表黃華最近已經在紐約強烈要求菲方儘早討論中菲建交問題。馬科斯也談到他在中菲建交問題上的三個主要關切：1. 台灣方面的反應；2. 所謂中國繼續支持菲律賓國內顛覆活動的問題；3. 菲律賓華人華僑的國籍問題。馬科斯表示，根據菲律賓政府的指示，菲律賓新任駐台灣的所謂「大使」將制定現實可行的步驟，使得菲律賓承認中華人民共和國同時斷絕與台灣的官方關係變得更加容易。對於建交方式問題，馬科斯說，他沒有授權菲律賓常駐聯合國代表與黃華進行實質性的談判。菲律賓常駐聯合國代表建議，「加拿大模式」是一種解決中菲關係正常化的最好辦法。馬科斯表示，他並不認為伊梅爾達對中國的訪問正式開啟了中菲建交的序幕，但他將密切關注中方在伊梅爾達訪華過程中提出的任何提議。美國外交官還特別關注中國是否會在美國在菲軍事基地問題上向菲律賓施加壓力。馬科斯表示在這個問題上他將讓中方採取主動，而菲方不會主動提及這一問題。[1] 這一材料表明，馬科斯對中菲建交的決心已下，甚至連建交的模式也已經有了比較成熟的考慮。對於比較棘手的華人華僑的國籍問題，菲律賓也在積極地制定解決方案。所謂伊梅爾達訪華並不是中菲建交的序幕，菲律賓不會主動提出美國在菲軍事基地問題，這些顯然都是為了應付美國，使中菲建交不會給美菲關係帶來巨大的震動。

9 月 20 日，作為菲律賓總統馬科斯特別代表的馬科斯總統夫人伊梅爾達．馬科斯抵達北京。當天晚上，周恩來就會見了伊梅爾達和隨同她來訪的馬科斯總統的兒子小費迪南德．馬科斯。在談到中菲建交問題時，周恩來指出：「馬科斯總統了解我們的政策。我們建交的原則是，建交國必須與台灣斷交。因為台灣是我們的一個省，解決建交必須要解決這個問題。我們與日本、馬來西亞建交就是在這個基礎上解決的。至於

1 The National Archive, Access to Archival Databases（AAD）, RG 59, Central Foreign Policy Files, 1974MANILA10988, Meeting with President Marcos 9/12/74: Relations with China, September 13, 1974.

台灣在菲投資問題，可看作地區性的問題加以解決。中菲建交是兩個國家之間的事。菲和台灣的關係是和中國一個地區的關係。」[1] 由於菲律賓和台灣的關係較為密切，馬科斯確實也曾表示台灣當局對中菲建交的反應是他最為關切的事情之一。周恩來的談話實際上再次明確提出，菲律賓必須與台灣斷交，必須承認「一個中國」原則，這是中菲建交的政治基礎。

伊梅爾達訪華期間毛澤東正在南下休養的途中，伊梅爾達強烈要求見到毛澤東主席，最後獲得了同意。9 月 27 日下午，毛澤東在武漢會見了伊梅爾達一行。在與毛澤東談話的過程中，伊梅爾達說：「我們是近鄰，應該友好，我回去後，要提出儘快建立外交關係。三年前我訪問蘇聯後，並沒有提出類似的建議，這次我要這樣做。我要誠心誠意地提出儘快建立外交關係。我盼望同你們有友好的聯繫和關係。」毛澤東說：「你講得好，外交關係以你們的方便為主，可能有人不贊成呢。」[2] 鑒於伊梅爾達在菲律賓政治生活中的特殊地位，她的意見當然就代表了馬科斯總統的意見，這再次充分說明，菲律賓方面已經做好了與中華人民共和國建交的準備，決心已下。毛澤東對於中菲建交也表示積極支持，同時還考慮到了美國和台灣當局可能進行的阻撓，從體諒對方難處出發，表示建交以菲方方便為主。應該說，伊梅爾達訪華就是中菲建交過程的正式序幕。

中菲兩國政府最終商定，中菲建交談判在日本東京舉行。1975 年 4 月，中國駐日本大使陳楚與菲律賓駐日本大使羅伯特開始舉行談判。雙方在談判中有三個爭論的問題：（一）菲方要求中方支持菲律賓關於「羣島原則」和「海洋經濟區」[3] 的主張，並列入雙方聯合公報之中。中方認為，這些條款國際上尚未達成一致，問題比較複雜，不必列入中菲聯合

1　中共中央文獻研究室編：《周恩來年譜 一九四九 — 一九七六》下卷，第 675 頁。

2　中共中央文獻研究室編：《毛澤東年譜 一九四九 — 一九七六》第六卷，第 547 頁。

3　這兩個問題在 1982 年《聯合國海洋法公約》中被列為「群島國」和「專屬經濟區」兩個部分，並加以詳細規定。

公報。（二）中方要求，在建交公報中菲方應公開表示與台灣當局斷絕外交關係和官方往來。菲方也不同意將此事列入聯合公報，但允諾在中菲正式建交時，菲方將單方面發表斷絕與台灣關係的聲明。（三）菲方要求，雙方承諾接受被對方驅趕出境的本國公民。中方擔心菲方任意驅趕華人、華僑，不同意此項主張。經過三輪談判，菲方不再提有關羣島原則和接受被驅趕的本國公民問題。中方也同意菲律賓就與台灣斷交問題單方面發表聲明。[1] 從最後的中菲聯合公報文本看，中方還同意了菲方傾向的「加拿大模式」實現建交。這樣，中菲建交談判在比較短的時間內就取得了成功。

在中菲建交談判的過程中，馬科斯於 1975 年 4 月 11 日頒佈了第 270 號總統令。該總統令以行政命令的方式規定了外國僑民申請獲得菲律賓國籍的基本要求。該總統令雖然在字面上是面向所有外僑的，但實際上主要是便利大約 15 萬在菲華僑獲得菲律賓國籍。總統令規定：申請人必須年滿 21 歲；必須持續在菲律賓居住 10 年；必須具有良好的品行；必須有足夠的正當收入；必須能夠讀寫菲律賓語、英語或西班牙語；必須讓自己的子女進入公立或私立學校接受教育；不得反對已組建的政府；不得支持使用武力;不得實行一夫多妻制等。[2] 這一總統令對外僑獲得菲律賓國籍所設條件相對較低，手續相對簡化。1976 年 12 月，馬科斯又頒佈了第 491 號總統令，對第 270 號總統令進行了修訂，使外僑入籍的條件進一步降低，手續進一步簡化。這都為在菲華僑選擇菲律賓國籍，避免出現雙重國籍現象創造了良好的條件。

由於菲律賓與美國是軍事同盟的關係，美國在菲律賓擁有軍事基地，菲律賓還是美國主導建立的旨在遏制中國的「東南亞條約組織」的

---

1　王泰平主編：《中華人民共和國外交史（1970 — 1978）第三卷》，第 94 頁。

2　The National Archive, Access to Archival Databases（AAD）, RG 59, Central Foreign Policy Files, 1975MANILA05185, Marcos Issues Letter of Instruction No. 270 re Naturalization, April 23, 1975.

成員國。馬科斯非常清楚中國對美國在菲軍事基地和「東南亞條約組織」都是反對的，因此，在前往中國訪問前，必須與美方協調好在上述問題上的立場，從而實現一方面順利與中華人民共和國建交，一方面保持美菲軍事同盟關係不受損害。5 月 21 日，馬科斯與美國駐菲律賓大使威廉・沙利文進行了長談。馬科斯對沙利文說，他的訪華之旅已經全部準備就緒，聯合公報已經起草完畢並得到了雙方的同意，菲律賓當地華人、華僑取得菲律賓國籍問題的方案也已經出爐。因此，他準備在 6 月 7 日前往中國訪問 3 天，以便有時間參加 6 月 12 日在馬尼拉舉行的獨立日慶典。如果這一行程不能實現，他希望在 6 月 20 日後訪華。馬科斯向沙利文詢問他是否應該在訪華過程中提出美國在菲軍事基地問題。沙利文說，如果馬科斯保持沈默，中方也可能會保持沈默。如果馬科斯含糊其辭，中方也會含糊其辭。如果馬科斯像日本人那樣直言不諱，他可能就會得到日本人所得到的教訓。沙利文感到馬科斯可能會含糊其辭地談到這一問題。[1]

由於美菲軍事同盟關係對於維護馬科斯政權的穩定至關重要，馬科斯在美菲軍事同盟、美國在菲軍事基地和美國在東南亞的軍事存在問題上格外小心，不斷以討好的方式探詢美國的態度。馬科斯對沙利文說，他十分珍視菲律賓與美國的軍事同盟關係。根據他自己的意見，他希望看到這種同盟得到加強而不是受到削弱。馬科斯還表示，他認為菲律賓的東盟鄰國都十分重視美國繼續在東南亞保持軍事存在，儘管他們不敢公開表達這種意見。因此，馬科斯認為，儘管亞洲民眾對外國基地的反對已經不可逆轉，但核心問題仍然是如何讓美國的第七艦隊和其他美國的軍事存在繼續保留在東南亞地區。馬科斯表示，可以按照「新加坡模式」來解決美國在菲律賓的蘇比克海軍基地，可以對卡拉克空軍基地實行

1　The National Archive, Access to Archival Databases（AAD）, RG 59, Central Foreign Policy Files, 1975MANILA06983, May 21 Meeting with Marcos: China Trip, May 21, 1975.

民用化。沙利文在這些問題上態度非常強硬，沙利文說：「顯然，我們認為美國對菲的安全承諾和軍事基地是一枚硬幣的兩面。如果菲律賓政府決定不再需要我們的安全承諾，我對繼續在菲律賓保留關塔那摩氏的軍事基地表示懷疑。另一方面，如果菲律賓政府決定不再需要美國的軍事基地，我也對美國能夠真正充分履行對菲律賓的安全承諾表示懷疑。至於未來美國在東南亞的軍事存在，這明顯取決於我們對印度支那崩潰之後出現的新形勢的評估。在印度支那塵埃落定之前，在我們對各國在這一地區的互動有更多理解之前，特別是對中蘇兩國在這一地區的關係有所了解之前，我們很難給出一個成熟和平衡的意見。」[1] 美菲的軍事同盟和美國對菲律賓的軍事援助是支撐馬科斯政權的主要支柱。沙利文明顯帶有威脅意味的談話已經清楚地表明，一旦菲律賓因為要與中華人民共和國達成建交協議而對美國在菲律賓軍事基地的態度有所改變，美國則不會再在安全問題上支持馬科斯政權。在這種情況下，馬科斯當然不敢越雷池半步，在中菲建交過程中解決美國在菲軍事基地問題顯然條件還不成熟。

在與沙利文的會談中，馬科斯還突然問到了沙利文對「東南亞條約組織」前途的看法，沙利文感到馬科斯預計中方會反對菲律賓繼續留在「東南亞條約組織」之內。沙利文說：「東南亞條約組織的未來很大程度上取決於泰國政府未來的態度。美國與泰國之間唯一的安全紐帶就依靠東南亞集體防務條約的存在。如果泰國希望繼續保持與美國的安全關係，東南亞條約組織必須繼續存在下去。」馬科斯又問，如果泰國決定退出東南亞條約組織，是否意味着美國也將準備好終止東南亞條約組織。沙利文說：「如果泰國做出這樣的決定將毫無疑問地導致美國和其他東南亞條約組織成員國認真思考這一組織未來的合法性。但是我無法明確地表示美國將贊成解散東南亞條約組織。」隨後沙利文詢問馬科斯認

1 The National Archive, Access to Archival Databases（AAD）, RG 59, Central Foreign Policy Files, 1975MANILA06987, May 21 Meeting with Marcos: Bases, Security Arrangements, May 21, 1975.

為中國會施加壓力讓泰國退出東南亞條約組織，還是倒向另一個方向，讓泰國繼續保持在東南亞條約組織成員國的身份。馬科斯沒有直接回答這個問題，而是談到了中國對東盟的態度。他認為中國可能歡迎東盟扮演一個阻止蘇聯向東南亞滲透的角色。沙利文說，馬科斯此次訪華將是對這種想法的一種很好檢測。[1] 由此可見，此時中美關係雖然已經緩和，但美國對繼續保持東南亞條約組織的態度仍然十分強硬，通過中菲建交來解體東南亞條約組織條件還不成熟。然而，僅僅 4 個月後，東南亞條約組織第 20 屆年會上決定，將分階段解散這一組織。1977 年 6 月，東南亞條約組織這一美國遏制中國的產物終於成為了歷史的塵埃。

1975 年 6 月 2 日，菲律賓政府正式宣佈馬科斯總統將於 6 月 7 日至 11 日對中國進行訪問，此行的主要目的是實現菲律賓與中華人民共和國關係的正常化，而菲律賓將斷絕與台灣的「外交關係」，但是，菲律賓與台灣的貿易關係將得以保持，在菲華人、華僑根據 4 月宣佈的新手續獲得菲律賓國籍的工作已經取得了進展。當天，台灣當局駐菲律賓「使館」告知美國駐菲律賓使館，台灣駐菲律賓的所謂「大使」將比馬科斯訪華提前一天於 6 月 6 日永久離開馬尼拉返台，台灣駐菲律賓「使館」的余留人員也將於 7 月 1 日撤離。[2]

6 月 7 日，馬科斯抵達北京。當天下午，毛澤東就會見了馬科斯一行。當馬科斯談到實現兩國關係的正常化時，毛澤東說：「好！以後我們兩個國家團結！我們兩國人民團結起來！我們不搞陰謀詭計去推翻你們，你們也不搞陰謀詭計推翻我們，相互都不搞陰謀詭計。小吵架，大團結，總有些吵架，一點。總之大團結。」當談到國際形勢時，毛澤東

---

1 The National Archive, Access to Archival Databases（AAD）, RG 59, Central Foreign Policy Files, 1975MANILA07094, May 21 Meeting with Marcos re SEATO, May 23, 1975.

2 The National Archive, Access to Archival Databases（AAD）, RG 59, Central Foreign Policy Files, 1975MANILA07511, Marcos Visit to China Announced/As ROC Embassy Prepares to Shut Down, June 2, 1975.

仍然重複了自己的觀點，就是現在的世界形勢不好，不穩定，但表示這些問題將由鄧小平和馬科斯去談。[1] 毛澤東的談話實際上是概括了中菲兩國關係的本質，中國不會利用華人華僑和菲律賓共產黨進行顛覆菲律賓政府的活動，菲律賓也不參加反華活動，中菲兩國之間還有一些問題沒有解決，但團結的大方向已經確定，基本的互信已經建立起來。

當天晚上 11 時，周恩來抱病在醫院會見了馬科斯一行。周恩來表示：「中菲兩國都是發展中國家，同屬第三世界。」當馬科斯稱中國是第三世界國家的「當然領袖」時，周恩來說：「第三世界應該是一個民主的大家庭，毛主席說過，我們不當這個頭頭。」[2] 如前所述，「三個世界劃分」理論與「一條線，一大片」的反霸統一戰線政策本來是一體的，「三個世界劃分」理論是反霸統一戰線的理論基礎。周恩來表示中菲兩國同屬第三世界，也就確定了兩國都有反對霸權主義意願的共同點。最後，周恩來還深情地對馬科斯說：「這次你們差不多全家都來了，還有外長，我本應該舉行一個家宴，請你們全家，請我們的老朋友羅慕洛先生吃頓飯的。但現在沒有可能了。」[3] 周恩來早在 1955 年萬隆會議上就認識了菲律賓外長羅慕洛。當時，由於菲律賓緊跟美國的反華政策，羅慕洛在會議上發表了對華不友好的講話。但周恩來本着求同存異的精神，與羅慕洛進行了交往，實現了化敵為友。但從那時起，中菲關係正常化整整花費了 20 年時間。當中菲兩國建交時，周恩來因重病在身連請老朋友吃頓飯都無法實現，不能不說是令人唏噓的。

由於毛澤東和周恩來都已身患重病，實際上都無法與馬科斯進行長時間系統的交談。雙方的主要會談是在鄧小平與馬科斯之間進行的。6 月 8 日下午，鄧小平在與馬科斯的會談中表示：「中國支持東盟國家要求東

1 中共中央文獻研究室編：《毛澤東年譜 一九四九 — 一九七六》第六卷，第 589 頁。
2 中共中央文獻研究室編：《周恩來年譜 一九四九 — 一九七六》下卷，第 710 頁。
3 中華人民共和國外交部外交史研究室編：《周恩來外交活動大事記 1949 — 1975》，第 711 頁。

南亞成為和平、中立地區的主張，主張波斯灣和平中立、拉美無核區、印度洋和平區等主張。中國對東南亞國家逐步脫離超級大國的影響、各國自己處理自己的事務的傾向表示讚賞。」6月9日下午，鄧小平再次與馬科斯舉行會談，重點談到了蘇聯推行霸權主義政策的情況。他說：「1969年中蘇之間發生了邊境衝突，即珍寶島事件，中國懲罰了蘇聯一下。因為這件事，國際上有人就認為蘇聯的注意力從歐洲轉到了中蘇邊界方面，主要是對付中國。我們進行了形勢分析，認為蘇聯的戰略重點並沒有東移。儘管它有一百多萬軍隊在我們的邊界，但重點還是在歐洲，包括中東、地中海、波斯灣。」接着鄧小平對蘇聯提出的「亞洲集體安全體系」進行了分析。他說：「亞洲安全體系的作用，首先是蘇聯要同美國在亞洲和太平洋地區爭奪霸權，其次是企圖逐個分化亞洲國家，把這個地區納入蘇聯的勢力範圍。當然，也不排除它對付中國的一面。坦率地講，我們這個國家是不怕包圍的。」在談到台灣問題時，鄧小平重申：「有人要我們保證不使用武力解決台灣問題，我們不做這個承諾。台灣問題是中國人的內部事務。我們希望用和平的方式解決，但是採用和平方式還是非和平的方式，那是我們的權利。」[1] 上述材料說明，中國還是從建立和擴大反霸統一戰線的角度來看待中菲關係的。此時，蘇聯正在積極地推行它提出的建立「亞洲集體安全體系」的倡議，這一倡議被中國認為是蘇聯向亞洲國家進行滲透的伎倆，再次讓中國感到了蘇聯擴張的威脅。而包括菲律賓在內的東盟國家主張實現東南亞地區的和平與中立，實際上就是對蘇聯向東南亞擴張的一種抵制。這種抵制符合中國當時的總體戰略利益，這才是中菲建交從中國角度講最根本的動因。同時，鄧小平也秉持了毛澤東對20世紀70年代東西方緩和的批評態度。西方認為通過緩和西方特別是西歐國家已經不用再直接面對蘇聯的威

1 中共中央文獻研究室編：《鄧小平年譜》第四卷，第53-54頁。

脅，蘇聯的戰略重心已經轉向了亞洲，而中國則認為這完全是西方的一種幻想和綏靖主義政策。

6月9日，周恩來與馬科斯共同簽署了中菲兩國《聯合公報》。公報表示中菲兩國決定「自本公報簽字之日起互相承認並建立大使級的外交關係」。「菲律賓政府承認中華人民共和國政府為中國的唯一合法政府，充分理解和尊重中國政府關於只有一個中國，台灣是中國領土不可分割的一部分的立場，並決定在本公報簽字之日起一個月內從台灣撤走一切官方代表機構。」在聯合公報中，兩國政府還表示：「通過和平手段解決一切爭端，而不使用武力或以武力相威脅。」「反對任何國家或國家集團在世界上任何地區建立霸權和勢力範圍的圖謀。」「承認並同意尊重對方的領土完整。」[1] 由此可見，中菲建交基本採用了菲律賓傾向的「加拿大模式」或者說是「日本模式」。這樣在一定的靈活性的基礎上解決了菲律賓對「一個中國」原則的承諾。同時，《聯合公報》像所有20世紀70年代中外發表的重要外交文獻一樣，包含了「反霸條款」。同一天，菲律賓政府單獨發表聲明：「一俟菲律賓共和國政府和中華人民共和國政府聯合公報發表，菲律賓政府即終止菲律賓和台灣之間現有的一切官方關係。菲律賓政府廢除同台灣簽訂的友好條約和其他一切官方協定。已要求台灣駐菲律賓的一切官方代表機構於公報簽字之日起一個月內撤走。」[2] 如前所述，由於菲律賓與台灣關係密切，中國在與菲律賓進行正式接觸之初，就明確提出菲律賓斷絕與台灣的外交關係是中菲建交的政治基礎。菲律賓最終通過單方面發表聲明的形式，滿足了中方的這一要求。這樣在反霸統戰和睦鄰外交的雙輪驅動下，中國與菲律賓這個與美國有密切軍事同盟關係的國家實現了建交，反霸統一戰線繼續擴大。

---

1 《中華人民共和國政府和菲律賓共和國政府聯合公報》，載《人民日報》1975年6月10日，第一版。

2 《菲律賓政府發表聲明》，載《人民日報》1975年6月10日，第一版。

中國與泰國建交的背景和中國與馬來西亞、菲律賓建交的背景有很多相似之處。首先，美國總統尼克遜上臺之後提出「尼克遜主義」，全面實行戰略收縮。美國設法從越南戰爭中抽身，也減少在東南亞的軍事部署，要求其亞洲盟國更多地承擔起保衛自身安全的責任。同時，英國從東南亞地區撤出自己的力量。而此時，正是蘇聯霸權主義全球擴張逐漸走向高潮的時期。蘇聯希望能夠填補美國在東南亞留下的戰略真空。它不僅和印度支那三國加強關係，還對泰國開展了積極的外交活動。而蘇聯的行動卻使泰國感到：「蘇聯已成為威脅東南亞穩定和平的主要因素，泰國必須尋求能與蘇聯對抗的力量的支持，以保持自己不偏不倚的外交政策，而這個能與蘇聯抗衡的力量就是泰國的鄰國 —— 中國。」[1] 而此時，中國的國際地位在不斷提高。1971 年 10 月，中國恢復了在聯合國的合法席位。1972 年，尼克遜訪華，中美關係緩和，中日邦交實現正常化。因此，即使在親美的軍人政府統治下，泰國也不得不開始嘗試與中國進行接觸。

中泰建交的第一步是 1972 年發生的中泰「乒乓外交」。1972 年 5 月 7 日，亞洲乒乓球聯盟在北京成立。周恩來在會見參加亞洲乒乓球聯盟成立會議的各國代表團時說，中國對包括泰國在內的東盟五國正在商議中的中立化構想「表示衷心支持」，並且還希望代表們回國後能把中國的意思轉達給各國政府當局。[2] 如前所述，東盟國家對東南亞地區中立化的構想實質是對蘇聯向東南亞滲透力量的一種抵制。中國對此表示支持也使中國和泰國在安全利益方面開始有了交集。同年 9 月，第一屆亞洲乒乓球錦標賽在北京舉行。泰國最高決策層決定派代表團參加這次比賽。泰國行政委員會財政、經濟、工業署副主任巴實・幹乍那越作為代表團顧問一起訪華。巴實・幹乍那越是泰國華裔，中文名為許敦茂。他此次訪

1　李一平、羅文春：《轉型時期的外交：1975 年的中泰關係》，載《華僑大學學報（哲學社會科學版）》2013 年第 4 期，第 34 頁。

2　李一平、羅文春：《轉型時期的外交：1975 年的中泰關係》，載《華僑大學學報（哲學社會科學版）》2013 年第 4 期，第 35-36 頁。

華實際上是探詢中泰建交的可能性。9 月 5 日，周恩來會見了巴實．幹乍那越。巴實表示，泰國與台灣的關係時間長久，泰國華人支持台灣的較多，而且中國支持泰共武裝鬥爭，使泰國人不滿，在此情況下與中國建交會造成泰國社會不安。泰方希望雙方先開展貿易、文化、體育交往，增進相互了解和友誼。周恩來說：「各國人民的革命鬥爭是各國的內政，中國不輸出革命，中國希望與不同社會制度的國家和平共處，不干涉別國內政。與中國建交的唯一條件是：承認中華人民共和國政府，同台灣斷交。現在泰國尚不能與中國建交，我們表示理解。中方希望泰國不要參與美國侵略印度支那的戰爭，擺脫此事對泰國是有利的。」[1] 周恩來的話一方面表明中國正在調整對東南亞國家當地共產黨的政策，一方面也明確了中泰建交的政治基礎，那就是泰國必須承認「一個中國」原則。

同年 10 月，巴實又率領由泰國政府官員和企業家組成的貿易代表團參加廣交會。巴實回國後，於 11 月 8 日向泰國國防部第 15 期學員做了一個有關中泰關係的報告。報告的主要內容包括：第一，中華人民共和國已經與 83 個國家建立了外交關係並與 103 個國家建立貿易關係，所以泰國應該與中國建立貿易上的聯繫而且有必要建立外交關係。第二，泰國不會出現對華貿易逆差，因為中華人民共和國的外貿政策主要是以平等互利原則為前提。第三，中泰建立貿易聯繫可以節省泰國外匯，因為可以從中華人民共和國購進一些達到國際水平的機械設備，而價格則低於國際市場價格約 20% — 40%，因此，這將有助於減少泰國的貿易逆差和增加與其他國家的議價地位。第四，兩國開展貿易往來有助於增進兩國之間的相互諒解和可能有助於緩和兩國間的緊張關係。[2] 此時泰國仍處在軍人政府統治之下。巴實據實向軍方彙報自己對發展中泰關係的看法，必然可以在中泰建交方面對能夠左右泰國政局的軍人集團產生積極影響。

1 王泰平主編：《中華人民共和國外交史（1970 — 1978）第三卷》，第 96-97 頁。
2 朱振明：《巴實．幹乍那越與中泰關係》，載《東南亞》1999 年第 2 期，第 53-54 頁。

1973 年 6 月，中國乒乓球代表團回訪泰國，這是新中國向泰國派出的第一個代表團。中國特意安排外交部負責東南亞事務的官員程瑞聲隨團訪泰，周恩來還表示代表團如果在泰國遇到難以解決的問題，可以打電話到北京。這充分說明此次中國乒乓球代表團訪泰的主要目的就在於進一步拉近與泰國的關係，為中泰建交創造條件。6 月 17 日，泰國外交部官員與程瑞聲在中國代表團所住飯店進行了非正式的接觸。泰方表示，中泰人民有着傳統的友誼，泰國願意同中國進一步改善關係。程瑞聲表示：「過去中泰關係長期中斷，同當時的國際和亞洲形勢有關，現在形勢已有了很大的變化，希望中泰雙方抓住當前有利的時機，開展往來，逐步改善關係。」程瑞聲還特別指出：「中國根據和平共處五項原則，主張各國的事務由各國人民自己處理，不干涉其他國家的內政。」在談到東南亞局勢時，程瑞聲說：「中泰雙方雖然存在一些分歧，但雙方可以求同存異，不讓這些分歧影響兩國關係的改善。」由於這次非正式接觸的成功，泰國副外長差猜於 6 月 21 日晚在他的私邸宴請了程瑞聲。差猜是泰國有影響力的政治人物，後來曾經擔任泰國外長和泰國總理。泰國外交部還就差猜與程瑞聲會晤發表了新聞公報。公報稱：雙方就有關各項問題交換意見，「有利於未來加強泰國與中華人民共和國之友好關係」，「雙方之非正式會談，進展非常順利，並獲得重大成就，氣氛融洽」。[1] 泰國報紙也對這次差猜與程瑞聲的會晤進行了報道，並給予積極評價。

同年 12 月，泰國副外長差猜率領泰國貿易代表團訪華。當時正值第四次中東戰爭，阿拉伯國家減少石油的產量，向以美國為首的西方國家施加壓力，迫使它們停止對以色列的支持，這也導致國際燃油價格飆升。因此，泰國貿易代表團訪華的最大目的是要求中方以「友誼價格」向泰國出口一批柴油。所謂「友誼價格」就是低於國際市場的價格。最

1 程瑞聲：《睦鄰外交四十年》，第 160-162 頁。

終，毛澤東同意了泰方的請求，還把外交部報告中建議的由國務院副總理李先念會見差猜一行改為由周恩來會見差猜一行。12 月 26 日，周恩來和李先念在人民大會堂會見了差猜率領的泰國貿易代表團，同意了以「友誼價格」向泰國出售柴油的請求，使得差猜首次訪華取得了成功。中泰關係進一步得到加強。

此時，泰國內部也發生了重大的政治變化。1973 年 10 月，從 1958 年就開始控制泰國政權的沙立 - 他儂軍人獨裁政權倒臺，訕耶開始擔任泰國總理。1974 年 10 月，泰國新憲法開始生效。1975 年初，泰國舉行了大選，3 月，克立 · 巴莫出任泰國總理。當時，印度支那三國人民的抗美鬥爭取得了完全的勝利。美國隨即決定要從泰國撤出美國軍隊，把軍事基地交給泰國，不再向泰國提供無償援助，改為低息貸款。如前所述，東盟也逐漸改變了自己的對外政策，其中和平、中立的因素在增加。在這種情況下，克立 · 巴莫政府上臺後，泰國的對華政策變得更加積極。

3 月 19 日，克立 · 巴莫政府通過遞交聲明的方式向泰國國會闡述了自己的內外政策。在涉及泰國外交政策的部分，克立 · 巴莫政府表示：「泰國政府將根據泰國的利益執行獨立自主的外交政策。不管意識形態和社會管理體系有何不同，泰國政府將在與所有對泰國抱有善意的國家保持友誼的基礎之上執行和平共處的政策，泰國不會干涉其他國家的內政。」該聲明特別強調：「為了在大國之間保持平衡，克立 · 巴莫政府將採取行動承認中華人民共和國並與之實現關係正常化。考慮到地區形勢的變化，泰國政府還將在一年內使外國軍隊撤出泰國。」[1] 同時，已經擔任泰國外長的差猜表示，希望儘快同中國建交。[2] 克立 · 巴莫政府

1 The National Archive, Access to Archival Databases（AAD）, RG 59, Central Foreign Policy Files, 1975BANGKO04395, Khukrit Government's Policy Statement on Foreign Relations and the U.S. Military Presence, March 17, 1975.

2 王泰平主編：《中華人民共和國外交史（1970 — 1978）第三卷》，第 97 頁。

對華政策的積極表態和東南亞地區軍事形勢的變化都為中泰建交創造了有利的條件。

4 月，泰國駐聯合國代表兼駐美大使阿南奉泰國政府指示約見中國駐聯合國代表黃華，轉達了泰國希望與中華人民共和國實現關係正常化的願望，邀請有外交部官員參加的中國貿促會代表團訪泰，初步商談兩國建交事宜。經研究，中國政府決定請黃華大使回覆泰方：中國政府對泰國政府關於使中泰關係正常化的態度表示歡迎，中方願意隨時與泰國正式建立外交關係。[1] 泰國政府對中方的態度反應積極，提議加速談判建交進程，於 6 月即派阿南大使來華進行建交談判。由於中泰雙方有共同的意願，所以一些矛盾得以克服，建交談判進行得較為順利。

在建交談判進行過程中，泰國領導人又利用多個場合闡述了泰國決定與中華人民共和國建交的原因。1975 年 4 月 30 日至 5 月 3 日，美國國家戰爭學院代表團訪問了泰國。5 月 1 日，泰國總理克立・巴莫會見了代表團一行。在答問環節，克立・巴莫着重說明了泰國與中華人民共和國建交的原因。克立・巴莫認為，中國並不會侵略泰國，中國對泰國並不具有敵意。克立・巴莫還強調：「中國與美國現在處於同一陣營，中國寧可看到美國在泰國的軍事存在，也不願意看到蘇聯增加它的影響力。中國更願意看到美國在印度洋制衡蘇聯。」[2] 克立・巴莫的上述言論表明，當時中國執行的反對蘇聯霸權主義的統一戰線政策客觀上使得中國與美國在國際問題上有很多共同點，這也使得泰國在實現中泰關係正常化的過程中不用顧忌與美國的意見。反霸統一戰線從一個側面對中泰建交起到了促進作用。5 月 21 日，美國新任駐泰國大使查爾斯・懷特豪斯拜訪了泰國外長差猜。差猜對懷特豪斯說：「中華人民共和國政府已經同意邀請

1 王泰平主編：《中華人民共和國外交史（1970—1978）第三卷》，第 97 頁。

2 The National Archive, Access to Archival Databases（AAD）, RG 59, Central Foreign Policy Files, 1975BANGKO07843, Prime Minister Khukrit on RTG/PRC Relations, May 1, 1975.

他在任何時候訪華，但是泰國方面還沒有做好準備。因為泰國境內有 30 萬持有台灣當局簽發的護照的華人，他們的法律地位問題還沒有解決。這些人必須決定他們是要成為泰國公民還是成為中華人民共和國的公民。」差猜強調指出:「泰國政府正在加快解決華人華僑國籍問題的速度，並絕對會在今年聯合國大會召開之前承認中華人民共和國。」他還表示：「泰國承認中華人民共和國的一個主要原因就是制衡蘇聯。」[1] 從上述差猜的談話中我們可以看到兩點重要信息。首先，泰國政府在華人華僑的國籍問題上採取單一國籍的政策，即一旦泰國與中華人民共和國建交，泰國將不再承認台灣當局簽發的護照的合法性，持有台灣當局簽發的護照的華人必須在泰國國籍和中華人民共和國國籍之間做出選擇。這一點與中國的立場是基本一致的。其次，泰國與中華人民共和國建交的一個推動力也是制衡蘇聯在東南亞地區的擴張。反霸統一戰線再次為中泰建交創造了一個有利的條件。

6 月 16 日，泰國駐聯合國代表兼駐美大使阿南在啟程前往中國進行建交談判前舉行了記者招待會，阿南對雙方會談的前景表示非常樂觀。他表示，「中泰兩國建立外交關係的談判將達成令人滿意的一致意見」。當被問及在談判中是否會面臨一些問題時，阿南表示:「我希望沒有任何問題。如果有一些問題，我希望通過談判以令人滿意的方式克服它們。」他還談道，中泰雙方將分別起草建交公報，然後雙方將通過談判就即將發表的建交公報達成一致。[2] 同一天，克立・巴莫也舉行了記者招待會，主要回答了他是否會親自訪問中國來實現中泰建交的問題。雖然因中泰建交談判尚未達成一致意見，克立・巴莫沒有給出訪華的明確承諾，但他

---

1　The National Archive, Access to Archival Databases（AAD）, RG 59, Central Foreign Policy Files, 1975BANGKO09394, Ambassador's Call on Foreign Minister Chatchai, May 23, 1975.

2　The National Archive, Access to Archival Databases（AAD）, RG 59, Central Foreign Policy Files, 1975BANGKO11750, Thai/PRC Relations, June 19, 1975.

的表述已經可以看出克立·巴莫訪華已經是大勢所趨。克立·巴莫表示：「如果考慮到一般性的原因，總理應該親自訪華。因為有馬來西亞的例子，馬來西亞總理親自訪華。我們也有菲律賓的例子，馬科斯總統也親自訪華，並就在幾天前剛剛返回菲律賓。我們將研究馬來西亞和菲律賓的先例，從而決定是按照他們兩國的成例行事還是採取其他的方式。我現在還不能做出決定，我必須徵求內閣成員的意見採取恰當的方式，從而在最大程度上符合我國的利益。」[1] 由此可見，由於事先的鋪墊，中泰建交基本上是水到渠成的一個過程。

由於檔案材料的缺乏，中泰兩國建交談判的具體情況還不清楚，但可以看出中泰建交談判進行得非常順利，耗時不超過半個月。1975 年 6 月 30 日，泰國總理克立·巴莫來華進行正式友好訪問，這是泰國政府首腦首次訪華，中泰建交也在這次訪問中得以實現。

6 月 30 日下午，國務院副總理鄧小平與克立·巴莫舉行了會談。鄧小平指出：「雖然我們兩國社會制度不同，對各種問題的看法不可能都一致，甚至在某些問題上有爭論也是可能的，但是，我們有共同的遭遇，同屬第三世界，在當前的國際形勢下，我們需要團結在一起。」在談到國際形勢時鄧小平指出：「當前的國際形勢的根本問題是兩霸爭奪。許多問題的產生都是美蘇爭霸的結果。這是一方面。世界形勢的另一方面，也可以說是主要的一面，是第三世界的興起。」在談到中國的對外政策時，鄧小平強調：「我們國家的根本政策、根本路線是支持第三世界的鬥爭，反對帝國主義、新老殖民主義特別是霸權主義，在和平共處五項原則的基礎上，同所有國家發展友好關係。」[2] 東南亞地區形勢是雙方會談的一個重點。克立·巴莫表示：「泰方已經要求美國全部撤出其在泰國的駐

1 The National Archive, Access to Archival Databases（AAD）, RG 59, Central Foreign Policy Files, 1975BANGKO11928, Khukrit on Thai/PRC Relations, June 20, 1975.

2 中共中央文獻研究室編：《鄧小平年譜》第四卷，第 62 頁。

軍，撤銷在泰國的一切軍事基地。但泰方對蘇聯利用越南向東南亞擴張感到擔憂。」中國領導人表示：「希望東南亞國家要防止『前門拒狼，後門進虎』的危險，覺醒的第三世界國家和人民不應把希望寄託在美蘇兩霸勢力的平衡，而應依靠本地區的團結和穩定。我們相信東南亞國家不需要什麼『保護傘』，既無狼又無虎是最好的現象，但我們也理解各國的處境不同，可根據本國情況做出正確處理。」[1] 這段話對於理解中國當時對東南亞地區乃至整個亞非國家的政策都極為重要。中國領導人實際上是用「狼」、「虎」來指代美蘇兩個霸權主義國家。在越南戰爭失敗，美國在東南亞實行戰略收縮的背景下，中國不希望看到東南亞國家擺脫了美國的控制，但隨即就受到蘇聯影響。東南亞國家乃至整個亞非國家都應該「驅狼拒虎」，徹底擺脫兩個超級大國的支配。但在側重反對蘇聯霸權主義的前提下，中國對泰國與美國保持密切的關係採取了比較寬容的態度。

當天晚上，周恩來總理抱病會見了克立．巴莫一行。周恩來首先談到了泰國華人華僑的雙重國籍問題。他說：「新中國一成立，我們就不主張雙重國籍，這樣可以搞好我們和其他國家的關係，特別是亞洲的一些國家，它們是我們的近鄰。」周恩來還表示，如果 30 萬擁有中國國籍的華人都能加入泰國國籍，「我們將很高興」。克立巴莫說：「我相信，他們會加入泰國國籍的。」周恩來強調：「我很欣賞總理閣下在曼谷、香港所宣佈的，泰國華僑只能有兩個選擇，不是加入泰國國籍，就是中華人民共和國國籍，沒有台灣國籍。講得很肯定。我相信，他們會加入泰國國籍的。」在談話的最後，周恩來還對東南亞成為和平區表示了支持。他說：「我們非常希望東南亞成為和平區。這不是容易的，需要長期鬥爭。但是，我們支持你們的建議，就是使東南亞成為和平中立區。」[2] 上述談話

---

1 王泰平主編：《中華人民共和國外交史（1970 — 1978）第三卷》，第 98 頁。

2 中華人民共和國外交部、中共中央文獻研究室編：《周恩來外交文選》，第 501-504 頁。

表明，促成中泰建交有兩大因素。首先，中泰兩國在泰國的華人華僑國籍問題上意見一致，只承認單一國籍，而且不承認所謂「台灣國籍」的合法性。其次，中國支持東南亞地區成為和平中立區。而東南亞和平中立的趨向含有反對蘇聯向東南亞滲透力量的層面，這與中國執行的反霸統一戰線政策總體上是一致的。

7 月 1 日上午，毛澤東在中南海游泳池會見了克立・巴莫。毛澤東主要就中國與東南亞國家當地共產黨的問題闡述了中國的立場。毛澤東說：「我們支持世界各國的共產黨，但是不支持修正主義。我很贊成你在香港講的那一篇話，國家是國家的關係，黨是黨的關係。有人要求我們不要跟他們國家的共產黨往來。我說，不行呢，哪裏有共產黨不支持共產黨的！可是你們國家的共產黨，我沒有見過一個。至於你們怎麼對付共產黨，我們不干涉，不能干涉別國的內政。」[1] 毛澤東的談話也說明，促成中國與馬來西亞、菲律賓和泰國建交的另一重要因素是中國對與東南亞國家共產黨的關係做出了恰當的調整。從總體上，中國仍然支持各國共產黨的革命事業，但要將國家間關係與黨際關係做出區隔，對於東南亞國家如何處理當地共產黨的問題，中國不會進行干涉。

當天下午，鄧小平與克立・巴莫舉行了第二次會談。鄧小平更加明確地指出東南亞國家建立和平中立區的倡議與中國反霸統一戰線政策的一致性。他指出：「我們在國際問題上的立場是，我們自己不稱霸，也反對別人稱霸，不管是世界範圍的，還是地區性的霸權主義。東南亞和平中立區的主張，是一個反對霸權主義的倡議，有利於民族經濟的發展。」[2]

當天晚上，周恩來與克立・巴莫簽署《中華人民共和國和泰王國關於建立外交關係的聯合公報》。公報指出：中泰兩國政府決定於 1975 年

1　中共中央文獻研究室編：《毛澤東年譜 一九四九 — 一九七六》第六卷，第 594 頁。

2　中共中央文獻研究室編：《鄧小平年譜》第四卷，第 62-63 頁。

7 月 1 日起互相承認並建立外交關係。公報特別強調：「兩國政府反對任何國家或國家集團在世界上任何地區建立霸權和勢力範圍的圖謀。」「泰王國政府承認中華人民共和國政府為中國的唯一合法政府，承認中國政府關於只有一個中國，台灣是中國領土不可分割的一部分的立場，並決定在本公報簽字之日起一個月內從台灣撤走一切官方代表機構。」這樣反霸條款和「一個中國」原則都在聯合公報中得到了充分的體現。至此，中泰兩國建交正式實現。

20 世紀 70 年代中期，在睦鄰外交和反霸統一戰線雙輪推動下，中國與東盟國家的關係實現了突破，先後與馬來西亞、菲律賓和泰國建立了外交關係。首先，中國一貫重視與周邊國家的關係，這是中國外交的一個優良傳統。對於解決東南亞國家所關切的一些歷史遺留問題，中國一直抱有解決問題的誠意。20 世紀 70 年代中期，在中國與西方發達國家的關係得到改善，中國迎來第三次建交高潮的背景下，中國出於國家安全和發展經貿聯繫的考慮，更希望在與東盟國家關係方面有所突破。同時，由於中美關係的緩和，美國與某些東南亞國家的密切關係和軍事存在也不再構成中國與這些國家發展關係的障礙。同時，中國對於東南亞國家共產黨的關係做出實質性的調整，中國仍然支持世界各國共產黨的革命事業，但這種支持要在不干涉別國內政的原則下進行。要嚴格區分國家間關係和黨際關係。對於東南亞國家如何解決本國國內的政治問題，中國堅持執行不干涉別國內政的原則。另一方面，隨着越南戰爭的結束，美國在東南亞實行戰略收縮，蘇聯有趁機向東南亞進行擴張的勢頭。在這種情況下，東盟國家開始調整自己的對外政策，減輕自己對美國的依賴，同時警惕蘇聯的擴張，提出了把東南亞建成和平中立區的倡議。而這一倡議有反對蘇聯向東南亞滲透的含義，這與中國所執行的反霸統一戰線政策是具有一致性的。把蘇聯的影響擋在東南亞地區之外成為促成中國與馬來西亞、菲律賓和泰國建交的共同安全利益。這種共同點也極大地改變了東南亞地區的整體面貌，為這一地區在此後二十餘年的經濟騰飛奠定了基礎。

## 二、中越關係從高潮走向低谷

自從越南人民的抗美救國鬥爭開始以來，中國就對越南提供了寶貴的、無私的援助。從 20 世紀 50 年代開始到 1975 年 5 月 1 日越南南方得到完全解放，越南實現祖國統一為止，中國向越南提供的各種援助總額為 203.6845 億元（人民幣，以下同）。其中：一般物資援助金額為 100.6742 億元，約佔援助總額的 50%，包括糧食 500 萬噸、石油 200 萬噸、汽車 35000 輛、一般船隻 600 艘；軍事援助金額為 49.6679 億美元，佔援助總額的 24%，其中輕重武器裝備供 200 萬軍人使用；成套項目援助為 36.2619 億元，佔援助總額的 18%，建設項目為 450 項，已完成 339 項；現匯援助（美元）折合人民幣 17.0805 億元，佔援助總額的 8%。在上述援助總額中，除無息貸款約 14 億元人民幣外，其他均為無償援助。[1] 從 1965 年美國對越南的軍事捲入變為「南打北炸」的局部戰爭後，中國派出了大批防空兵、工程兵、鐵道兵以及後勤援助部隊奔赴越南北方。中國派出的援越部隊總共 32 萬人次，主要是幫助越南北方構築國防共識，修建飛機場和飛機洞庫，架設通訊線路，改善鐵路網，確保鐵路暢通，修築公路，協助進行防空作戰，掃除水雷，鋪設油管等等。中國先後幫助越南北方修建了內排、安沛兩個現代化機場和飛機洞庫，幫助越南新建鐵路正線 117 公里，改建鐵路正線 362 公里，搶建鐵路戰備工程正線 98 公里，新建鐵路橋樑 30 座，隧道 14 條，新建擴建各種鐵路站段 20 個，架設通信線路 1023 對公里，敷設水底通信電纜近 8 公里。中國還為越南北方新建和改建了 7 條公路，總長為 1211 公里，其中新建 664 公

1　王泰平主編：《中華人民共和國外交史（1970 — 1978）第三卷》，第 51 頁。

里，改建 547 公里。中國援越高炮部隊和防空部隊在越南的三年零九個月時間裏，共作戰 2153 次，擊落美機 1707 架，擊傷 1608 架，俘虜美軍飛行員 42 名。[1] 應該說，中國為了援助越南人民的正義鬥爭付出了巨大的民族犧牲，同時，中國對越南的援助也是越南取得抗美鬥爭最後勝利的重要條件之一。

但是，越南實現祖國統一之後，中越關係卻開始逐漸疏遠，最終走到了兵戎相見的地步。中越關係當時面臨着三個方面的障礙：首先，越南開始向蘇聯靠近，並最終與蘇聯結成軍事同盟，同時，越南武裝入侵柬埔寨，實行地區霸權主義，從南面威脅中國的國家安全。其次，中國與越南之間存在領土爭端，這又包括三個問題，即中越陸地邊界問題、北部灣劃界問題以及西沙羣島和南沙羣島問題。第三，越南還存在大規模歧視、迫害、排斥和驅趕華人華僑的問題。其中，第一個方面的障礙是中國最為關切之事。因為，蘇聯實行全球霸權主義，越南實行地區霸權主義，武裝入侵柬埔寨，兩者南北呼應，對中國形成了南北夾擊之勢，中國不得不對此有所反應。

早在 1977 年 6 月 10 日，國務院副總理李先念就與途經北京的越南總理范文同進行了會談，全面分析和闡述了中國在越南反華宣傳、中越陸地邊界糾紛、中越鐵路接軌點問題、西沙羣島南沙羣島問題、北部灣劃界問題和華人、華僑問題上的立場和方針。在會談的最後，李先念表示：「我坦率地向范總理談了我們兩黨兩國關係中存在的一些問題，目的是想通過這樣同志式的、深入的交談，解決這些問題，以維護和增進中越兩黨和兩國之間的革命友誼和團結。我們認為，中越兩國山水相連，脣齒相依，團結友好對我們兩國人民有利，分裂對立對我們兩國人民不利。我們應該遵照毛主席和胡主席的遺志，一如既往地努力

1　韓懷智、譚旌樵主編：《當代中國軍隊的軍事工作》，北京：中國社會科學出版社，1989 年版，第 542、546、548、552 頁。

維護和增進我們的傳統友誼和團結，而不要受任何干擾，使我們的友誼和團結受到削弱和破壞。」[1] 但是，這種同志式的推心置腹的交流並沒有改變中越關係不斷惡化的趨勢。1978 年 11 月，越南和蘇聯簽訂了帶有軍事同盟性質的《越蘇友好合作條約》。1978 年 12 月底，越南出動十幾萬大軍向柬埔寨發動進攻。1979 年 1 月 7 日，越南佔領了柬埔寨首都金邊。

在越南佔領金邊的當日，中國政府發表聲明，將越南侵略柬埔寨的行為與蘇聯在全球範圍內實行霸權主義的戰略聯繫在一起。聲明指出：「越南憑恃武力妄圖侵吞柬埔寨，建立由它一手控制的所謂『印度支那聯邦』，是它推行地區霸權主義的一個重要步驟，也是蘇聯爭霸亞洲和遠東的戰略的一個重要組成部分。」聲明還對柬埔寨政府要求緊急召開安理會，要求聯合國進行干預的主張給予了支持。並表示希望，一切關心東南亞、亞洲和世界和平與穩定的國家和人民，採取各種可能的措施，制止越南當局對柬埔寨的侵略。[2]1 月 14 日，中國政府再次發表聲明，繼續承認民主柬埔寨政府是柬埔寨人民的真正代表，是柬埔寨人民的唯一合法政府。聲明還號召，「一切主持正義的國家和人民譴責和制止越蘇霸權主義，迫使它們停止一切侵略活動，從柬埔寨撤出全部侵略軍隊」。[3] 為了打擊越南地區霸權主義，反對越南對柬埔寨的侵略。1979 年 2 月 17 日，中國邊防部隊從廣西龍州、靖西及雲南的河口、金平邊境地區開始進行對越自衛反擊戰。當天，新華社奉中國政府之命發表聲明：「我們要建設自己的國家，我們需要一個和平的國際環境，我們不願意打仗。我們不要越南的一寸土地，也絕不容許別人肆意侵犯我國領土。我們要的只是

1 《一九七七年六月十日李先念副總理同范文同總理談話備忘錄》，載《人民日報》1979 年 3 月 23 日，第一版。
2 《中華人民共和國政府聲明》，載《人民日報》1979 年 1 月 8 日，第一版。
3 《中華人民共和國政府聲明》，載《人民日報》1979 年 1 月 15 日，第一版。

和平和安定的邊界。在給予越南侵略者以應有的還擊之後，中國邊防部隊將嚴守祖國的邊界。」[1] 經過 17 天的激戰，中國邊防部隊摧毀了越南在部分地區設立的騷擾中國邊境的軍事設施和公安據點。3 月 5 日，新華社再次發表聲明表示，對越自衛反擊戰已經達到了預期目的。「中國政府宣佈，自 1979 年 3 月 5 日起，中國邊防部隊開始全部撤回中國境內。」[2] 到 3 月 16 日，中國軍隊已經按照聲明的承諾，全部撤回到中國境內。此後，中越兩國軍隊又在扣林山、法卡山、老山、者陰山等地進行了長期的拉鋸戰，雙方軍事衝突持續多年，越南軍隊的反撲均被擊退。應該說，中國對越自衛反擊戰是中國對亞非國家反霸統一戰線政策的一個高潮。

為了解決中越關係的矛盾，緩解已經嚴重惡化的兩國關係，中國主動採取措施，中國外交部多次照會越方，建議儘早舉行中越副外長級談判。1979 年 4 月 18 日，中國外交部副部長韓念龍率團前往越南河內，同越南副外長潘賢舉行談判。在談判中，為了恢復中越兩國關係，中方提出了八點建議：1. 中越雙方應遵守和平共處五項原則，恢復兩國睦鄰友好關係。2. 任何一方不應在印度支那、東南亞地區謀求霸權；任何一方都不向外國派駐軍隊，已派駐在國外的軍隊必須撤回本國；任何一方不向外國提供軍事基地。3. 雙方尊重中、法政府劃定的中越邊界線，並以此為依據談判解決領土爭議。4. 雙方相互尊重對方 12 海里的領海主權，根據國際海洋法的有關原則，公平合理地劃分兩國在北部灣的經濟區和大陸架。5. 西沙羣島、南沙羣島歷來是中國領土不可分割的一部分，越南應回到原來的立場，尊重中國對這兩個羣島的主權，撤出所佔領的島嶼。6. 任何一方對居住在本國的對方僑民，均應友好相待，不得進行迫

1 《就越南當局不斷侵犯我國領土，我邊防部隊被迫奮起還擊 新華社奉我政府之命發佈聲明》，載《人民日報》1979 年 2 月 18 日，第一版。

2 《就我邊防部隊開始全部撤回我國境內 新華社奉我政府之命發佈聲明》，載《人民日報》1979 年 3 月 6 日，第一版。

害和非法驅逐出境。7. 越南應允許被驅趕到中國境內的越南公民重返家園，並給予妥善安置。8. 通過兩國有關部門的友好協商，解決雙邊貿易、鐵路、民航、郵電等問題。[1] 中方的八項建議是合情合理和切實可行的，符合中越兩國人民的根本利益，但卻遭到了越方的拒絕，最終導致中越兩國第一輪副外長級談判沒有達成任何協議。6 月 25 日，第二輪中越副外長級談判在北京舉行，直到 12 月也未取得任何成效，中越兩國的談判就此結束，中越關係從此陷入低谷，長達 10 年之久。

## 本章小結

反對蘇聯霸權主義的統一戰線政策是冷戰時期中國對亞非國家實行的最後一個國際統一戰線政策，也是最難進行評價的一個國際統一戰線政策。首先，我們必須肯定，20 世紀 60 年代末以來蘇聯對中國國家安全的威脅是確實存在的。蘇聯取代美國成為中國國家安全新的最為迫切的威脅是新中國建立以來中國安全環境所面臨的最為巨大的轉變，中國不得不對此進行應對。其次，我們必須肯定，推動建立反對蘇聯霸權主義的統一戰線不僅在道義上是正確的，也是符合中國國家利益的。20 世紀 70 年代是冷戰史上著名的緩和時期。美國由於深陷越南戰爭的泥潭導致國力嚴重受損，不得不實行戰略收縮。美國和西歐國家熱衷於與蘇聯及其領導的東歐社會主義陣營緩和關係，希望通過這種緩和來遏制蘇聯的擴張。而實際上西方對蘇聯的緩和非但沒有阻止蘇聯擴張的腳步，反而使蘇聯的擴張達到了一個前所未有的程度。蘇聯的力量已經滲透到了遠離蘇聯本土的非洲大陸和拉丁美洲。在這種情況下，蘇聯實際上已經把自己放到了包括西方大國和亞非國家在內的很多國家的對立面上。在這

1　王泰平主編：《中華人民共和國外交史（1970 — 1978）第三卷》，第 71 頁。

種情況下，中國提出建立反對蘇聯霸權主義的統一戰線就掌握了 20 世紀 70 年代國際鬥爭的正義旗幟，具有道義的制高點。同時，反霸統一戰線政策極大地推動了中國對外關係的發展，使中國外交獲得了重大利好。在反對蘇聯擴張的共同安全利益推動下，中國與以美國為首的西方大國實現了關係的正常化，與一些長期與美國保持密切關係的亞非國家建立了外交關係，中國迎來了第三次建交高潮。同時，中國恢復了在聯合國和其他很多重要國際組織中的合法席位，中國的國際影響力在不斷擴大。但是，我們也應該看到，中國在評估蘇聯對中國國家安全的威脅程度時有過分誇大的現象；中國在判斷 20 世紀 70 年代的時代主題時有偏頗之處；中國在執行反霸統一戰線政策的過程中有過於教條的問題。反霸統一戰線政策本身並沒有錯，實行「以蘇劃線」，教條地執行反霸統一戰線政策錯了。教條地執行反霸統一戰線政策就使得中國不能準確地把握地區形勢，不能採取最為妥善的措施最大化地保護中國的國家利益。中國對安哥拉內戰的政策導致安人運政權和一些非洲國家對中國有所抱怨，中國基於建立反霸統一戰線的考慮與伊朗巴列維政權過從甚密，導致伊朗伊斯蘭革命後中伊關係的僵冷等等都是教條地執行反霸統一戰線政策所導致的。中國在執行反霸統一戰線方面的某些偏頗也使得進入改革開放新時期的中國領導人開始反思中國對亞非國家的外交政策，最終，中國能夠在冷戰結束前很久就跳出冷戰思維框架，超越國際統一戰線，這也是中國對亞非國家國際統一戰線政策正反兩方面教訓帶給中國外交的饋贈。

# 第六章　「不結盟，不劃線」：對國際統一戰線政策的超越（1980 — 1991）

1978 年年底，中共中央工作會議和黨的十一屆三中全會相繼召開，中國進入了改革開放新的歷史時期。以 1982 年 9 月中國共產黨第十二次全國代表大會和 1985 年 6 月中央軍委擴大會議為標誌，中國外交政策進行了大調整，確立了獨立自主的和平外交政策。這一政策在當時的歷史條件下主要表現為不結盟，即一方面與美國拉開距離，不搞戰略關係，但這不等於重建 20 世紀 50 年代至 60 年代的反對美帝國主義的統一戰線；另一方面就是實現中蘇關係正常化，但這也不等於中蘇重新結盟，或者中國回到蘇聯為首的社會主義陣營。而是說中國要與美國和蘇聯以和平共處五項原則為基礎發展正常的國與國之間的關係。從學理上分析，中國大約提前十年跳出了冷戰的思維框架，在美蘇兩個超級大國之間不再支持一方反對另一方，以這種方式退出了冷戰。在中國外交政策大調整的背景下，中國也改變了對亞非國家的國際統一戰線政策，不再號召建立反對某個國家或某類國家的國際統一戰線，而是根據事情本來的是非曲直，從中國人民和世界人民的根本利益出發，按照是否有利於世界和平與發展的標準，獨立自主地決定自己的態度和政策。這一政策的調整顯然是在總結中華人民共和國建立以來推動建立國際統一戰線正反兩方面經驗的基礎上做出的，在馬克思主義的方法論上是典型的「揚棄」。

# 第一節 獨立自主的和平外交政策

## 一、對時代主題的新判斷

獨立自主的和平外交政策能夠得到確立首先是源於改革開放以來新的外交思想的提出。其中最為重要的就是中國提出了對時代主題的新判斷。隨着改革開放進程的啟動，中國工作重點轉到經濟建設上來。這對於中國外交提出的一個最為重大理論問題就是，維護一個較長時間的和平的國際環境是否可能，如果答案是否定的，則社會主義現代化建設將不具備外部條件。因此，對時代的主題的判斷就成為涉及改革開放戰略是否可行的首要理論問題。

20 世紀 70 年代，面臨蘇聯對中國國家安全的威脅，中國對時代主題的判斷用毛澤東鮮明的話語概括就是「山雨欲來風滿樓」，因此中國國家安全戰略的出發點也是「立足於早打、大打、打核戰爭」。但是，到 20 世紀 80 年代，鄧小平明顯地調整了中國外交和安全戰略的目標，從備戰轉變為了延緩戰爭的發生，而這種變化又恰恰是在鄧小平與亞非國家領導人的交流中產生。1980 年 1 月 5 日至 7 日，鄧小平接待了來華訪問的埃及副總統胡賽尼・穆巴拉克。在會談中，鄧小平雖然也談到反對蘇聯霸權主義的重要性，但他強調：「我們面臨的問題是怎樣延緩戰爭的爆發，爭取比較長時間的和平，這對我們中國、對世界人民、特別是對第三世界比較有利。就中國來說，我們確定的目標是要在本世紀末實現四個現代化。沒有一個和平的環境，實現這個目標是困難的。中國是真正熱愛和平的。」[1] 同年 10 月，鄧小平兩次提出延緩戰爭的爆發是有可能的，而且延緩的時間可能比原先預想的要長。10 月 15 日，鄧小平在解放軍總參謀部召開的防衛作戰研究班全體會議上講話指出：「多爭取一

1 中共中央文獻研究室編：《鄧小平年譜》第四卷，第 590 頁。

點時間，延緩戰爭的爆發，是可能的。綜合全局來看，甚至比五年多一點時間還有可能。我們的政策是，爭取拖長，爭取更多一點、更長一點的時間，延緩這個戰爭的爆發，這樣對我們有利，也符合世界絕大多數國家和人民的願望。」他特別強調，當前對外政策的總方針就是「反對霸權主義，維護世界和平」。[1] 僅僅 10 天之後，鄧小平在與胡喬木、鄧力羣談話時再次提到：「我們過去的提法，是立足於早打、立足於大打、立足於明天就打。這裏包括對世界大戰的估計問題。我們還是認為，世界大戰不可避免。但究竟什麼時間打？我在一九七五年說過，五年打不起來。五年過去了，沒有打。現在看，再有五年或者更多時間，也還是打不起來，因為雙方的戰略部署都還沒有完成。這樣，我們的工作就不能還是建立在過去那種估計的基礎上。」[2]5 天之後，鄧小平在會見泰國總理炳．廷素拉暖時又提出：「我們對外政策的最主要目標是反對霸權主義，維護世界和平。這是世界大局，也是中國所處地位所決定的。中國需要和平，沒有和平的國際環境，就不能安心建設，改善人民的生活。」[3]1984 年 11 月，在中央軍委座談會上，鄧小平再次明確指出對時代主題的新判斷對我們是非常重要的。「首先就是我們能夠安安心心地搞建設，把我們的重點轉到建設上來。沒有這個判斷，一天誠惶誠恐的，怎麼能夠安心地搞建設？更不能搞全面改革」。[4] 綜上所述，促使鄧小平開始重新思考時代主題問題和世界大戰是否能夠會發生的問題，主要是由於中國的國家發展戰略發生了根本性的改變，中國共產黨的工作重心已經轉移到經濟上來。如果仍然繼續堅持 20 世紀 70 年代中國領導人對國際形勢的判斷，那麼改革開放的基本國策在國際政治層面就存在邏輯上的缺陷。

1　中共中央文獻研究室編：《鄧小平年譜》第四卷，第 681 頁。
2　中共中央文獻研究室編：《鄧小平年譜》第四卷，第 685-686 頁。
3　中共中央文獻研究室編：《鄧小平年譜》第四卷，第 686 頁。
4　中共中央文獻研究室編：《鄧小平年譜》第五卷，第 310 頁。

到1985年，鄧小平在戰爭與和平問題的探索基本完成。在1985年6月舉行的中央軍委擴大會議上，鄧小平全面闡述了對戰爭與和平問題的看法，他談道：「在較長時間內不發生大規模的世界戰爭是有可能的，維護世界和平是有希望的。…… 我們改變了原來認為戰爭的危險很迫近的看法。」鄧小平之所以提出維護較長時間的世界和平是可能的，是基於四點原因，首先，美蘇兩個超級大國實現了戰略力量的平衡，「美蘇兩家原子彈多，常規武器也多，都有毀滅對手的力量」；其次，「美蘇兩家都在努力進行全球戰略部署，但都受到了挫折，都沒有完成」；第三，「世界和平力量的增長超過戰爭力量的增長」，和平力量包括第三世界國家、美蘇以外的發達國家和美蘇兩國人民；第四，「世界新科技革命蓬勃發展，經濟、科技在世界競爭中的地位日益突出」。[1] 這樣，中國對戰爭是否不可避免的判斷完成歷史性的調整，從而為提出時代主題的新判斷奠定了最基本的理論基礎。

在做出世界大戰可以避免的判斷之後，鄧小平提出當前世界面臨的兩個主要問題是和平問題和發展問題，和平與發展成為時代的主題。1985年3月，鄧小平在會見日本客人時明確指出：「現在世界上真正大的問題，帶全球性的戰略問題，一個是和平問題，一個是經濟問題或者說發展問題。和平問題是東西問題，發展問題是南北問題。概括起來就是東西南北四個字。南北問題是核心問題。」他特別強調，不解決發展中國家的貧困問題，發達國家的發展也要受到限制。[2]1987年5月，鄧小平告訴聯合國祕書長德奎利亞爾：「我們關心的問題，一個是和平問題，一個是發展問題。」中國的政策與聯合國一樣，「是把戰爭與和平問題、

1 鄧小平：《在軍委擴大會議上的講話》，1985年6月4日，載《鄧小平文選》第三卷，北京：人民出版社，1993年版，第126-127頁。

2 鄧小平：《和平和發展是當代世界的兩大問題》，1985年3月4日，載《鄧小平文選》第三卷，第105-106頁。

南北的經濟發展問題，以及建立國際經濟新秩序的問題，作為主要任務。」[1]1988年12月，鄧小平在會見印度總理拉吉夫·甘地時又談道：「當前世界主要有兩個問題，一個是和平問題，一個是發展問題。和平是有希望的，發展問題還沒有得到解決。」他特別強調應該從人類發展的高度來認識南北差距問題。[2]發展問題之所以帶有全局性和戰略性，是因為它不僅與發展中國家人民的進步事業息息相關，也同全人類的文明進程密切相關。沒有以亞非國家為代表的發展中國家的進步，發達國家也不可能得到持續發展，世界經濟的增長就會受到阻礙。而和平與發展問題又是密切聯繫的，和平是發展的前提和保證，發展是實現和平的有效手段。

對時代主題的新判斷從邏輯上也導致了中國領導人對結盟這一外交戰略的新思考。一個國家是否應當採取結盟的外交戰略取決於這個國家所處的國際環境。當一個國家面臨着嚴峻的迫在眉睫的外部威脅時，採取結盟這一方式就是比較可取的，相反，當一個國家面臨的外部威脅並沒有達到十分嚴重的地步，採取結盟這一方式就不太妥當。這是由於結盟作為一種外交戰略是一把「雙刃劍」。它固然可以使一個國家在面臨危難時得到外來的保護、支持和援助，但另一方面，採取結盟政策的國家也喪失了制定外交政策上的獨立自主性。要獲得來自盟國的支持就必須與盟國協調內外政策，在制定重大外交政策是必須獲得盟國的理解和認同，甚至對於國際問題也必須以盟國的立場作為判斷是非的標準，這就是獲得盟國幫助所必須支付的「代價」。

以此觀之，在新中國建立初期，中國面臨來自美國的威脅是現實而迫切的，因此，採取「一邊倒」與蘇結盟的戰略是比較恰當的。但這也帶來了一定程度的負面影響，其中最突出的例子就是當中國在第二次台

1　中共中央文獻研究室編：《鄧小平年譜》第五卷，第485頁。
2　鄧小平：《以和平共處五項原則為準則建立國際新秩序》，1988年12月21日，載《鄧小平文選》第三卷，第281-282頁。

灣海峽危機和 1959 年中印邊界衝突上獨立自主地做出自己的決策時，引起了蘇聯的不滿和怨言。而相比於新中國建立初期的中國的國家安全形勢，20 世紀 70 年代，中國的確面臨來自蘇聯的安全威脅，但這種威脅存在被人為放大的情況。這與毛澤東的危機意識密切相關。具體說來就是毛澤東對來自蘇聯的戰爭威脅具有特殊的敏感，這種敏感影響到了毛澤東對時代主題的判斷，在他眼中迫在眉睫的戰爭已經成為 20 世紀 70 年代的時代主題。毛澤東從 20 世紀 60 年代後半期開始就不斷強調戰爭的可能性。毛澤東在 1968 年 10 月會見阿爾巴尼亞黨政代表團時說：「看來整個世界還是亂，因為存在着矛盾，存在着鬥爭。問題是怎麼亂法，現在很難說。打世界大戰，這是一種亂法。不打大戰，打局部戰爭，是另一種亂法。」[1] 同年 11 月，毛澤東在會見澳大利亞共產黨（馬列）中央主席希爾時說：「戰爭與和平的問題，是戰爭呢，還是革命？是發生戰爭後引起革命呢，還是革命能制止戰爭？總而言之，現在既不打仗，又不革命，這種狀態不會維持很久了。」[2]1969 年 3 月，珍寶島事件爆發後，毛澤東更強化了戰爭即將到來的判斷，而戰爭的策源地就是蘇聯，並着手進行準備。4 月 28 日，在中共中央九屆一中全會上，毛澤東提出：「要準備打仗。無論哪一年，我們要準備打仗。人家就問了：他不來怎麼辦呢？不管他來不來，我們應該準備。」[3] 既然戰爭即將爆發，讓支持自己一方的力量儘可能得多，讓支持敵對一方的力量儘可能得少是戰爭條件下外交戰略選擇最直接、最自然、最符合邏輯的結果。既然時代的主題是戰爭，而戰爭的危險是來自蘇聯，蘇聯和其他國家的矛盾上升為主要矛盾，那麼為了取勝，必須團結最大多數。只要對應付這一主要矛盾有利

---

1　中共中央文獻研究室編：《毛澤東年譜 一九四九 — 一九七六》第六卷，第 203 頁。
2　中共中央文獻研究室編：《毛澤東年譜 一九四九 — 一九七六》第六卷，第 219 頁。
3　毛澤東：《在中共九屆一中全會上的講話》，1969 年 4 月 28 日，載《建國以來毛澤東文稿》第十三冊，北京：中央文獻出版社，1998 年半，第 38 頁。

的力量就可以團結，美國也在被團結的範圍之內；只要對擊敗這個主要敵人有利的力量就可以聯合，美國的力量也是可以聯合的。20 世紀 70 年代反對蘇聯霸權主義的統一戰線從某種程度上導源於毛澤東危機意識。然而毛澤東對來自蘇聯戰爭威脅的強烈危機意識與現實情況是有所差別的。據曾擔任中國國務委員的戴秉國回憶，他在 1969 第一次赴中國駐蘇聯大使館工作的時候，「覺得一去前途莫測，說不準中蘇真會打起來，我會被扣為人質。…… 我確實是帶着某種悲壯的心情踏上去莫斯科的行程」。但是，當戴秉國到達莫斯科之後，「發現當地情況和我在國內的感受完全不同，根本看不出要和中國打仗的跡象」。「駐莫斯科的許多同志認為，應向國內反映蘇聯的真實情況，向國內說明蘇聯不像要和中國打仗的樣子，但使館內也有同志不贊成，批評這是『對社會帝國主義的本質認識有問題』。」[1] 由此可見，毛澤東個人的危機意識從某種程度上放大了蘇聯對中國國家安全的威脅。毛澤東逝世後，繼任的中國領導人也循着毛澤東的思維模式，從重估計蘇聯對中國的威脅。這就是中美兩國在 20 世紀 70 年代中後期建立的戰略關係的基礎。這種戰略關係實際上是一種准結盟的關係。而這種准結盟所要應對的威脅的確存在某種問題，因而也不能完全說是一種恰當的選擇。中美之間的准結盟關係給美方造成一種印象，那就是只要在反對蘇聯霸權主義擴張方面能夠與中國配合，美國在其他問題上，特別是在台灣問題上做什麼過分的事情，中國都只能吞下這些苦果。而這種情況嚴重損害中國國家利益，是中國領導層極為不願看到的，並希望極力扭轉的。因此，拉開與美國的距離，不再建立中美兩國之間的戰略關係就成為中國符合邏輯的政策選擇。

另外，進入 20 世紀 80 年代，國際形勢也在發生新的變化，蘇聯由於陷入阿富汗戰爭而無法自拔，國力大為削弱。而美國在醫治了越南戰

1　戴秉國：《戰略對話 —— 戴秉國回憶錄》，北京：人民出版社、世界知識出版社，2016 年版，第 25-27 頁。

爭的創傷後國力有所恢復。美蘇兩國的關係與 20 世紀 70 年代蘇攻美守的形勢相比又轉變為力量相對平衡而美國略佔上風，雙方僵持不下的局面。它們既爭奪，又對話，在這種情況下繼續實行「一條線，一大片」的反霸統一戰線政策不僅已無必要，也對世界形勢的穩定不利。這是由於佔世界人口四分之一的中國，不僅塊頭大，分量重，而且在反對霸權主義、維護世界和平方面已經發展成為獨立於美蘇之外的一支重要的力量，中國如果同美蘇任何一國結盟或建立戰略關係，都會影響世界戰略力量的平衡，不利於國際形勢的穩定。1981 年 2 月 11 日，中共中央政治局召開會議，鄧小平要求大家對如何判斷國際形勢，如何看待三個世界的劃分，如何對待美國和蘇聯三個問題進行討論，因為這關係到中國建立國際反霸統一戰線的戰略方針要不要調整的問題。在這次會議上決定成立以李先念為首的中央外事工作領導小組。1983 年 2 月 21 日至 25 日，中央外事工作領導小組召開會議指出：美蘇兩個超級大國都在搞霸權，要旗幟鮮明地反對蘇美兩霸，而不只反一霸，也不聯合這一霸反對另一霸，也不在兩霸中間搞平衡、搞等距離。誰搞霸權反對誰，誰在哪裏搞就在哪裏反對誰。在國家關係上，會議提出要適當調整對美、對蘇政策。對美，不再講「戰略關係」。對長期處於僵冷的中蘇關係適當加溫，但步子要穩妥，不能轉彎太快，爭取在和平共處五項原則基礎上有個「睦鄰關係」。[1]1983 年 7 月，中央外事工作領導小組會議認為，「國際形勢經過幾年的發展變化，一直講『蘇攻美守』已經不能準確地概括當前美蘇爭霸的戰略態勢，同意外交部提出的美蘇爭霸處於『戰略僵持』狀態的看法。對外仍然繼續強調美蘇爭霸是國際局勢緊張動盪的主要根源。蘇聯是對我國安全的主要威脅，不宜說當前仍然是對世界和平的主要威脅。」[2]1984 年初，中央外事工作領導小組再次召開會議提出：「在外

1　本書編寫組：《李先念傳 1949 — 1992》下，北京：中央文獻出版社，2009 年版，第 1234 頁。
2　本書編寫組：《李先念傳 1949 — 1992》下，第 1236 頁。

交工作中，不要以美劃線、以蘇劃線，也不要以我劃線。一個國家的社會制度的性質，有其客觀標準，不能以它們與中國關係好壞來判定。要避免出現以我為中心的現象。」[1] 上述事例都說明，當時中國的外交決策層已經對國際形勢做出了新的判斷，認識到「蘇攻美守」已經不是對國際形勢的準確概括。繼續實行「一條線，一大片」的反霸統一戰線政策已經失去依據，必須改變以蘇劃線的政策。特別是關於一個國家社會制度的判斷標準問題，提出了更加符合實際的看法，這也為中國重新承認蘇聯為社會主義國家做了鋪墊。對蘇聯社會制度的重新認識也為中蘇關係正常化奠定了理論基礎。

促使中國做出改變「一條線，一大片」反霸統一戰線政策的另一主要原因還在於執行反霸統一戰線的過程中出現的某些偏差給中國造成了負面影響。如前文所述，毛澤東對來自蘇聯的戰爭威脅極為敏感，對 20 世紀 70 年代出現的緩和持強烈批評態度，認為這是西方國家企圖把蘇聯霸權主義這股禍水引向東方，引向中國的陰謀，與第二次世界大戰前西方國家對納粹德國的綏靖主義毫無二致。雖然，緩和確實沒有能夠有效地限制蘇聯的擴張，但是它畢竟給想擺脫冷戰，逃離核戰爭恐怖陰影的國家和人民帶來了某種希望。中國對緩和全面的否定也導致了中國沒有能夠站在保衛世界和平的制高點上來制定自己的政策。同時，過於機械和僵化地執行反霸統一戰線政策已經在客觀上給中國外交帶來了一些困難。在安哥拉內戰問題上的政策使中國與南非白人種族隔離政權似乎有了某些共同點，對伊朗巴列維政權的堅定支持使中國沒有充分認識到伊朗國內即將發生的劇變，導致伊朗伊斯蘭革命勝利後，中伊關係陷入低潮。這些問題都使得中國外交必須做出某些改變。

綜上所述，進入 20 世紀 80 年代，中國對時代主題有了新的判斷，

---

1　本書編寫組：《李先念傳 1949—1992》下，第 1237 頁。

對國際形勢有了新的認識，這就導致中國認為反霸統一戰線所隱含的中美戰略關係已經不是一個符合中國國家利益最大化的戰略選擇。這就是獨立自主的和平外交政策產生的背景。這一政策誕生的第一個標誌是1982年9月召開的中國共產黨第十二次全國代表大會。9月1日，鄧小平在黨的十二大上所做的開幕詞中表示：「中國人民珍惜同其他國家和人民的友誼和合作，更加珍惜自己經過長期奮鬥而得來的獨立自主權力。任何外國不要指望中國做他們的附庸，不要指望中國會吞下損害我國利益的苦果。」[1]胡耀邦在大會上做了題為《全面開創社會主義現代化建設的新局面》的報告。在國際形勢與外交政策部分，報告指出：「我們堅持獨立自主的對外政策，同我們履行維護世界和平、促進人類進步的崇高的國際義務是一致的。…… 中國決不依附於任何大國或者國家集團，決不屈服於任何大國的壓力。」[2]結合鄧小平開幕詞和胡耀邦的報告，我們已經可以看出中國新的對外政策的核心詞是獨立自主與不結盟。不依附於任何大國是不結盟的同義語，是一種較為含蓄的表述。而從學理上來講，中國外交開始跳出冷戰的思維框架，主動放棄了在冷戰兩大陣營中選邊站的做法，美蘇攻守態勢也不會再使中國聯合一霸反對另一霸。此後，鄧小平又多次提出中國不打美國牌，也不打蘇聯牌，即不再與美蘇中的一方結盟形成反對另一方的國際統一戰線。1984年5月，鄧小平在會見巴西總統菲格雷多時談道：「中國的對外政策是獨立自主的，是真正的不結盟。中國不打美國牌，也不打蘇聯牌，中國也不允許別人打中國牌。中國對外政策的目標是爭取世界和平。」[3]1985年5月4日，鄧小平在會

1 鄧小平：《中國共產黨第十二次全國代表大會開幕詞》，1982年9月1日，載《鄧小平文選》第三卷，第3頁。

2 胡耀邦：《全面開創社會主義現代化建設的新局面》，1982年9月1日，載《胡耀邦文選》，北京：人民出版社，2015年半，第447頁。

3 鄧小平：《維護世界和平，搞好國內建設》，1984年5月29日，載《鄧小平文選》第三卷，第57頁。

見緬甸領導人奈溫時說：「我們過去曾說過建立『一條線』的反霸統一戰線，現在不搞那些，執行獨立自主的外交政策。國際上一切和平力量都是我們的朋友，誰搞霸權主義，我們就反對誰。我們也不搞集團政治，不依附任何集團。」[1]1985 年 6 月 4 日，鄧小平在中央軍委擴大會議上發表講話指出:「過去有一段時間，針對蘇聯霸權主義的威脅，我們搞了『一條線』的戰略，就是從日本到歐洲一直到美國這樣『一條線』。現在我們改變了這個戰略，這是一個重大的轉變。…… 我們奉行獨立自主的正確的外交路線和對外政策，高舉反對霸權主義、維護世界和平的旗幟，堅定站在和平力量一邊，誰搞霸權就反對誰，誰搞戰爭就反對誰。」[2] 至此，20 世紀 80 年代中國外交政策的大調整得以最後完成。

在獨立自主的和平外交政策的指引下，中國高舉了維護世界和平的大旗，中國不再搞反對某個國家或某類國家的統一戰線，也就不再機械僵化地為自己樹立敵人，從而可以在更加從容的狀態下與世界各國保持和發展友好關係。中國不再以冷戰美蘇爭霸作為考慮外交政策的出發點，不選邊站，退出冷戰。雖然，中國當時不可能預料到冷戰在大約十年後就會結束，但 20 世紀 80 年代中國外交政策的大調整對於冷戰後的中國無疑是一種巨大的幸運。這種幸運就是中國可以更加主動而游刃有餘地面對冷戰終結這一國際形勢的劇變。

## 二、中美關係「拉開距離」

中美關係之所以要「拉開距離」是因為中美建交之後，美國在台灣問題上一再干涉中國內政，嚴重損害了中國的核心國家利益，特別是美國向台灣出售武器的問題還沒有得到解決，在這種情況下，中國不得不

---

1 中共中央文獻研究室編：《鄧小平年譜》第五卷，第 342 頁。

2 鄧小平：《在軍委擴大會議上的講話》，1985 年 6 月 4 日，載《鄧小平文選》第三卷，第 127-128 頁。

有所反應，進行鬥爭，從而排除中美關係發展的障礙。但與此同時，中美兩國在反對蘇聯霸權主義方面仍然有共同語言，中國改革開放基本國策的確立也使得中美兩國在國家發展戰略上有了利益的交匯點。因此，在國家安全與發展戰略的雙輪驅動下，「拉開距離」的中美關係不但沒有走向疏遠與破裂，反而迎來了雙邊關係發展的一段黃金時期。

中美關係所面臨的第一個困難是「與台灣關係法」。1979 年 4 月 10 日，就在中華人民共和國與美國建交後僅僅 3 個多月的時間，美國總統卡特就簽署了嚴重干涉中國內政的《與台灣關係法》，使之生效正式成為美國國內的一項立法。《與台灣關係法》妄稱「認為以非和平方式包括抵制或禁運來決定台灣前途的任何努力，是對西太平洋地區的和平和安全的威脅，並為美國嚴重關切之事」;「向台灣提供防禦性武器」;「使美國保持抵御會危及台灣人民的安全或社會、經濟制度的任何訴諸武力的行為或其他強制形式的能力」。[1]《與台灣關係法》的實質就是變相改變美國在《上海公報》和《中美建交公報》以及美國政府聲明中對「一個中國」原則所做的承諾，在美國行政當局已經做出與台灣斷交、廢約、撤軍的決定後，繼續將台灣當局作為一個與國家類似的政治實體看待，為繼續向台灣出售武器提供法律依據，同時要束縛中國解決台灣的手腳，阻礙中國實現國家統一的進程，歸根結底仍然是要保持兩岸長期分離的狀態，實現以台制華。

中方對《與台灣關係法》進行了堅決的鬥爭。1979 年 4 月 19 日，鄧小平在會見美國參議院外交委員會訪華團時指出:「對你們國會通過的《與台灣關係法》，中國是不滿意的。這個法案最本質的問題，是實際上不承認只有一個中國，法案的許多條款還是要保護台灣。還說要賣軍火給台灣，所以說，這個法案實際上否定了中美關係正常化的政治基礎。我奉

1 李長久、施魯佳主編:《中美關係二百年》，北京：新華出版社，1984 年版，第 330 頁。

勸美國朋友注意這個問題，這樣的事情不能幹了。」[1] 4 月 28 日，中國政府向美國政府遞交了抗議照會，照會指出：「《與台灣關係法》干涉中國的內政，實際上把台灣視為國家，把台灣當局當作政府，這是嚴重違反中美建交協議的行動。中美建交協議是今後中美關係發展的基礎和準則。中國政府反對『兩個中國』、『一中一台』的立場是堅定不移的。」7 月 6 日，美國駐華使館交來美方的複照表示：「美國政府將遵守同中華人民共和國達成的關於建立外交關係的各項諒解。國會最後通過的《與台灣關係法》並不是在每一個細節上都符合政府的意願，但它為總統提供了充分的酌情處理的權利，使總統得以完全按照符合正常化的方式來執行這項法律。」[2] 雖然美國政府在複照中做了一些掩飾和帶有積極成分的表述，但《與台灣關係》的出臺畢竟在中美建交後極大地刺痛了中國領導層，使中國領導人開始反思「一條線，一大片」反霸統一戰線政策的代價與收益。而此時，徹底打掉《與台灣關係法》還不太現實，解決美國對外出售武器問題需要一個極富戰略智慧和勇氣的過程。這時，中國正在進行對越自衛反擊戰。越蘇兩國關係密切，相互配合實施霸權主義，這使得中國有腹背受敵的感覺，因此，在反對《與台灣關係法》方面採取的行動還相對有限。

第二件使得中國認為必須拉開中美關係的事件是 1980 美國總統大選期間，美國共和黨總統候選人列根所發表的涉華言論。在競選期間，列根明確宣佈他「打算使美國同台灣的關係依照我國的法律即《與台灣關係法》得到發展」。列根對《與台灣關係法》大加讚賞。他說：「我感到滿意的是，《與台灣關係法》為維護我們同台灣的關係提供了一個官方的充分的基礎，我保證實施這個法律。」[3] 他還批評卡特在中美建交時接受了

1　中共中央文獻研究室編：《鄧小平年譜》第五卷，第 342 頁。

2　黃華：《親歷與見聞 —— 黃華回憶錄》，北京：世界知識出版社，2007 年版，第 257 頁。

3　資中筠主編：《戰後美國外交史 —— 從杜魯門到里根》，第 911 頁。

中國提出的實現關係正常化的三項原則。更為嚴重的是列根明確地再次提出了倒聯絡處方案。即 1973 年之後和中美建交之前，美國在北京設有聯絡處，在臺北設有所謂的「大使館」。中美兩國正式建交之後，台灣也應該在美國繼續保留一個聯絡處，其地位相當於美國當初設在北京的聯絡處。列根的上述言論引起了中方的嚴重關切。這是因為，1980 年的美國總統大選是中美建交之後經歷的首次美國總統大選，美國對華政策問題在競選的過程中成為一個熱門的話題。中國對於處理美國競選政治中的對華政策辯論問題經驗還不是很豐富。其次，在大選中，美國共和黨的總統候選人列根處於明顯的優勢，這也不得不使中國對中美關係的未來感到憂心。在這種情況下，《人民日報》多次發表重磅評論文章，對列根的錯誤言論進行批駁。

在這種情況下，列根派出自己的競選副手、美國共和黨副總統候選人、曾經長期擔任美國駐華聯絡處主任的喬治．布什來華進行解釋。1980 年 8 月 21 日，中國外長黃華會見了布什一行。黃華指出，「任何從中美關係現狀倒退的言行，都將損害建立中美關係的政治基礎，損害中美兩國人民的根本利益」。布什說，「我們同現政府一樣，懷有強烈願望加強並繼續改善同中國的關係」，列根既不打算重建與台灣的外交關係，也不想承認「兩個中國」政府。[1] 第二天，鄧小平會見了布什。在會談中，鄧小平提出了發展中美關係的四點立場：「（一）中國政府希望中美關係發展，不應該停滯，更不應該後退。任何從中美建交公報後退的言論和行動，中國政府都堅決反對。（二）不管美國一九八〇年大選後哪一個政黨執政，中國政府評價和判斷美國政府的戰略決策和對外政策都將把對中國的政策視為最重要的標誌之一，因為這是一個全球戰略的問題，不是一個局部性的問題。（三）如果共和黨競選綱領中對中國政策部分（其

---

1　陶文釗：《中美關係史（1972 — 2000）》下卷，上海人民出版社，2004 年版，第 102 頁。

中包括對台灣的政策）和列根先生最近發表的有關言論，真的付諸實施的話，這只能導致中美關係的後退，連停滯都不可能。（四）如果以為中國有求於美國，以致一旦美國共和黨競選綱領中的對華政策和列根先生發表的有關言論成為美國政府政策付諸實行，中國也只好吞下，別無選擇，那完全是妄想。這不只是對共和黨執政而言，即使民主黨這樣搞，也一樣。」[1] 以上四點立場中的最後兩點尤其應該引起我們的充分注意。首先，鄧小平的表態說明中國決定逐步拉開中美戰略關係的主要原因在於，美國認為中國有求於美國，而美國無求於中國，因此美國可以放手在台灣問題大搞倒退，中美兩國共同反對蘇聯擴張的安全利益大到可以遮蔽中美關係所面臨的其他嚴重問題。中國必須通過拉開距離徹底打消美國的這種幻想。其次，中國做出已經準備好中美關係倒退的姿態，以此來對美方實施邊緣戰略和極限施壓，這將成為中國力促美國解決對台軍售問題的主要手段。

1981 年，美國列根政府上臺執政。這時，美國對台軍售問題日益突出出來。從 1979 年 1 月 1 日中美兩國建交以來，除了 1979 年美國沒有向台灣地區出售新的武器之外，美國的對台軍售一直沒有停止。特別是從 1980 年以來，美國準備向台灣地區出售先進的 FX 系列戰鬥機的消息就不絕於耳，這就使得解決美國對台軍售問題變成一個迫在眉睫的問題。更為重要的是，中國希望在與美國就對台軍售問題進行鬥爭的過程中，徹底打消美國關於中國有求於美國，美國無求於中國的幻想。通過解決美國向台灣出售武器問題拉開與美國的距離，徹底擺正中美兩國在雙邊關係中的位置。

為了達到上述目的，中國領導人採取了多輪行動，迫使美國正視中國的力量，坐下來與中國談判解決美國售台武器問題。1981 年新年伊

1　中共中央文獻研究室編：《鄧小平年譜》第四卷，第 667-668 頁。

始，鄧小平就會見了美國參議院共和黨副領袖西奧多・史蒂文斯和美國共和黨全國少數民族委員會主席、美國總統出口委員會副主席陳香梅。鄧小平着重談到了美國對中國的幾個錯誤看法。他說：「第一種觀點，認為中國很弱很窮，裝備又落後，所以中國是無足輕重的，是一個不值得重視的國家。…… 對中國在世界政治中的地位發生錯誤判斷的人，起碼不會有一個正確的國際戰略。第二種觀點，說中國現在有求於美國，美國無求於中國。…… 以為中國有求於人的判斷，會產生錯誤的決策。第三種觀點，認為如果美國政府對蘇聯採取強硬政策，像台灣這樣的問題，中國可以吞下去。吞不下去，不會吞下去的。如果真的出現這樣的情況，由於台灣問題迫使中美關係倒退的話，中國不會吞下去。中國肯定要做出相應的反應。一旦發生某種事情迫使中美關係倒退的話，我們也只能正視現實。第四種觀點，認為中國政府信奉的意識形態旨在摧毀類似美國這樣的政府。這樣的觀點至少不是八十年代的觀點，也不是七十年代的觀點，而是恢復了六十年代以前的觀點。」[1] 鄧小平的這番談話應該說與四個月前與喬治・布什的談話一脈相承，其目的一是打消美國關於只要在安全需要上能滿足中國就可以在台灣問題上為所欲為的錯誤看法，二是表明中國不會容忍美國在台灣問題上的胡作非為，已經做好了中美關係倒退的準備，以此迫使美國有所收斂，並與中國就美國售台武器進行談判。

1981 年 6 月，美國國務卿黑格訪問中國，這是美國列根政府上臺後，中美高級官員的首次接觸。在黑格到訪的前夕，鄧小平在中央政治局常委擴大會議上確定了處理美國售台武器問題的基本立場：「一個是邊緣政策我們一定要用 …… 就是不怕倒退，更不怕停滯。放在這一基點上，它才可能謹慎，否則它就會更囂張。」「當然我們也要爭取好的，不

---

1 中共中央文獻研究室編：《鄧小平年譜》第五卷，第 1-2 頁。

僅能保持，還能發展中美之間的關係⋯⋯ 我們放在邊緣上，才可以爭取到好的一步。」他還說，我們要有底牌，高方案不可能，低方案可以考慮。第一不要超過卡特時期的水平⋯⋯ 關鍵是數量照舊，性能不能超過過去的水平。「只要把性能限制住，（台灣）再花多的錢也沒有用。」二要逐步減少，直至停止。飛機不超過 F5E，絕不能搞潛艇、軍艦。[1] 鄧小平的這番話明確了中國就是要通過邊緣政策、極限施壓的方式儘可能徹底地解決美國售台武器問題，但應該看到的是，作為中國外交的最高決策者，鄧小平在制定向美國施壓的方針時也是有底線的，那就是施壓不是要壓到中美關係降格甚至破裂，而恰恰相反是維護和發展中美關係。在這一大前提下，把美國售台武器問題能解決到什麼程度就解決到什麼程度。消除了這一中美關係的障礙，可以使中美關係進一步向前發展。

按照鄧小平的既定方針，中方通過三次行動向美方施加壓力，最終迫使美方同意與中國談判解決美國售台武器問題。1981 年 6 月，美國國務卿黑格訪華。6 月 14 日和 15 日，中國外長黃華與他進行了兩次會談。在第二次會談中，黃華指出：「建交之初，我們就聲明反對美國賣武器給台灣，希望經過一段時間能解決這個問題。現在一年多了，如果這樣繼續下去，我們不能容忍，不能不做出強烈反應，兩國關係不僅不能發展，連停滯都不可能，如果中美關係倒退，將給戰略全局帶來嚴重後果。」黑格說：「戰略全局是大車輪，台灣問題是大車輪中的小車輪，大車輪應該繼續影響小車輪。美國今後仍要為台灣提供仔細選擇的、性能適度的防禦性武器。」對黑格的言論黃華當即提出了批評和反駁。[2] 6 月 16 日，鄧小平也會見了來訪的黑格一行。在與黑格的談話中，鄧小平更是明確提出對美國售台武器問題「導致中美關係停止，甚至後退，思想上要有這種準備。我講的這些話不是外交辭令，是把我的真正心裏的話都

1　王立：《回眸中美關係演變的關鍵時刻》，北京：世界知識出版社，2008 年版，第 135 頁。
2　黃華：《親歷與見聞 —— 黃華回憶錄》，第 259-260 頁。

講了。」鄧小平還質問黑格：「現在台灣海峽形勢很平靜，有什麼必要不斷向台灣出售武器？這樣的問題涉及中國最大的政策之一，就是要統一祖國、解決台灣問題。」[1] 黃華與鄧小平會見黑格的談話是中方向美方施加壓力，採取邊緣政策的前兩個行動。1981 年 10 月，中國外長黃華又利用出席坎昆會議和隨後訪問美國的機會，向美方傳達了中國在美國對台灣出售武器問題上的三點原則立場：一、美國明確承諾，在規定的期限內，出售給台灣的武器在性能和數量方面不能超過卡特政府時期的水平；二、美國明確承諾，在規定的同樣期限內，出售給台灣的武器將逐年減少，以致最終完全停止。三、雙方在謀求解決此問題時，如果美方向台灣出售武器，則不論性能、數量如何，即使不超過卡特政府時期的水平，都將迫使中國做出強烈反應，兩國關係的停滯或倒退將不可避免。[2] 在與黃華的會談中，美國雖然表示不能接受中國的上述立場，特別是所謂的明確期限問題，但最終還是願意與中國談判解決問題。中國的極限施壓、邊緣政策初步發揮了作用。

中美兩國關於美國售台武器問題的談判於 1981 年 12 月 4 日在北京開始進行，中方的談判代表是章文晉副外長以及後來的韓敘副外長，美方的談判代表是美國駐華大使恆安石。在談判中，中方多次指出：1. 中美雙方在一個根本問題上存在着分歧，即要不要在兩國關係中切實遵守互相尊重主權和領土完整、互不干涉內政的原則；美國向台灣出售武器問題已經嚴重威脅中美關係，而解決的關鍵在於美國切實表現出尊重中國主權，逐步減少以致最後停止售台武器的決心。2. 中國向美國提出的要求是一個主權國家的最起碼的要求，而且在主權範圍內對美國做了極大的照顧；考慮到美國售台武器是一個歷史遺留問題，只要美國表示出切實尊重主權的決心，中國可以再給美國一些時間以徹底解決這一問題。

1　中共中央文獻研究室編：《鄧小平年譜》第五卷，第 47 頁。
2　黃華：《親歷與見聞 —— 黃華回憶錄》，第 260-262 頁。

3. 中國和平解決台灣問題是自己的內政，不容任何外來干涉；美國售台武器問題是中美之間的爭端，是美國侵犯中國主權的問題，美國硬要把前者作為解決後者的前提條件，實際上是要讓美國一方面繼續向台灣出售武器，阻撓中國人民力爭用和平方式解決台灣問題，另一方面又反過來以台灣問題得不到解決為藉口，繼續向台灣出售武器。[1] 中美兩國的談判進行得非常艱難，通過以上情況可以看出雙方談判的癥結在於兩點。首先，美國不同意明確確定一個具體的日期作為完全終止向台灣出售武器的時間節點。其次，美國要求把中國以和平方式解決台灣問題作為解決美國售台武器問題的前提條件。因此，雙方談判在 1982 年春季基本陷入了僵局。

在這種情況下，中國繼續採取極限施壓和邊緣政策，迫使美國認清售台武器的問題的嚴重性和中國立場的堅定性。1982 年 2 月中旬，鄧小平在接受新華社《瞭望》周刊的採訪時表示，中國在美國售台武器問題上「沒有迴旋的餘地」，「實在不行，關係就倒退吧！」「那有什麼了不起？」「我看中華民族還是存在的。」他警告說：「現在我們等着瞧，我們對可能發生的任何情況都已經做好了準備。」[2] 在鄧小平講話的影響下，新華社於 3 月 2 日發表了題為《中美關係發展的關鍵時刻》的評論員文章。文章指出：「如果美國方面堅持長期向台灣出售武器，中美關係就會倒退。中國不希望這種倒退；但如果形勢逼迫我們接受這種狀況，那也沒有辦法。對中國來說，那也沒有什麼了不起。」「認為中國窮，有求於美，會吞下任何苦果，而美無求於中國的觀點是錯誤的，也是危險的。」「如果真的出現中美關係的倒退，中國不僅能照舊活下去，而且能活得好。」[3] 上述情況再次說明，中國與美國進行談判，目標不僅是要解決美國

---

1　田曾佩主編：《改革開放以來的中國外交》，北京：世界知識出版社，1993 年版，第 389 頁。
2　陶文釗：《中美關係史（1972 — 2000）》下卷，第 125 頁。
3　田曾佩主編：《改革開放以來的中國外交》，第 390 頁。

售台武器問題本身，更是要徹底端正美國對中國的一些錯誤看法，在雙邊關係中新確定彼此正確的位置。

為了使談判能夠有所突破，美國總統列根派副總統布什於 1982 年 5 月訪華。5 月 8 日，鄧小平會見了布什。鄧小平對布什說：「中美之間的中心問題是美國向台灣出售武器的問題，它是檢驗中美關係穩固性的準則。這個問題解決好了，才可建立相互信任的關係。兩國關係只有在相互信任的基礎上，才能發展。」鄧小平強調：「美國領導人要承諾，在一定時期內逐步減少，直到完全終止向台灣出售武器。至於承諾的方式，可以商量，公報的措辭可以研究。但我們一定要達成諒解和協議，內部一定要肯定這一點。」[1] 鄧小平與布什的會見明顯使中美談判獲得了轉機。中美雙方隨後都提出了新的公報草案，特別是在 7 月 13 日，美國駐華大使恆安石向鄧小平轉交了美國總統列根的來信和美方關於解決向台灣出售武器問題的新草案。列根在信中表示：美國不謀求執行長期向台灣出售武器的政策，也不會無限期地向台灣出售武器。美國新草案除將上述意向寫入條文外，還表示：美國無意在數量和性能上超過美中兩國建交後幾年的供應水平。美國預期在一段時間內逐步減少對台灣的武器出售，直至最終導致問題的解決。[2] 我們可以看出，列根的來信和美方提出的新草案與《八一七公報》原文已經出入不大，這說明雙方達成一致意見的時機已經基本成熟。

經過艱苦的談判，雙方最終於 1982 年 8 月 15 日達成協議，並於 8 月 17 日發表了《中華人民共和國和美利堅合眾國聯合公報》（即《八一七公報》）。公報中明確指出：「美國政府聲明，它不尋求執行一項長期向台灣出售武器的政策，它向台灣出售的武器在性能和數量上將不超過中美建交後近幾年供應的水平，它準備逐步減少它對台灣的武器出售，並

1 中共中央文獻研究室編：《鄧小平年譜》第五卷，第 47 頁。
2 中共中央文獻研究室編：《鄧小平年譜》第五卷，第 128 頁。

經過一段時間導致最後的解決。」[1] 在《八一七公報》公佈前，鄧小平於 8 月 17 日上午會見美國駐華大使恆安石，請他向列根總統轉達以下口信。一、中美《八一七公報》已正式達成協議，期待美方切實履行其承諾和保證；公報中說，美國「向台灣出售的武器在性能和數量上將不超過中美建交後近幾年供應的水平」，這一規定在原則上是很清楚的，中國不希望看到由於玩弄數字或藉口生產上的原因而引起新的爭執；公報中說，「經過一段時間導致最後的解決」，這個「一段時間」的含義很清楚，即是有限的，不應推到遙遠的將來，至於「最後的解決」，其含義也只能是最終停止售台武器，不應做任何別的解釋。二、台灣回歸祖國的問題完全是中國的內政，中國在公報中重申了爭取和平解決台灣的政策，這決不意味着中國向美國或任何人做出什麼承諾，當然也不允許曲解為美國停止售台武器要以台灣問題的和平解決為前提，希望雙方不要在這個問題上有任何誤解。三、中方重視中美關係，願為兩國關係的健康發展同美方一起做出努力。但無可諱言，在中美關係上始終存在着一片烏雲，這就是美國單方面制定的、嚴重違背中美建交公報原則的《與台灣關係法》。這個法即便未被修改，美國總統在執行該法時也有很大的機動權限，希望美國能正視這個問題。[2] 至此，美國售台武器在一定程度上得到了比較圓滿的解決。

如前所述，中國與美國談判，並不僅僅要解決美國售台武器問題，更是要消除反霸統一戰線政策和中美戰略關係給美國造成的一些錯誤認知，從而重新確定兩國在雙邊關係中的正確位置和對彼此的正確認識。中國在與美國談判的過程中並不是一味施壓，不達到最完美的結果誓不罷休，最終將中美關係壓壞壓垮。中國的目的是跨越美國售台武器的障礙，更好地發展中美關係。在當時的歷史背景下，中國雖然強調美蘇兩

1 《中美兩國政府發表聯合公報》，載《人民日報》1982 年 8 月 18 日，第一版。
2 韓念龍主編：《當代中國外交》，北京：中國社會科學出版社，1990 年版，第 238-239 頁。

個超級大國爭霸是世界不穩定的主要原因，但是中國仍然側重反對蘇聯霸權主義，中國領導人也不想因《八一七公報》的談判而給外界造成一種中國改變了改革開放路線方針的印象。1982 年 6 月 25 日，鄧小平在與胡耀邦、胡喬木談黨的十二大報告修改問題時指出：「外交部分要注意策略，不要使人覺得我們的外交政策變了。」[1] 在中國共產黨第十二次代表大會召開期間，美國前總統尼克遜訪華。鄧小平告訴他，「中國認為蘇聯新領導上臺後，其政策不會變，因為蘇聯的政策不是某些個人的因素決定的，而是由其制度決定的。中國對蘇聯，作為國家關係，和你們美國一樣，總還要同它來往，實際上我們對全球戰略的看法沒有變。」胡耀邦總書記也對尼克遜說，「如果蘇聯放棄霸權主義，中國準備同它關係正常化，但估計它不會改變。一旦中蘇關係正常化了，中國仍希望同美國擴大發展關係。」[2] 隨後，美國前國務卿基辛格又來華訪問。9 月 30 日，鄧小平在會見基辛格時說：「十年來中美關係的發展總的說是好的，但近兩年發生了一些波折。我們是重視同美國發展關係的，並且認為這種關係必須建立在相互信任的基礎上才能向前發展。」[3]1983 年 2 月，美國新任國務卿舒爾茨來華訪問。中國外長吳學謙再次向美方闡述中國獨立自主的和平外交政策，強調中國反對蘇聯霸權主義的立場未變，中國要求蘇聯消除中蘇關係正常化的三個障礙。他指出，中國雖反對美國的霸權主義行為，但未把美蘇相提並論，中美在反對蘇聯擴張上可各自從自己立場出發，採取必要的行動。舒爾茨表示理解中方的立場，認為雙方有並行不悖的利益。[4] 上述材料可以看出，中國向美國表明，中國對蘇聯是霸權主義國家的定性沒有改變，在國際上側重反對蘇聯霸權主義的外交政

---

1 中共中央文獻研究室編：《鄧小平年譜》第五卷，第 126 頁。

2 王泰平主編：《新中國外交 50 年》下，第 1389 頁。

3 中共中央文獻研究室編：《鄧小平年譜》第五卷，第 155 頁。

4 王泰平主編：《新中國外交 50 年》下，第 1390-1391 頁。

策沒有改變，中蘇關係正常化的啟動不會使中國再次倒向蘇聯而疏遠美國。中國與美國發展關係的願望是真誠的，因此，美國對中國對美政策也就有了比較充分的信心。

通過上述曲折而複雜的歷史過程，中國不僅在當時的歷史條件下儘可能地解決了美國售台武器問題，更為重要的是，中國消除了在執行反霸統一戰線期間美國對中國所形成的錯誤認知，重新擺正了中美兩國在雙邊關係中的位置，這一點更加重要。《八一七公報》發表後，中美高層互訪不斷，經貿、科技、教育等方面的聯繫都取得了長足的進展。在共同的安全和發展利益的雙輪驅動下，中美關係進入了一段高速發展的「黃金歲月」。

## 三、中蘇關係正常化

中蘇關係正常化與中美關係拉開距離共同構成了中國調整反霸統一戰線政策的重要背景。如果不能從理論上說明蘇聯的國家性質是什麼以及來自蘇聯的入侵是否可以避免等重大問題，並在雙邊關係的層面上解決中蘇兩國所面臨的障礙，那麼調整反對蘇聯霸權主義的統一戰線將是毫無理論依據的。如前文所述，在 20 世紀 80 年代初，以鄧小平為核心的中國領導人開始逐步形成新的外交思想和對國際形勢的新看法時，對蘇聯的看法也在發生着潛移默化的變化。那麼，在具體實踐中印證這種新的看法，確定蘇聯的戰略意圖，解決中蘇關係的障礙就成為中國對蘇外交的最主要內容。

20 世紀 70 年代末到 80 年代初，蘇聯仍然是中國在國際上主要批評和反對的對象。特別是 1978 年年底，蘇聯支持越南入侵柬埔寨，1979 年 12 月底，蘇聯又入侵中國鄰國阿富汗，這給已經冷淡了二十年的中蘇關係又增加了新的矛盾。

轉折點發生在 1982 年 3 月 24 日，這一天蘇聯最高領導人勃列日涅夫在塔什幹發表了蘇聯對華政策的講話。勃列日涅夫表示：「我們過去沒有否認，現在也不想否認中國存在着社會主義制度。…… 我們過去和現在從未以任何方式支持所謂『「兩個中國」的概念』，過去完全承認、現在仍然承認中華人民共和國對台灣島的主權。…… 從蘇聯方面來說，過去和現在都沒有對中華人民共和國進行任何威脅。我們過去沒有、現在也沒有對中國提出任何領土要求，並準備在任何時候就現存的邊界問題舉行談判，以便達成彼此可以接受的解決辦法。我們還準備討論關於在蘇中邊界地區加強互相信任方面可能採取的措施。」[1] 此時，正值中美關於美國售台武器問題談判陷入僵局的時候，鄧小平決定對勃列日涅夫的講話給予一定程度的積極回應。這有利於促進中美雙方就美國售台武器問題達成協議，從更深層次上講，逐漸緩和中蘇關係並最終實現中蘇關係的正常化對於中國形成一個健康穩定的對外關係大格局是極為重要的。根據鄧小平的指示，3 月 26 日，當時負責蘇聯、東歐事務的外交部副部長錢其琛作為外交部發言人對勃列日涅夫的講話發表了如下聲明：「我們注意到了 3 月 24 日蘇聯勃列日涅夫主席在塔什幹發表的關於中蘇關係的講話。我們堅決拒絕講話中對中國的攻擊。在中蘇兩國關係和國際事務中，我們重視的是蘇聯的實際行動。」[2] 錢其琛的講話用了「注意到」這一外交辭令中表示最低程度贊同的詞語，並強調中國重視的是蘇聯的實際行動。也就是有「聽其言，觀其行」的意思。既然能夠聽其言，就說明對方的言辭中有合理的成分，這與中蘇關係緊張時期，中國對蘇聯所提的一切全面否定，全面批判的態度已經有了很大的不同。

如前所述，1982 年 7 月 13 日，美國駐華大使恆安石向鄧小平轉交了美國總統列根的來信和美方就售台武器問題所提出的新的公報草案，《八一七公報》的談判可以說已經基本塵埃落定。隨後，鄧小平在家中

---

1　沈志華主編：《中蘇關係史綱 —— 1917 — 1991 年中蘇關係若干問題再探討》，第 468 頁。
2　錢其琛：《外交十記》，北京：世界知識出版社，2003 年版，第 4 頁。

召集當時黨內的老一輩領導人及外交部領導研議對美關係時，認為與美國進行的關於售台武器問題的談判可以到此為止。同時，中央領導同志主動提及改善中蘇關係問題。鄧小平說，中國既要跟美國改善關係，也要跟蘇聯改善關係。鄧小平提出我們要採取一個大的行動，向蘇聯傳遞信息，爭取中蘇關係有一個大的改善，但必須是有原則的，條件是蘇聯要主動解決「三大障礙」[1]，消除對中國安全的威脅。在談到傳遞信息的方式時鄧小平指出：可由外交部蘇歐司司長以視察使館工作名義前往莫斯科，並同時前往波蘭華沙。[2] 這裏需要說明的是，「三大障礙」之所以成為中蘇關係正常化必須解決的問題是因為這三件事情實際上構成了蘇聯在北面、西面和南面對中國國家安全的威脅，而這「三大障礙」中又以蘇聯支持越南入侵柬埔寨最為中國所關切。因為，這直接關係到中國在東南亞所面臨的地區秩序，任由蘇聯通過越南向東南亞擴張，將嚴重扭曲正在逐漸形成的對中國和東南亞各國都極為有利的地區秩序。同時，蘇聯支持越南入侵柬埔寨，而中國支持柬埔寨人民反對越南的入侵，這使得中蘇兩國實際上處於一種間接敵對的狀態，管控不好很容易導致中蘇之間的直接衝突。鄧小平的態度也秉持了他在處理中蘇關係問題上的一貫立場。即不消除蘇聯對中國的安全威脅，根本談不上中蘇關係正常化。1979 年 4 月，中國做出了不延長《中蘇友好同盟互助條約》的決定，中蘇關係的政治基礎已經缺失。為此，中蘇準備通過談判重新確立兩國關係的準則。1979 年 8 月 29 日，鄧小平在中央政治局會議上指出：「我方在談判中必須堅持原則，即不能同意在大軍壓境的情況下同蘇聯改善關係，核心問題是要求蘇從蒙古撤軍，不支持越南侵略柬埔寨。」[3]9 月

1 指蘇聯在中蘇、中蒙邊境地區大量駐軍，支持越南侵佔柬埔寨，武裝入侵阿富汗。

2 戴秉國：《戰略對話 —— 戴秉國回憶錄》，第 39 頁；中共中央文獻研究室編：《鄧小平年譜》第五卷，第 133 頁。

3 馬叙生：《我親歷的中蘇關係正常化過程》，載《百年潮》1999 年第 4 期，第 34 頁。

18日，鄧小平在會見美國前總統尼克遜時談道：「要消除中蘇關係的障礙，這是談判的前提。障礙是蘇聯的擴張主義和霸權主義，而不只是中蘇邊界問題。蘇聯在中蘇邊界擺了一百萬軍隊，這對中國是一個實實在在的威脅，這種情況能夠繼續嗎？蘇聯必須減少中蘇邊境的軍隊，至少減到赫魯曉夫時代的數量。蘇聯在蒙古駐軍能夠繼續嗎？理所當然我們要提出這個問題，要讓蘇聯把軍隊從蒙古撤出去。」[1] 由此可見，消除蘇聯對中國的安全威脅是中蘇關係正常化的前提條件，這是鄧小平的一貫主張，消除「三大障礙」也就成為中蘇關係正常化歷史過程的主線。

在鄧小平的決策下，中國外交部蘇歐司司長於洪亮以視察使館的名義前往莫斯科，並向蘇聯外交部負責人轉達了體現中國立場的長達1000多字的說帖。說帖指出：「現在是為改善中蘇關係做一些事情的時候了。當然，問題不可能在一個早上就解決，但中方認為，只要中蘇雙方都有改善關係的誠意，完全可以通過協商，逐步實現公正合理的解決。中方建議先從蘇聯勸說越南從柬埔寨撤軍做起，也可以從解決兩國關係的其他問題，如減少中蘇邊境地區武裝力量做起，與此同時，雙方還應考慮找到一個有關各方都能接受的解決辦法，來解決蘇聯從蒙古人民共和國撤軍的問題。中方也希望在阿富汗問題上能找到合理的解決辦法。」[2] 於洪亮轉達的說帖引起了蘇方的重視，中蘇雙方商定由兩國副部長級的政府特使就兩國關係正常化舉行磋商。

從1982年10月到1988年6月，中蘇兩國政府特使磋商共進行了12輪。在談判中，中方始終抓住「三大障礙」問題不放，指出實現兩國關係正常化的根本途徑在於雙方共同努力，扎扎實實做一些事情，以消除妨礙發展兩國關係的嚴重障礙。障礙消除了，通向正常化的道路就暢

---

1　中共中央文獻研究室編：《鄧小平年譜》第四卷，第557頁。

2　錢其琛：《外交十記》，第8頁。

通了。沿着這條道路前進，就可望逐步恢復兩國之間的睦鄰友好關係。擔任中國政府特使的錢其琛還注重強調了解決蘇聯支持越南侵佔柬埔寨問題是「三大障礙」中的核心障礙。他說：「首先從解決越南從柬埔寨撤軍問題做起，是必要的。這是因為：第一，從這裏入手是至關重要的。坦率地說，越南在蘇聯的支持下派軍隊佔領柬埔寨，不僅給柬埔寨人民帶來深重災難，給越南人民帶來了不應有的痛苦和犧牲，使東南亞地區的和平與安寧遭到了戰火破壞，而且加重了中國的不安全感，使本來惡化了的中蘇關係變得更加緊張、尖銳和複雜，為中蘇兩國關係的正常化設置了新的障礙。儘快解決越南從柬埔寨撤軍問題，是維護東南亞和平與安全的急迫需要，是實現中蘇兩國關係正常化的一個關鍵性步驟。第二，從這裏入手也是比較現實可行的。眾所周知，蘇聯在印度支那地區所做的不光是支持越南出兵柬埔寨這樣一件事情。蘇聯方面想來應該注意到，我們沒有苛求蘇方，現在我們所提出的僅僅是要蘇聯運用自己的影響促使越南從柬埔寨撤出軍隊。在這裏，不存在蘇聯自己撤出一兵一卒的問題，也沒有涉及別的東西，雖然我們完全可以要求蘇聯方面做些別的事情。中國方面這種合情合理的主張，應當能夠得到蘇聯方面的積極響應。人們也清楚，蘇聯擁有促使越南從柬埔寨撤軍的能力和手段。如果蘇聯方面冷靜地權衡利弊，具有遠見，做出政治決斷，並採取必要措施，問題並不難解決。」[1]而正是面對中國的核心關切，蘇聯卻採取迴避反駁的態度。首先，蘇方代表指出中國提出中蘇關係正常化面臨的「三大障礙」就是為磋商設置先決條件。對於促使越南從柬埔寨撤軍問題，蘇聯以中蘇關係正常化「不能損害第三國利益」，也就是說中蘇磋商只能談中蘇兩國關係的問題，不能涉及第三國。蘇方代表還反覆宣稱蘇聯從不威脅中國，重申蘇聯改善兩國關係的願望。然而，如前文所述，中國

1　錢其琛：《外交十記》，第12-13頁。

最高決策者已經為中蘇關係正常化確定了主要內容，那就是消除「三大障礙」，特別是促使越南從柬埔寨撤軍問題。在這個中方的主要關切上蘇聯不能有實質性的妥協和配合，也就注定中蘇兩國特使的政治磋商不可能很快取得進展。

儘管如此，中國仍然希望為剛剛開始的中蘇關係正常化進程再添一些推動力。此時，恰逢蘇聯最高領導人勃列日涅夫、安德羅波夫和契爾年科相繼去世，中國利用「葬禮外交」的機會再次向蘇聯表達了改善關係的願望。1982 年 11 月，蘇聯領導人勃列日涅夫去世，中國決定派國務委員兼外交部長黃華赴莫斯科參加勃列日涅夫的葬禮。但是為了不給外界造成中蘇關係驟然接近的印象，在鄧小平的指示下，胡喬木起草了一份黃華外長在離開首都機場前對記者的談話。這篇談話簡短回顧了中蘇關係的歷史，對從 20 世紀 50 年後期開始中蘇關係逐漸惡化到 20 世紀 60 年代末發展到相當嚴重的程度的歷史過程並未諱言，但同時對勃列日涅夫生前多次發表致力於改善中蘇關係的講話表示了讚賞。講話特別強調：「中國人民誠心誠意地希望兩國關係能夠排除障礙，得到真實的改善，並逐步恢復正常化。」[1] 這篇講話的核心實質上仍是強調排除中蘇關係的障礙，兩國關係才有可能實現真正的改善。利用參加葬禮的機會，黃華還與蘇聯外長葛羅米柯進行了會談。黃華指出：「蘇聯在中蘇邊境屯駐重兵，出兵侵佔中國的鄰邦阿富汗，並支持越南出兵侵佔柬埔寨，這些行動對中國的安全構成了現實威脅，是造成中蘇關係緊張和對立的癥結所在，這都是客觀事實。中國提出消除這些障礙的要求是對現存的蘇聯的威脅做出的正面而且自然的反應，這正是真正改善中蘇關係和實現正常化的根本所在。」[2]1984 年 2 月，蘇聯領導人安德羅波夫逝世，中國又派國務院副總理萬里前往莫斯科參加葬禮。1985 年 3 月，蘇聯領導人契

1 《中蘇和平友好符合兩國人民和世界和平利益》，載《人民日報》1982 年 11 月 15 日，第一版。
2 黃華：《親歷與見聞 —— 黃華回憶錄》，第 367 頁。

爾年科逝世，中國派排名第一的副總理李鵬作為中國政府代表團團長前往莫斯科參加葬禮。據隨同李鵬訪問的戴秉國回憶。在弔唁期間，中方不再稱蘇聯為社會帝國主義。李鵬副總理對蘇聯新任領導人戈爾巴喬夫說，「中蘇兩個偉大鄰邦、兩個社會主義國家改善關係十分重要，祝願蘇聯在社會主義建設事業中取得巨大成就。」戈爾巴喬夫則表示，蘇中關係改善不能局限在經濟領域，要談政治，要提高對話級別。[1] 這一舉動應該說對中蘇關係的改善極為重要。眾所周知，中蘇關係惡化後，中國一直認為蘇聯出現了修正主義，到 20 世紀 60 年代末，由於蘇聯入侵捷克斯洛伐克，中國進一步將蘇聯定位為社會帝國主義，這就否定了蘇聯國家的社會主義性質，並把蘇聯與美帝國主義同等看待。而此時，中國重新將蘇聯稱為社會主義國家，並祝願蘇聯在社會主義建設中取得成就，這種對蘇聯國家性質的重新定位當然對中蘇關係的改善起到了重要的推動作用。

在此期間，蘇聯部長會議第一副主席阿爾希波夫正式訪問中國，雙方簽訂了《中蘇經濟技術合作協定》、《中蘇科學技術合作協定》和《中蘇成立經濟、貿易、科技合作委員會的協定》。1985 年 7 月，中國副總理姚依林訪問蘇聯，雙方又簽訂了一些涉及貿易、經濟和技術合作方面的協定。1986 年，中蘇兩國又就彼此在上海和列格勒設立總領事館達成協議。這一時期，中蘇兩國之間在文化、教育、科學、體育、工會等部門之間的交流也日益增加。兩國貿易額也從 1983 年開始出現大幅度增長。1982 年中蘇貿易額以瑞士法郎計算為 6.04 億，1983 年為 16.64 億，1984 年達到了 26.5 億，1985 年增至 46 億。[2]

蘇聯新領導人戈爾巴喬夫上臺後，中國進一步加大了推動中蘇關係實現正常化的力度。如前文所述，中蘇關係正常化就是消除蘇聯對中國

---

1　戴秉國：《戰略對話 —— 戴秉國回憶錄》，第 42 頁。

2　韓念龍主編：《當代中國外交》，第 352 頁。

的安全威脅，也就是消除「三大障礙」，而其中又以蘇聯促使越南從柬埔寨撤軍最為中國所關切。於是，中國領導人決定不在「三大障礙」上平均用力，而把力量集中在解決柬埔寨問題上。1985 年 10 月 9 日，羅馬尼亞總統齊奧塞斯庫訪華。鄧小平通過他向戈爾巴喬夫傳話：「如果蘇聯同我們達成諒解，讓越南從柬埔寨撤軍，而且能夠辦到的話，我願意同戈爾巴喬夫會見。我出國訪問的歷史使命雖已完成，但為這個問題，我可以破例。」同齊奧塞斯庫談話後，鄧小平對陪見的同志說：「今天，我打出了一副大牌。」[1] 所謂「一副大牌」就是鄧小平以破例訪問蘇聯會見戈爾巴喬夫為着力點，推動蘇聯在解決柬埔寨問題上有所突破。

1986 年 7 月 28 日，蘇聯領導人戈爾巴喬夫在蘇聯遠東城市海參崴（符拉迪沃斯託克）發表講話，在談到蘇聯對亞太地區的政策時說：蘇聯將在 1986 年底從阿富汗撤回 6 個團；正在同蒙古討論從蒙古撤出「相當大一部分蘇軍」；表示可以按主航道劃分中蘇界河上的邊界線；還說「蘇聯願意任何時候和在任何級別上同中國最認真地討論建立睦鄰局勢的補充措施問題」。[2] 戈爾巴喬夫也談到了柬埔寨問題，他聲稱越柬問題的解決取決於中越關係正常化，是中越雙方的事，蘇聯只能希望中越恢復對話，言歸於好。[3] 由此可見，戈爾巴喬夫上臺之初，對華政策的立場有所改變，開始談及中蘇關係「三大障礙」問題，但是對於中方最為關切的柬埔寨問題仍採取迴避的態度。針對這種情況，中國方面繼續發力，力促蘇聯態度有所改變。8 月 13 日，中國外長吳學謙會見蘇聯駐華臨時代辦，表達了中國對戈爾巴喬夫海參崴講話的意見。吳學謙說：「中國方面注意到戈爾巴喬夫總書記在海參崴講話中就改善中蘇關係所講的一些話，對此我們予以重視並表示歡迎。但是，講話中對一些問題的闡述離消除三

1　戴秉國：《戰略對話 —— 戴秉國回憶錄》，第 43 頁。
2　韓念龍主編：《當代中國外交》，第 350 頁。
3　錢其琛：《外交十記》，第 24 頁。

大障礙距離尚遠，特別是迴避了越南從柬埔寨撤軍問題，中國方面是不滿意的。越南從柬撤軍，公正合理解決柬埔寨問題是中國方面最感關切的問題。」[1]9 月 2 日，鄧小平在會見美國記者邁克·華萊士時也對戈爾巴喬夫的海參崴講話進行了回應。鄧小平說：「戈爾巴喬夫在海參崴的講話有點新東西，所以我們對他的新的帶積極性的東西表示了謹慎的歡迎。但戈爾巴喬夫講話也表明，他的步子邁得並不大。」鄧小平特別強調：「如果蘇聯能夠幫助越南從柬埔寨撤軍，這就消除了中蘇關係的主要障礙。我再說一次，越南入侵柬埔寨問題是中蘇關係的主要障礙。越南在柬埔寨駐軍也是中蘇關係實際上處於熱點的問題。只要這個問題消除了，我願意跟戈爾巴喬夫見面。我早已經完成了出國訪問的歷史任務。我是決心不出國的了。但如果消除了這個障礙，我願意破例地到蘇聯任何地方同戈爾巴喬夫見面。」[2] 由此可見，在中國領導人看來，中蘇關係正常化的「三大障礙」正向「一大障礙」轉變。只要蘇聯能夠促使越南從柬埔寨撤軍，中蘇關係就可以實現正常化。而中越關係的正常化和柬埔寨問題的和平解決恰恰是中國超越國際統一戰線的思維模式，執行獨立自主的和平外交在中國與亞非國家關係問題上最突出的表現。

1988 年 4 月 14 日，有關政治解決阿富汗問題的系列協議在瑞士日內瓦簽署。在相關協議中，蘇聯承諾從 1988 年 5 月 15 日開始從阿富汗撤軍，並在 9 個月內撤完。[3] 這樣中蘇關係「三大障礙」的一個障礙就消除了。1988 年 12 月 1 日至 3 日，中國外長錢其琛對蘇聯進行了訪問，這是近 30 年來，中國外長首次訪問蘇聯。錢其琛在與蘇聯外長謝瓦爾德納澤會談中重申，越南應儘快從柬埔寨撤出全部軍隊，越南撤軍後，所有

1　韓念龍主編：《當代中國外交》，第 350 頁。

2　鄧小平：《答美國記者邁克．華萊士問》，1986 年 9 月 2 日，載《鄧小平文選》第三卷，第 167-169 頁。

3　向奎觀、李銳鋒：《政治解決阿問題協議在日內瓦簽署》，載《人民日報》1988 年 4 月 15 日，第一版。

國家都應停止對柬埔寨各派的軍事援助，以保證柬的和平與穩定。蘇方也表示，從各方面情況看，柬埔寨問題是到了該解決的時候了。雙方還討論了中蘇邊境駐軍等問題。中方希望蘇聯從蒙古全部撤軍，並把在中蘇邊境的駐軍裁減到和兩國正常的睦鄰關係相適應的最低水平，並且不把裁減下來的部隊轉移到其他地區。蘇方表示，蘇聯從蒙古撤軍的進程將繼續下去，同時要減少邊境地區的駐軍，使之符合正常關係的水平。[1] 應該說這次訪問蘇聯方面在「三大障礙」問題上都有積極的表態，這次訪問也成為中蘇關係正常化的一個轉折點。由於蘇聯方面的積極態度，雙方確認，中蘇兩國最高級會晤將在 1989 年上半年舉行。1988 年 12 月 7 日，戈爾巴喬夫在第 43 屆聯合國大會發表講話，明確表示蘇聯不僅將部分地從東歐國家撤軍，「根據與蒙古人民共和國政府達成的協議，臨時駐紮在那裏的蘇聯軍隊的相當大一部分將返回祖國」。[2]1989 年 1 月 6 日，越南外交部宣佈，越南政府和柬埔寨金邊政權已經決定，如果柬埔寨問題能夠實現政治解決的話，越南將在 1989 年 9 月前從柬埔寨撤出其全部軍隊。[3]1989 年 2 月，作為對錢其琛訪問蘇聯的回訪，蘇聯外長謝瓦爾德納澤訪問中國，並為中蘇最高級會晤做準備。本來中蘇雙方達成一致意見，準備就柬埔寨問題公開發表一項聲明，但謝瓦爾德納澤出爾反爾，不打算發表這項聲明。中國外交部明確表示，如果不能發表這項聯合聲明，則戈爾巴喬夫訪華的具體日期也無法確定。在中方的巨大壓力下，謝瓦爾德納澤同意在結束訪華後，由中蘇雙方的司局級主管官員繼續會談。最終在 2 月 6 日，中蘇兩國外長關於解決柬埔寨問題的九點一致意見和戈爾巴喬夫訪華的具體日期才正式公佈。由此可見，消除「三大障礙」中的最大障礙並不能一蹴而就，必然有很多波折。但不管如何，到

---

1　謝益顯主編：《中國當代外交史 1949—1995》，第 392 頁。
2　《戈爾巴喬夫在聯大的演說（摘要）》，載《人民日報》1988 年 12 月 10 日，第六版。
3　《越南宣佈 9 月前從柬全部撤軍》，載《人民日報》1989 年 1 月 7 日，第一版。

1989 年初，「三大障礙」的解決都取得了明顯的進展，中蘇關係正常化的條件已經基本成熟。

1989 年 5 月 15 日至 18 日，蘇聯最高蘇維埃主席團主席、蘇共中央總書記戈爾巴喬夫對中國進行了訪問，5 月 16 日，中央軍委主席鄧小平與戈爾巴喬夫進行了主題為「結束過去，開闢未來」的談話，這次具有歷史意義的會見也正式標誌着中蘇關係正常化的實現。鄧小平首先回顧了近代以來中國遭受列強侵略和奴役的歷史，並指出從中國得利最大的兩個國家，「一個是日本，一個是沙俄，在一定時期一定問題上也包括蘇聯」。隨後，鄧小平又分析了 20 世紀 60 年代中期中蘇關係破裂的原因。他指出：「從 60 年代中期起，我們的關係惡化了，基本隔斷了。這不是指意識形態爭論的那些問題，這方面現在我們也不認為自己當時說的都是對的。真正的實質問題是不平等，中國人感到受屈辱。」鄧小平還深刻分析了當年中蘇大論戰的本質。他說：「馬克思去世以後一百多年，究竟發生了什麼變化，在變化的條件下，如何認識和發展馬克思主義，沒有搞清楚。絕不能要求馬克思為解決他去世之後上百年、幾百年所產生的問題提供現成答案。…… 真正的馬克思列寧主義者必須根據現在的情況，認識、繼承和發展馬克思列寧主義。」鄧小平談到中蘇關係的歷史並不是要追究誰的歷史責任，而恰恰是要中蘇雙方都甩掉歷史的包袱，進入中蘇關係的一個新的歷史階段。他強調：「歷史賬講了，這些問題一風吹，這也是這次會晤取得的一個成果。雙方講了，就完了，過去就結束了。現在兩國交往多起來了，關係正常化以後的交往，無論深度和廣度都會有大的發展，在發展交往方面，我有一個重要建議，多做實事，少說空話。」[1] 通過以上情況我們可以看出，鄧小平與戈爾巴喬夫的會晤乃至整個中蘇關係正常化的歷史進程還包含有思想解放的層面。中蘇關係

1　鄧小平：《結束過去，開闢未來》，1989 年 5 月 16 日，載《鄧小平文選》第三卷，第 291-295 頁。

破裂的一個重要原因是當時兩國對於國際形勢、世界革命和國際共產主義運動的看法存在嚴重分歧。在實現中蘇關係正常化的過程中，中國勢必要對 20 世紀 50 年代末以來中蘇論戰乃至中蘇交惡有一個新的基本認識和判斷。這些新的認識和判斷勢必要打破冷戰初期中國對某些國際問題的看法。這種思想的解放構成了中國調整外交戰略，確立獨立自主的和平外交政策，對國際統一戰線實現某種超越的思想基礎。

在戈爾巴喬夫結束訪問的 5 月 18 日，中蘇兩國發表了聯合公報。《中蘇聯合公報》的發表正式標誌着中蘇關係正常化歷史進程的完成。公報指出：「中蘇兩國高級會晤標誌着中蘇兩國國家關係正常化。這符合兩國人民的利益和願望，有助於維護世界的和平與穩定。中蘇關係正常化不針對第三國，不損害第三國利益。」中蘇兩國還表示將在和平共處五項原則的基礎上發展兩國關係。中蘇兩國要「通過和平談判解決兩國之間的一切爭端，相互不以任何形式，包括不利用同對方接壤的第三國的領土、領水和領空使用武力或以武力相威脅」。[1]

綜上所述，中蘇關係正常化至少包括三個層面的內容。首先，中蘇關係正常化消除了蘇聯對中國國家安全的威脅。其次，中蘇關係正常化促使中國改變了對蘇聯國家性質和社會制度的認識，也重新確認了蘇聯對中國的戰略意圖。第三，中蘇關係正常化對中國而言還是一種思想解放，使中國跳出了在冷戰初期形成的一些對國際形勢、世界革命和國際共產主義運動的思想窠臼。通過拉開中美關係的距離和實現中蘇關係正常化，中國真正做到了「告別冷戰」。拉開中美關係的距離和實現中蘇關係正常化也構成了中國調整反霸統一戰線政策的主要背景。

1 《中蘇聯合公報》，載《人民日報》1989 年 5 月 19 日，第一版。

# 第二節 中國與亞洲國家關係的全面發展

## 一、中國與東盟六國關係的恢復與發展

東盟成立於 1967 年 8 月 8 日，當時的成員國有泰國、馬來西亞、新加坡、菲律賓和印度尼西亞。東盟成立時，五個成員國因為種種原因都對中國採取敵視的政策，未與中國建立任何關係。本書第五章談到，進入 20 世紀 70 年代，由於美國調整對外政策，撤出印支地區，東南亞的部分國家也開始調整他們的對外政策。20 世紀 70 年代中期，中國先後與馬來西亞、菲律賓和泰國建交。實現了中國與東盟國家關係的突破。文萊於 1984 年加入東盟。在 1995 年東盟正式擴大之前，東盟成員就是以上 6 個國家。進入 20 世紀 80 年代，中國與東南亞各國的關係開始復甦和發展，雙方為本地區的和平與穩定做出了共同的努力。到 1991 年蘇聯解體冷戰正式結束時，中國恰好實現了與所有東南亞國家的建交和複交，中國與東南亞各國的關係全面實現正常化。中國與東盟國家關係的恢復和發展是中國告別冷戰，超越國際統一戰線思維框架的一個重要表現。

中國恢復與發展東盟六國關係的首要行動就是確定在 20 世紀 80 年代中國與東盟國家關係的基本原則。這些基本原則大多是在中國領導人訪問東南亞國家的過程中提出的。自中國實行改革開放政策到 1991 年，中國領導人鄧小平、李先念、李鵬等先後訪問泰國、馬來西亞、菲律賓、新加坡和印度尼西亞等 5 個東盟國家。東盟各國領導人也先後來華訪問。雙方高層領導人之間頻繁接觸，增進了中國與東盟國家之間的相互了解和互信，擴大了共識。中國對東盟國家的基本原則首先是繼續支持東盟國家提出的把東南亞建成和平、自由和中立區的倡議，其實質仍然是要將蘇聯的影響力屏蔽在這一地區之外，這是對上一階段反霸統一戰線政策的繼承。1978 年 11 月，在十一屆三中全會召開前夕，時任國

務院副總理的鄧小平訪問了泰國、馬來西亞和新加坡。11 月 6 日，鄧小平在泰國總理舉行的歡迎宴會上發表講話，讚揚了東盟堅持建立東南亞和平、自由和中立區的主張以及加強東盟自身組織自身團結的立場，指出，東盟組織加強團結合作，不僅有利於東南亞地區的和平、穩定和繁榮，也是對世界和平與安全的寶貴貢獻。11 月 8 日，鄧小平在接受記者提問時又談到，中國一貫支持東盟和平、自由、中立的政策。東盟堅持這個政策、堅持本身的團結，是亞洲、太平洋地區和平、安定的一個因素。在訪問馬來西亞時，鄧小平又指出，馬來西亞是東南亞和平、自由、中立區的倡議國，並一直致力於實現這一主張。在當前形勢下，東盟國家加強團結，協調一致，堅持建立東南亞和平、自由、中立區，使這一地區不受任何形式的外來干預，更具有非常重大的意義。[1]1985 年 3 月，中國國家主席李先念訪問泰國時表示，同東南亞各國建立和發展長期穩定的睦鄰友好關係，是中國外交政策的一項重要目標。中國支持東盟國家的主張，東南亞應該成為和平、自由、中立的地區，支持東南亞各國人民為實現這一目標作出的努力。[2] 以上情況說明，蘇聯在消除中蘇關係「三大障礙」沒有取得明顯進展的情況下，中國對東盟國家關係的基本準則仍然帶有 20 世紀 70 年代反對蘇聯霸權主義統一戰線的特色。

中國與東盟國家關係基本原則的最終確定是在 1988 年 11 月李鵬訪問東盟國家。1988 年 11 月，李鵬總理在訪問泰國首都曼谷時宣佈了中國政府建立、恢復和發展同東盟各國關係的四項原則：一、在國家關係中，嚴格遵循和平共處五項原則。中國和東盟國家雖然社會制度不同，但這不應影響彼此間建立和發展真正的睦鄰友好關係。事實證明，決定國家關係的好壞並不取決於社會制度的異同，而在於能否嚴格遵守和平共處五項原則。中國將堅定不移地把和平共處五項原則作為同東盟各國

1 中共中央文獻研究室編：《鄧小平年譜》第四卷，第 420、422、425 頁。
2 田曾佩主編：《改革開放以來的中國外交》，第 35 頁。

建立、恢復和進一步發展關係的政治基礎。二、在任何情況下，都堅持反對霸權主義的原則。中國現在和將來都決不稱霸，也反對任何謀求霸權的企圖。中國在本地區不謀求自己的勢力範圍，不以任何形式干涉別國內政。對於國與國之間某些歷史遺留下來的問題，我們願意通過友好協商加以解決。三、在經濟關係中，堅持平等互利和共同發展的原則。中國和東盟各國都是發展中國家，雖然國情不同，經濟發展和技術水平也有差異，但彼此各有優勢，需要取長補短、互通有無、互相補充。中國將努力加強與東盟各國在經濟、貿易和科技領域的合作。中國希望與東盟各國發展成為重要的經濟合作夥伴。四、在國際事務中遵循獨立自主、互相尊重、密切合作、相互支持的原則。我們高興地看到，在當今的世界上，由少數國家主宰世界事務的時代已經過時，東盟等區域性組織在國際舞臺上正日益發揮着重要作用。中國將一如既往地支持東盟為維護地區和平和加強區域經濟合作所作的努力，支持東盟關於建立東南亞和平、自由和中立區的主張。[1] 中國的上述原則和主張比較全面地反映了中國獨立自主的和平外交政策，和平共處五項原則被確立為中國與東盟國家發展關係的基本原則，這也就是說，在與東盟國家關係方面，中國不再以社會制度定親疏，不再以某一國與某個超級大國的關係遠近定親疏。這種超越意識形態，超越國際統一戰線思維模式的主張獲得了東盟國家的廣泛贊同和支持。很多東盟國家領導人認為，中國在國際事務中恪守和平共處五項原則，使東盟國家進一步相信，中國能夠為這一地區的和平、穩定與發展做出自己的貢獻。

東盟自成立以來，逐步發展成為一個在政治上協調一致，在經濟上加強合作，國際影響力不斷擴大，富有活力的地區組織。中國對東盟的正義主張表示支持，願意發展與東盟之間的合作關係。1987 年 12 月，東

---

1 《在泰國總理舉行的晚宴上李鵬宣佈同東盟關係四原則》，《人民日報》1988 年 11 月 12 日，第一版。

盟 6 國在菲律賓首都馬尼拉舉行第 3 次東盟國家首腦會議。中國外交部發言人就此專門發表談話，對會議取得積極成果表示讚賞，高度評價東盟為促進越南從柬埔寨撤軍，實現柬埔寨問題的政治解決所作的努力；重申尊重和支持東盟關於建立東南亞和平、自由、中立區的主張和無核區的願望，並表示中國一貫支持東盟國家的團結和合作，祝願東盟今後在促進成員國之間的經濟、社會、文化合作和維護東南亞地區和平的事業中繼續發揮重要作用。[1] 中國既是東盟的近鄰，又是世界大國，因此東盟國家非常重視中國在國際事務中的作用。1991 年 7 月，東盟決定邀請中國外長出席在馬來西亞首都吉隆坡舉行的東盟外長會議。這是中國外長首次參加東盟外長會議。當時，中國國務委員兼外交部長錢其琛應東道主馬來西亞的邀請，作為「特邀貴賓」出席了東盟外長會議的開幕式，然後同東盟 6 國外長進行了非正式對話，就地區形勢和雙邊關係交換了意見。錢其琛指出：中國願同東盟在政治、經濟、科技和安全等方面建立更加緊密的合作關係；願同東盟各國政府一起，採取一切可能的積極措施，建立協調磋商和對話機制。中國主張在和平共處五項原則的基礎上建立新型的、公正的國際政治和經濟新秩序，中國尊重並支持東盟關於建立東南亞和平、自由、中立和無核區的主張，支持東盟為加強區域經濟合作、維護本國資源和經濟權益以及建立國際經濟新秩序所作的努力。[2] 此後每年主持東盟外長會議的國家都以「特邀貴賓」的名義邀請中國參加會議，1991 年的這次會議也就成為了中國與東盟建立對話關係的開端。

如前所述，中國與東南亞各國共產黨關係問題和華人、華僑問題從新中國建立以來一致就是中國與東南亞國家關係的兩個敏感議題，中國也一直在解決這兩個問題上展現真誠和善意。中國要徹底改善與東盟國家的關係，必須在這兩個問題形成新的指導原則。中華人民共和國是一

---

1　田曾佩主編：《改革開放以來的中國外交》，第 36 頁。

2　田曾佩主編：《改革開放以來的中國外交》，第 36-37 頁。

個共產黨領導的社會主義國家，理所當然地同情和支持世界各國的共產主義運動，但這曾經引起了東盟各國對中國的擔心和疑慮。改革開放以來，針對這一問題，鄧小平強調中國不會輸出革命，也不在任何地方謀求勢力範圍。各國的事情，一定要尊重各國的黨、各國的人民，由他們自己去尋找道路，去探索，去解決問題。東南亞國家的共產黨問題是這些國家的內政，應由這些國家自己處理。[1]1978 年 11 月，鄧小平在訪問泰國時就明確指出：「就中國來說，把黨和黨的關係同國家之間的關係區別開來，使這樣的問題不影響我們發展國家間的友好關係。」[2]1982 年舉行的中國共產黨第十二次全國代表大會再次確定了黨與黨關係的原則，胡耀邦在十二大報告指出：「我們黨堅持在馬克思主義的基礎上，按照獨立自主、完全平等、互相尊重、互不干涉內部事務的原則，發展同各國共產黨和其他工人階級政黨的關係。」胡耀邦還特別強調：「各國黨之間當然也要互相幫助，但決不允許任何外來的強制和包辦代替。把自己的觀點強加於人，干涉別國黨的內部事務，都只能使別國的革命事業受到挫折和失敗。」[3]黨際交往四項原則的正式提出表明中國在處於與東南亞國家當地共產黨關係方面有了比較成熟的思想理念。東盟各國領導人贊成和信任中方的這些主張，認為本國共產黨與政府之間的衝突是其內政問題，由他們自己處理，不應因黨與黨的關係而影響國與國的關係。同時，東盟各國也開始着手妥善處理其內部事務，泰國、緬甸、馬來西亞政府與本國共產黨進行了和平談判，解決了國內衝突。東南亞國家的共產黨也隨着國際國內形勢的變化改變了策略，這樣東盟各國國內形勢逐步穩定，也消除了對中國的疑慮。

東南亞是中國人旅居海外最久、人數最多的地方。在東南亞各國的

---

1　本書編寫組：《鄧小平外交思想學習綱要》，北京：世界知識出版社，2000 年版，第 127 頁。
2　中共中央文獻研究室編：《鄧小平年譜》第四卷，第 422 頁。
3　胡耀邦：《全面開創社會主義現代化建設的新局面》，載《胡耀邦文選》，第 452-453 頁。

華僑與當地居民長期和睦相處，為當地的經濟和文化發展起到了重要的促進作用。在東南亞各國反抗殖民統治、爭取國家獨立的鬥爭中，華僑也做出了重要貢獻。華人、華僑心繫祖國，與中國保持着密切的來往，其中有的人堅持保留自己的中國國籍。東南亞各國對待華人、華僑的政策也有所不同，有的國家可以做到使本地民族與華人、華僑和睦相處，把華人視為本國的一個民族，使其與其他本地民族享有同等的權利和義務。有些國家則對華人、華僑的經濟發展採取限制措施，甚至擔憂共產黨領導的中國利用華人、華僑進行滲透而採取排華、反華的政策。改革開放以來，中國領導人在同東盟國家領導人的互訪會談中，均就這一問題闡述了中國政府的有關政策。1978 年 11 月 8 日，鄧小平在訪問泰國期間對記者指出：「我國政府一向贊成和鼓勵華僑自願選擇泰國國籍，凡是取得泰國國籍的，就自動失去了中國國籍，他們就應當盡泰國國民的義務。對那些還保留中國國籍的華僑，我們希望他們遵守泰國的法令，尊重泰國人民的風俗習慣，通過泰國人民友好相處。他們的正當權益應當得到保障。」第二天，在接見泰國華人、華僑代表時鄧小平再次強調：「第一條，中國政府鼓勵華僑加入居住國國籍。凡是加入居住國國籍的，應該全部享受和履行居住國公民的權利和義務。第二條，在華僑選擇國籍的問題上，我們不能勉強。當然，現在還沒有加入泰國國籍的，將來自願加入，我們贊成，我們鼓勵。願保留中國國籍、實在不願意加入泰籍的，我們不強迫，但這一部分人應該遵守居住國的法律，尊重居住國風俗習慣，同居住國人民友好相處，盡其力所能及的力量幫助居住國發展。對這一部分華僑，理所當然地按國際慣例，保護他們的合法權利，不是非法權利。相應的，不存在雙重國籍。」[1] 鄧小平的上述表態，基本確定了改革開放後中國對華僑國籍問題的基本立場。1980 年 9 月 10 日，第五屆全

1 中共中央文獻研究室編：《鄧小平年譜》第四卷，第 422-424 頁。

國人民代表大會第三次會議通過的《中華人民共和國國籍法》第三條規定，「中華人民共和國不承認中國公民具有雙重國籍。」[1] 東盟各國政府基本贊同中國關於華人、華僑的主張，逐步調整政策，放寬限制。從總體上講，中國與東盟各國在華人、華僑問題上消除了矛盾，華人、華僑安居樂業。但少數國家對華人、華僑仍有不平等待遇，存在某些隔閡。

中國在發展與東盟國家友好關係的同時，並沒有放棄捍衛中國領土主權的鬥爭。這主要表現在中國強調對南沙羣島擁有主權，提出解決該問題的正確主張。南沙羣島自古以來就是中國的神聖領土。第二次世界大戰之後，日本將戰爭中佔領的南沙羣島歸還中國，而國民黨政權由於兵力較弱，只派兵駐紮在南沙羣島最大的島嶼 —— 太平島。而菲律賓佔領了南沙羣島東部地區的 8 個島嶼。南越偽政權佔領了西部的 11 個島嶼。越南實現南北統一後，不僅接管了南越偽政權所佔的島嶼，還擴大了佔領。馬來西亞佔領了南部的 3 個島嶼。20 世紀 80 年代，《聯合國海洋法公約》獲得通過，該公約規定陸地邊界 200 海里的海域內為各國的專屬經濟區，文萊對曾母暗沙提出了領土要求。中國為保衛主權也派兵駐紮了 6 個島嶼。[2] 這樣，中國與東南亞四個國家在南沙羣島的主權問題上發生了矛盾。1980 年 1 月 30 日，《人民日報》發表了中國外交部的文件《中國對西沙羣島和南沙羣島的主權無可爭辯》，該文件從歷史和法律的角度闡明了中國對這兩個羣島擁有主權。[3]1983 年 4 月 15 日，中國地名委員會受權公佈南海諸島標準地名。同年 9 月 14 日，中國外交部新聞司司長齊懷遠在新聞發佈會上指出：「中華人民共和國外交部重申中國對南沙羣島及其附近海域擁有無可爭辯的主權，這些地區的資源屬於中國所有。中國對於南沙羣島的合法主權，絕不允許任何國家以任何藉口和

---

1 《中華人民共和國國籍法》，載《人民日報》1980 年 9 月 14 日，第二版。
2 王泰平主編：《新中國外交 50 年》（上），第 322 頁。
3 《中國對西沙群島和南沙群島的主權無可爭辯》，載《人民日報》1980 年 1 月 31 日，第一版。

採取任何方式加以侵犯，任何外國佔據南沙羣島的島嶼以及在這些地區進行開發或其他活動都是非法的，不能允許的。」[1] 1986 年元旦，中共中央總書記胡耀邦在同西沙羣島守島部隊共度新年時指出：「我們不要任何國家的一寸土地，但也決不允許任何人侵佔我們偉大祖國的一寸土地。」1988 年 12 月 1 日，外交部發言人再次表示，任何其他國家就南沙問題在他們之間進行談判都是無視中國領土主權的行為。[2] 這些都彰顯出中國捍衛領土主權的堅定決心。

由於中國與東盟國家政治關係的日益密切，雙方的經濟貿易關係也在快速發展。從 20 世紀 70 年代中期開始，由於中國與東盟國家的政治關係實現了突破，雙方的經貿關係開始出現較快發展的勢頭。到 1980 年，雙方的貿易額已經達到了 20.64 億美元。1987 年，雙邊貿易再次出現大幅度增長，達到了 43.81 億美元，其中，中國向東盟出口 23.25 億美元，從東盟進口 20.56 億美元。進入 20 世紀 90 年代，隨着中國與東盟國家關係的不斷提升，經貿關係更加快速發展。1991 年，雙邊貿易額達到了 79.59 億美元。[3] 中國與東盟國家在投資領域的合作也是卓有成效的。中國實行改革開放政策以來，東盟各國陸續到中國大陸投資辦廠，經過十多年的努力，東盟各大企業到中國投資的步伐不斷加快，獨資和合資項目都有大幅度的增加。到 1991 年，中國政府批准的東盟各國在華投資項目達到了 1042 項，投資金額為 14.12 億美元。[4] 其中，新加坡起步最早，投資最多，居東盟在華投資第一位。泰國企業在投資合作領域也取得了令人矚目的成就。以泰國正大集團為例，到 20 世紀 90 年代初為止，泰國正大集團在華的投資項目已經達到了數十個，其中主要投資項目有飼

1 《南沙群島歷來就是中國領土》，載《人民日報》1983 年 9 月 15 日，第一版。
2 謝益顯主編：《中國當代外交史（1949 — 1995）》，第 436-437 頁。
3 王泰平主編：《新中國外交 50 年》（上），第 324 頁。
4 王泰平主編：《新中國外交 50 年》（上），第 324 頁。

料廠、摩託車廠、玻璃廠、飼養廠等，項目遍及中國十多個省市。1991 年 4 月，正大集團又同上海簽訂了在 10 — 15 年內總投資 20 億美元開發浦東的協議。[1] 中央電視臺的《正大綜藝》欄目也成為一代中國人心目中最美好的記憶。與此同時，中國企業也向東盟國家投資，興辦合資企業。到 1991 年，中國在東盟國家的投資項目約 100 多個，投資金額為 1.5 億美元。[2] 中國與東盟已經互相成為重要的經貿夥伴，互利互惠、相互促進、共同繁榮的經貿關係已經建立並不斷發展。

20 世紀 80 年代，在東盟的六個成員國中，中國尚未與新加坡和文萊建立外交關係，中國與印度尼西亞的外交關係也需要恢復。1967 年中國與印尼的外交關係中斷。進入 20 世紀 80 年代以來，中國與印尼都認識到改善兩國關係，不僅有利於本國經濟的發展，而且也有利於亞洲與世界的和平與繁榮，因此，中、印尼兩國之間的交往開始逐漸增多。1989 年 2 月 23 日，中國外長錢其琛利用赴東京參加日本裕仁天皇葬禮的機會先後與印尼國務部長穆迪奧諾和蘇哈託總統進行了會談。雙方就實現兩國關係正常化問題達成了三點一致意見：（一）雙方同意，進一步採取措施，實現關係正常化；（二）兩國關係應建立在和平共處五項原則和萬隆會議十項原則的基礎上；（三）雙方決定，通過駐聯合國代表團就兩國關係正常化進行具體商談，必要時，兩國外長舉行會晤。[3]1989 年 12 月，外交部部長助理徐敦信在雅加達與印尼外交部政治事務總司長哈納佩西就兩國恢復外交關係的具體細節問題進行了會談，取得了積極成果。1990 年 3 月和 5 月，中國和印尼代表團又就印尼過去欠中國債務問題達成了一致意見。1990 年 7 月 1 日，印尼外長阿拉塔斯應錢其琛外長的邀請來中國進行訪問。雙方舉行了兩輪會談，並最終決定自 1990 年 8 月 8 日

---

1　田曾佩主編：《改革開放以來的中國外交》，第 44-45 頁。
2　王泰平主編：《新中國外交 50 年》（上），第 324 頁。
3　錢其琛：《外交十記》，第 125 頁。

起恢復兩國外交關係。1990 年 8 月 6 日，國務院總理李鵬應邀正式訪問印度尼西亞，這是兩國中斷外交關係 23 年來中國領導人首次訪問印尼。訪問期間，李鵬總理與蘇哈託總統進行了親切友好的會談。蘇哈託總統說，李鵬總理的訪問在兩個民族和國家的關係史上築起了「新里程碑」，凍結了 23 年的兩國外交關係已經解凍，兩國應以向前看的態度來改善雙邊關係。李鵬總理表示，兩國現在都面臨着發展和繁榮本國經濟的共同任務，中國願在和平共處五項原則和萬隆會議十項原則的基礎上加強同印尼的友好合作。雙方都表示，以新精神、新步伐和新目標一起跨入兩個國家關係的新階段。[1] 同年 11 月，蘇哈託總統來華進行國事訪問，國家主席楊尚昆、中共中央總書記江澤民和國務院總理李鵬分別同他會見和會談。江澤民總書記在會談時表示，中國共產黨遵循黨際交往的四項原則，與世界許多國家政黨建立了關係，但互不干涉內部事務。他希望印尼能了解我們的方針政策，並衷心祝願兩國複交後，雙邊關係能得到良好的發展。[2] 江澤民總書記同蘇哈託的會談消除了印尼對中國的某些疑慮，增進了相互了解。1991 年 6 月，中國國家主席楊尚昆也應邀對印尼進行了國事訪問，訪問取得了成功。

1990 年 10 月 3 日，中國與新加坡簽署了建立外交關係的聯合公報，10 月中旬，新加坡總理李光耀攜即將接替他出任總理的吳作棟對中國進行了正式友好訪問。江澤民總書記與他進行了長時間的會談，真誠坦率地就國際形勢和雙邊關係交換了意見。1991 年 9 月 30 日，中國與文萊達魯薩蘭國在紐約聯合國大廈簽署了建交公報，至此，中國與所有的東盟國家建立了正常的國與國之間的關係，標誌着中國與東盟關係全面實現了正常化，雙邊關係進入了一個嶄新的發展時期。

---

1　田曾佩主編：《改革開放以來的中國外交》，第 48 頁。

2　王泰平主編：《新中國外交 50 年》（上），第 314 頁。

## 二、中越關係正常化

從 20 世紀 80 年代中後期開始，影響中越關係的客觀條件和雙方的政策都在發生重大變化。蘇聯因素是制約中越關係的一個重要因素，中國進行對越自衛反擊戰實際上是要通過直接懲罰越南地區霸權主義來間接懲罰蘇聯全球霸權主義。對越自衛反擊戰也成為中國反霸統一戰線政策的最高潮。如前所述，20 世紀 80 年代前期，中國對外交政策其中包括對蘇政策進行了大調整，中蘇關係開始緩和。1985 年戈爾巴喬夫上臺，就蘇聯的內政外交提出了「改革」與「新思維」，蘇聯很快陷入了動盪，自顧不暇。能夠對越南提供的援助和越南的期待值產生了很大的差距。同時，蘇聯在柬埔寨問題上的立場也發生了轉變，蘇聯由於國內改革步履維艱，急於卸下各種包袱，因此不斷在從柬埔寨撤軍問題上向越南施壓。中蘇關係的緩和以及蘇聯內部的變化使得蘇越關係對中越關係的制約程度大大減輕。

20 世紀 60 年代末以來，中美兩國由於共同的戰略利益開始緩和關係。然而，在越南方面看來，當他們在進行抗美救國鬥爭最艱苦的時候，中國卻和自己的敵人改善關係，因此儘管周恩來在基辛格和尼克遜訪華後親自去越南進行解釋，但越南實際上並沒有真正理解中國的立場。20 世紀 80 年代，隨着越南戰爭的結束，越南自身也在尋求同美國改善關係，因此中美關係對於中越關係的影響也已經大大下降。

在歷史上中越關係較為密切的時期，兩國在鬥爭策略上也有分歧。主要表現在：在日內瓦會議期間，中國力爭實現印度支那的停戰，在是否承認越南軍隊進入老撾、柬埔寨作戰；老撾、柬埔寨和越南用同一種模式解決問題還是用不同模式解決問題，以及越南的劃區問題上，中越雙方都有一定的分歧。1954 年日內瓦會議後，越南很快就想進行在南方的戰爭，中國認為時機不成熟。越南戰爭爆發後越方損失較大，想要和美國「邊打邊談」，中國認為不是談的時候。越南沒有同中國商量，揹着中國決定同美國談判，只是事後向中國通報其決定。隨着越南統一的實現，這些鬥爭策略分歧所留下的不愉快顯然都已經成為了歷史。

在客觀條件改善的情況下，中越雙方的政策也發生了重大變化。1986 年 7 月，越共中央總書記黎筍去世，12 月，在越共第六次全國代表大會上阮文靈當選為總書記。他提出外交新方針，要擺脫在國際上孤立的處境。在柬埔寨問題上，越南不再堅持「以戰取勝」的立場，而表示要逐步從柬埔寨撤軍。越共六大文件也不再攻擊中國，而表示：「隨時準備通過談判來解決越中關係方面的問題，實現關係正常化，恢復兩國之間的友誼。」1988 年，越南六屆五中全會決定刪除黨章和憲法中反華的內容，肯定中國過去對越南的支持和援助。並採取了包括報道中國改革開放所取得的成就，不再進行邊境挑釁，放寬與中國接壤的 6 個省的入境限制，放寬對華人、華僑的限制等一系列措施來改善對華關係。[1]1989 年，越共中央政治局通過了對外政策的決議，決定恢復胡志明主席制定的對華政策，恢復和發展與中國的友誼。

更為重要的是，此時中國的外交戰略也有所調整。面對蘇東劇變導致的國際關係格局的深刻變化和 1989 年北京「政治風波」後的嚴峻局面，中國領導人提出了「冷靜觀察、沈着應付、穩住陣腳、韜光養晦、有所作為」的外交指導方針。在國際局勢發生重大變化的情況下，中國始終堅持以經濟建設為中心，堅持走自己選擇的社會主義道路，抓住機遇發展自己，儘快把經濟搞上去，提高綜合國力和國際競爭力。外交工作應當為中國的現代化建設創造一個良好的國際環境。越南是中國的重要鄰國，而中越邊境長期不得安寧，影響了中國的經濟建設；中越同為社會主義國家，擁有廣泛的共同利益，蘇東劇變，中越兩國兩黨都面臨着西方的壓力，中越關係的正常化有利於中國的國家利益和亞太地區的

1 王泰平主編：《新中國外交 50 年》（上），第 278 頁。

穩定和繁榮，因此，在中國外交戰略調整的大背景下，中國把穩定周邊作為外交工作的主要任務，中越關係正常化更成為順理成章的選擇。

在影響中越關係的客觀條件和雙方政策都在發生積極變化的情況下，成都會議成為中越關係正常化的轉折點。自 1982 年起，越南領導人就不時傳出口信，願意恢復雙邊關係。1989 年 10 月，老撾領導人凱山．豐威漢訪華。凱山向鄧小平轉達了阮文靈的問候，說越南對中國情況有了新認識，對中國的態度有了改變，阮文靈希望中國能夠邀請他訪華。鄧小平請凱山．豐威漢轉告越南領導人：我們從來認為中越最終是要改善關係的。但有一個條件，就是越南必須從柬埔寨乾乾淨淨、徹徹底底撤軍。[1]1990 年 6 月和 8 月，阮文靈兩次會見中國駐越南大使張維德，闡述了他對解決柬埔寨問題的主張和對蘇聯形勢的看法，他再次要求訪問中國，同鄧小平和中國新一代領導人進行會談，以恢復兩國和兩黨的正常關係。

中國領導人研究了阮文靈的建議，決定邀請越共中央總書記阮文靈、越南部長會議主席杜梅和越共中央顧問范文同來華進行會晤。1990 年 9 月 3 日，阮文靈、杜梅、范文同等人到達成都金牛賓館，與江澤民、李鵬等進行會晤。江澤民總書記首先發言，他說，這是中越關係惡化 10 多年來兩國領導人首次會晤，意義重大，兩國關係可以從此「結束過去，開闢未來」。江澤民提出實現兩國關係正常化的幾項原則建議：中越關係應以和平共處五項原則為基礎進行恢復和發展；兩國領土爭議一時難以解決，待兩國關係正常化之後通過談判來和平解決；為了避免發生軍事衝突，中越雙方在邊境地區的部隊應當減少或完全撤出，解除軍事對峙，停止武裝活動；兩國邊境貿易已興旺起來，但尚未建立起正常的秩序，雙方需要討論和建立兩國邊境管理體制，恢復邊境正常貿易。[2]

---

1　中共中央文獻研究室編：《鄧小平年譜》第五卷，第 590 頁。
2　王泰平主編：《新中國外交 50 年》（上），第 281 頁。

阮文靈對中國在歷史上給予越南大力援助表示高度肯定。他指出，在越南抗法和抗美戰爭中，中國給予越南全面的、巨大的支持和援助。沒有中國的支持，越南不可能取勝。他說，越共六大之後，決心克服種種阻力，逐步糾正過去的錯誤，恢復胡志明主席對中國的友好政策。越南已刪除了過去憲法中的反華內容，修改了對華人、華僑的政策。過去的事情請中國同志諒解，中越兩國要面向未來，迅速恢復兩國和兩黨之間的友好關係。[1]

政治解決柬埔寨問題實際上是中越關係正常化的核心障礙，也是兩國領導人討論的一項重要內容。在會議一開始，阮文靈先就此問題發表了長篇講話，表示了儘快解決柬埔寨問題的願望，並且說成立柬最高委員會是當務之急，不應該排除任何一方，但又表示不願干涉柬埔寨內部事務。[2] 經過兩天坦率、深入的商談，最後雙方在這一問題上達成一致。雙方一致認為，柬埔寨問題應儘快得到全面、公正、合理的政治解決，現在時機成熟，雙方將為此作出努力。中方認為，越南從柬埔寨全部撤軍是解決柬問題的前提；越方承諾全部撤軍，願意接受聯合國的監督、核查。雙方表示，贊成聯合國安理會五個常任理事國就柬問題達成的五項框架協議，推動柬有關各方能夠接受，早日建立以西哈努克為首的、由柬四方聯合組成的全國最高委員會，而後進行自由公正的全面選舉。隨着柬埔寨問題公正合理的解決，兩黨、兩國關係將實現正常化。[3]

1991 年 10 月，關於柬埔寨問題的第二次國際會議在巴黎舉行，會議制定了全面政治解決柬埔寨衝突的各項文件，柬埔寨戰火終於熄滅，而柬問題的解決也消除了中越兩國實現關係正常化的主要障礙。

巴黎協定簽訂後，應中國的邀請，越共中央總書記杜梅和部長會議

---

1 王泰平主編：《新中國外交 50 年》（上），第 281-282 頁。
2 李鵬：《和平 發展 合作 —— 李鵬外事日記》上，北京：新華出版社，第 311 頁。
3 王泰平主編：《新中國外交 50 年》（上），第 283 頁。

主席武文傑率領越南高級代表團於 11 月對中國進行正式訪問。在會談中江澤民表示，在兩國關係經歷一段曲折之後，中越兩國領導人今天坐在一起舉行高級會晤，具有重要意義。這是一次結束過去、開闢未來的會晤，它標誌着兩國關係的正常化，它必將對兩國關係的發展產生深遠的影響。江澤民說：「在過去十幾年裏，兩國關係出現了困難和曲折，這是我們不願看到的。」他說，中國方面珍視兩國人民的傳統友誼，希望早日結束兩國之間的不正常狀態。經過聯合國、國際社會和柬埔寨四方的努力，10 月 23 日在巴黎簽署了全面政治解決柬埔寨問題的協議。現在，阻礙中越兩國關係正常化的關鍵問題已經解決，中越之間結束過去、實現關係正常化的條件已經成熟。江澤民強調中越關係正常化不僅符合中越兩國人民的根本利益，也有利於亞洲和世界的和平與穩定。隨着兩國關係的正常化，兩黨也將在獨立自主、完全平等、互相尊重、互不干涉內政四項原則的基礎上進行正常往來。杜梅表示同意江澤民所說的關於發展兩國、兩黨關係的指導原則。杜梅說，越南方面十分重視這次訪問，它標誌着越中關係的正常化，這符合兩國人民的願望和根本利益，也有利於本地區和世界的和平與穩定。杜梅指出，越中兩國是近鄰，兩國人民有着悠久的傳統友誼，兩國關係正常化是歷史的必然。[1]

11 月 10 日，中越兩國發表了聯合公報，主要內容包括：1. 雙方聲明，中越高級會晤標誌着中越關係正常化，這符合兩國人民的根本和長遠利益，也有利於本地區的和平、穩定與發展。2. 雙方聲明，中越兩國將在和平共處五項原則基礎上發展睦鄰友好關係。中國共產黨和越南共產黨將根據獨立自主、完全平等、互相尊重、互不干涉內部事務的原則恢復正常關係。3. 雙方聲明：中越關係正常化不針對第三國，兩國都不在本地區謀求任何形式的霸權，也反對任何謀求霸權的企圖。4. 雙方同

---

1 《杜梅武文杰率高級代表團抵京　江澤民李鵬主持儀式熱烈歡迎》，載《人民日報》1991 年 11 月 6 日，第一版。

意，兩國之間存在的邊界等領土問題將通過談判和平解決。5. 中越雙方鼓勵兩國邊民恢復和發展傳統友好往來，把中越邊界建成和平與友好的邊界。6. 雙方同意，在適當時候通過友好協商，妥善解決旅居對方國家的僑民問題。[1]

中越關係的正常化不僅對於中越兩國和東南亞地區的和平、穩定與繁榮具有深遠的影響，由於中越關係的惡化和對越自衛反擊戰是中國執行反霸統一戰線政策的高潮，中越關係正常化更標誌着中國徹底改變了對亞非國家實行的反霸統一戰線政策，完全跳出了國際統一戰線政策的思維框架，實現了對國際統一戰線政策的一種「揚棄」。

## 三、實現柬埔寨問題的和平解決

隨着 20 世紀 80 年代中國外交政策特別是中國對亞非國家國際統一戰線政策的調整，中國對柬埔寨問題的立場也發生了一次重要的改變。這一改變就是由原來支持柬埔寨抵抗越南入侵的三派力量聯合轉為平等對待柬埔寨四方政治力量，不再支持柬埔寨共產黨，接受過去曾經得到越南支持的金邊政權作為柬埔寨政治力量的一方，並最終接受柬埔寨大選的結果。這一改變也是促成柬埔寨問題政治解決的關鍵。同時，我們也必須看到，柬埔寨問題的和平解決實際上是中越關係正常化和中蘇關係正常化的核心問題。如前所述，越南軍隊不從柬埔寨撤出，中越關係正常化無從談起。蘇聯支持越南入侵柬埔寨被中國列為中蘇關係三大障礙之一，其餘兩大障礙，即蘇聯在中蘇、中蒙邊境陳兵百萬和蘇聯武裝入侵阿富汗與蘇聯支持越南入侵柬埔寨問題不能同日而語，「因為中國認為蘇聯幫助越南打仗，侵佔柬埔寨，而中國幫助柬埔寨抵抗力量打仗，反對越南侵略，使中蘇雙方實際上處於熱點狀態，如果任其發展，就有

---

1 《中越發表聯合公報》，載《人民日報》1991 年 11 月 11 日，第一版。

可能導致中蘇兩國的直接對抗。」[1]

中國越南入侵柬埔寨之後，西哈努克、宋雙和柬共三派力量都決心抵抗越南的侵略。中國政府和領導人多次勸說柬三派愛國力量團結合作，共同對敵。1979 年 1 月 6 日晚，西哈努克親王途經北京前往紐約，鄧小平在機場迎接他。1 月 7 日，在與西哈努克會談時，鄧小平重申：中國政府和人民堅決支持柬埔寨人民反抗外來侵略的鬥爭，相信柬埔寨人民的正義鬥爭將會得到全世界愛好和平人民的同情和支持。[2] 同年 5 月，宋雙也來華訪問，李先念副總理在會見他時表示希望柬各派團結在一起，共同抗擊越南。同年，柬共也多次派英薩利來到中國。鄧小平在會見他時指出了柬共過去的錯誤。他說，現在最重要的事情是民柬要同柬各派愛國力量團結起來，組成民族、民主、愛國統一戰線，團結一切可以團結的力量，共同反對越南入侵。柬共要盡力爭取同西哈努克、宋雙組成聯合政府，並建議推選西哈努克為國家元首。[3]1982 年 6 月，柬埔寨三方組成民柬聯合政府，中國是第一個承認民柬聯合政府的國家，並立即任命中國駐泰國大使沈平為駐民柬大使。1983 年至 1989 年，中國政府每年都邀請西哈努克親王率民柬聯合政府代表團正式訪華。另外，中國政府還努力使民柬在聯合國的合法席位一直得以保留。

20 世紀 80 年代後期，柬埔寨局勢開始出現變化。1988 年 7 月 1 日，中國外交部發表聲明，就解決柬埔寨問題提出四點主張：一、越南儘早從柬埔寨全部撤軍是解決柬埔寨問題的關鍵。越南方面應該儘早提出一個短期內從柬撤軍的時間表。這個時間表應為各方所能接受，並在此基礎上達成協議。二、隨着越南撤軍，我們贊成在西哈努克親王主持下建立柬埔寨 4 方參加的臨時聯合政府。各方參加臨時政府的人選由各

1 謝益顯主編：《中國當代外交史 1949 — 1995》，第 389 頁。
2 中共中央文獻研究室編：《鄧小平年譜》第四卷，第 467 頁。
3 王泰平主編：《新中國外交 50 年》（上），第 198 頁。

方自行提出，同時也要為有關各方所接受。三、柬埔寨 4 方臨時聯合政府成立後，柬各派的軍隊應當凍結，不參與政治，不干預大選，讓柬埔寨人民在沒有外來干涉和武力威脅的情況下，進行自由選舉。四、對越南撤軍、維持柬埔寨和平和進行自由選舉都要有切實有效的國際監督。有關各方如能就柬埔寨問題的政治解決達成協議，中國願意同其他國家一道對柬埔寨的獨立、中立和不結盟地位作出國際保證。[1] 外交部聲明的發表，標誌着中國對政治解決柬埔寨問題的立場發生了明顯的改變，這就是不再把金邊政權當作越南支持的「偽政權」，而是把它當作柬埔寨的一方政治力量，可以參加柬埔寨聯合政府，也可以參加柬埔寨日後舉行的選舉。1989 年 2 月 1 日，中國總理李鵬在會見西哈努克親王時表示：中國支持建立以西哈努克親王為首的四方臨時聯合政府，也支持凍結和削減柬埔寨各派軍隊的主張。3 月 15 日，在會見來訪的泰國總理差猜時，李鵬再次表示，應當成立以西哈努克親王為首的四方聯合政府。[2]

中方在改變態度的同時，也積極與柬埔寨問題的關鍵當事方蘇聯進行磋商，迫使蘇聯勸說越南從柬埔寨撤軍。1988 年 8 月 27 日至 9 月 1 日，中國副外長田曾佩與蘇聯副外長羅高壽在北京舉行了解決柬埔寨問題的第一輪副外長級磋商。取得了一些進展。9 月 1 日，蘇方團長，蘇聯副外長羅高壽發表談話時說，蘇聯希望越南「明年撤出其全部軍隊，這樣做肯定會給中國和蘇聯之間的關係帶來積極影響」。9 月 16 日，戈爾巴喬夫在克拉斯諾亞斯克發表談話稱，蘇聯願意立即着手準備蘇中最高級會晤，不久前的蘇中副外長級磋商擴大了雙方對柬埔寨問題的相互理解。[3]1988 年 12 月 1 日至 3 日，中國外長錢其琛訪問蘇聯。雙方會談的重點就是柬埔寨問題。在錢其琛與蘇聯外長謝瓦爾德納澤的會談時，中方

1 《外交部就柬埔寨問題發表聲明》，載《人民日報》1988 年 7 月 2 日，第一版。
2 李鵬：《和平 發展 合作 —— 李鵬外事日記》上，第 316-317 頁。
3 戴秉國：《戰略對話 —— 戴秉國回憶錄》，第 49 頁。

首先強調，中蘇兩國就越南軍隊在 1989 年從柬埔寨撤軍達成內部諒解是實現中蘇關係正常化的條件。蘇方表示，越南軍隊從柬埔寨撤軍有許多條件。錢其琛笑着說：「條件太多了。」謝瓦爾德納澤試圖使中方相信，越南已經從原來的立場上有所鬆動，但中方表示沒有看到越南方面改變立場的真誠願望。[1] 最後，中方提出，可將越南自柬埔寨撤軍的時間表，確定為 1989 年 6 月底到 12 月底之間。雙方就此達成了協議。最終雙方達成的內部諒解的核心內容是：中蘇雙方主張儘早公正合理地解決柬埔寨問題，雙方希望越南軍隊在儘可能短的時間內，例如在 1989 年下半年，至遲在 1989 年底之前，從柬埔寨全部撤出；中蘇雙方表示願意做出自己的貢獻，以促使上述目標的實現。[2] 由於錢其琛此次訪蘇是為中蘇最高領導人的峰會做準備，這也說明，蘇聯確定越南軍隊撤出柬埔寨的日期，是中蘇領導人能否實現峰會並最終實現中蘇關係正常化的最重要條件。

作為對錢其琛訪問蘇聯的回訪，也是為戈爾巴喬夫訪華做準備，1989 年 2 月 2 日，蘇聯外長謝瓦爾德納澤訪華，但在越南軍隊撤出柬埔寨一事上又生波瀾。本來按照中蘇雙方在北京已經談妥的條件，雙方外長要發表關於解決柬埔寨問題的聲明。然而就在蘇聯代表團轉飛上海，謝瓦爾德納澤會見鄧小平的前一天晚上，蘇方突然變卦，不想發表包含有越南撤軍問題的聲明。其意圖在於只要鄧小平同意戈爾巴喬夫訪華的具體時間，蘇聯就不需要承擔促使越南按照此前達成的時間表從柬埔寨撤軍的義務，蘇聯促使越南從柬埔寨撤軍也就不再是中蘇關係正常化的最大障礙了，蘇聯就可以為所欲為了。據當事人戴秉國回憶，蘇方通知中方這一決定已經是凌晨兩三點鐘，早上五六點鐘，田曾佩等人就將此事通報錢其琛。錢其琛要求田曾佩、戴秉國等人立刻與蘇方進行交涉。

---

1　Sergey Radchenko, Unwanted Visionaries, The Soviet Failure in Asia at the End of the Cold War,（New York: Oxford University Press, 2014）, p.152.

2　錢其琛：《外交十記》，第 32-33 頁。

早上 7 點，田曾佩與蘇聯副外長羅高壽會面，「把他狠狠地批了一通，然後氣呼呼地走了，雙方手都沒握」。中方表示：「如果蘇方在越南撤軍問題上反悔，那戈爾巴喬夫訪華的事也就沒法定下來。」在會見謝瓦爾德納澤時，鄧小平表示：「我聽說戈爾巴喬夫訪華的事你們還在談呢，那就繼續談吧。」[1] 這樣蘇聯的企圖徹底破產。最終，謝瓦爾德納澤決定，他結束訪華後，留下兩位司長繼續談此次訪華的公報問題。最終雙方終於達成協議，1989 年 2 月 6 日，《人民日報》發表了《中蘇兩國外長關於解決柬埔寨問題聲明》，聲明指出：「雙方注意到越南宣佈的至遲於 1989 年 9 月底之前從柬埔寨全部撤軍的決定，並希望這一決定付諸實施將促進解決柬埔寨問題其他方面的談判進程。」[2] 聲明確定了越南撤軍的日期後，戈爾巴喬夫訪華的具體日期也才跟着確定下來。同日的《人民日報》發表了這樣一條消息：「應中華人民共和國主席楊尚昆的邀請，蘇聯最高蘇維埃主席團主席、蘇共中央總書記戈爾巴喬夫將於今年 5 月 15 日至 18 日對中國進行正式訪問。」[3] 由此可見，越南軍隊撤出柬埔寨和柬埔寨問題的和平解決是中蘇關係正常化的核心問題，兩者互為表裏。中蘇兩國都各自調整立場，蘇聯促使越南從柬埔寨撤軍，中國改變對柬埔寨四方的態度，有利於實現柬埔寨問題的和平解決，也加快了中蘇關係正常化的歷史進程。同時中蘇關係正常化的進展，也為柬埔寨問題的和平解決創造了有利的條件。

在改變了對政治解決柬埔寨問題的立場後，中國還積極參加有關柬埔寨問題的國際會議，為達成框架文件發揮重大作用，最終促成柬埔寨問題全面政治解決。1989 年 7 月，聯合國安理會五個常任理事國在巴黎

---

1 戴秉國：《戰略對話 —— 戴秉國回憶錄》，第 50-51 頁。

2 《中蘇兩國外長關於解決柬埔寨問題聲明 雙方達成九點一致看法》，載《人民日報》1989 年 2 月 6 日，第一版。

3 《戈爾巴喬夫訪華日期確定》，載《人民日報》1989 年 2 月 6 日，第一版。

磋商柬埔寨問題的政治解決。7 月 30 日，關於政治解決柬埔寨問題的國際會議在巴黎舉行。在會議召開前，中國已經認為五常磋商的柬埔寨軍事和政權設置的原則是可以接受的，現在以西哈努克為首，四方參加，這反映了實際力量的對比。[1] 在會議期間，中國外交部長錢其琛指出，柬埔寨問題的實質是一個國家出兵另一個主權國家，並實行長期軍事佔領所造成的。解決柬埔寨問題的關鍵，一是外國軍隊必須在國際監督下完全撤出；二是撤軍後柬埔寨要保持和平，防止內戰和實現民族和解。這兩個基本問題緊密相關，缺一不可。錢其琛最後指出：中國在柬埔寨問題上不謀私利。如果國際會議達成協議，中國將同有關國家一道承擔義務，停止對任何一派的軍事援助，並尊重柬埔寨未來自由選舉的結果。[2] 由於越南和金邊方面的立場頑固，態度僵硬，長達一個月的巴黎會議沒有取得成果，只得宣告暫時休會。

1990 年元旦，美國國務卿貝克建議聯合國安理會五個常任理事國就柬埔寨問題舉行副外長級磋商，制定出政治解決柬埔寨問題的框架文件，然後促使有關方面接受並實施，中國對此積極響應。在磋商中，中國代表指出：越南從柬全部撤軍是政治解決柬問題的關鍵，對越南撤軍必須有國際監督和核查；柬過渡時期應成立以西哈努克親王為首的柬四方參加的聯合政府或有實權的全國最高委員會，對柬進行行政管理，或者授權聯合國進行行政管理；柬四方軍隊原則上應全部解散，或削減至同等低水平；由聯合國負責組織、監督全國自由選舉組成柬新政府；解決涉及柬主權的問題應經柬各方同意。[3] 通過磋商，五國就《過渡時期的軍事安排》、《柬大選前行政機構過渡性安排》、《在聯合國主持下的大選》、《保護人權》、《國際保證》五個文件達成一致。這五個文件統稱為

---

1　李鵬：《和平 發展 合作 —— 李鵬外事日記》上，第 318 頁。

2　錢其琛：《外交十記》，第 57-58 頁。

3　田曾佩主編：《改革開放以來的中國外交》，第 90 頁。

《框架文件》。該《框架文件》基本滿足了各方的最低目標，成為政治解決柬埔寨問題的基礎。在《框架文件》的制定過程中，中國既堅持原則，又態度靈活，表現出解決問題的誠意和務實精神，為達成《框架文件》做出了積極的努力。

《框架文件》制定後，關鍵的問題就是如何組成柬埔寨全國最高委員會，特別是各派在最高委員會中的人員構成比例問題。1990 年 9 月，柬埔寨四方在雅加達舉行非正式會議，討論建立柬埔寨全國最高委員會問題。8 月 7 日，正在印尼訪問的中國總理李鵬在與印尼總統蘇哈託舉行的會談中表示：中國不支持紅色高棉掌權，也不支持以軍事手段解決柬問題，因為這是不可取的。中國支持巴黎會議兩主席倡導的由柬四方參加的新一輪雅加達會議，促使最高委員會的建立。[1] 前文述及，9 月 3 日至 4 日，中越兩國領導人在成都舉行會議，雙方就政治解決柬埔寨問題的重大原則達成一致，為會議的成功帶來了有利因素。9 月 8 日，西哈努克親王在北京發表聲明，對成立柬埔寨全國最高委員會表示贊成。在最關鍵的最高委員會人員構成比例問題上，西哈努克同意金邊政權的 6 名代表、抵抗力量三派各 2 名代表，共 12 人組成最高委員會。如果這 12 人願意，可另選舉最高委員會主席 1 人，即成為該委員會的第 13 位成員。經過磋商，9 月 10 日，四方終於首次達成協議，同意聯合國安理會五個常任理事國制定的框架文件，同意以此為基礎，全面政治解決柬埔寨問題，並同意按照 6+2+2+2 方案，並另推舉西哈努克為最高委員會主席，也就是 13 人方案，最終成立柬埔寨全國最高委員會。[2]1991 年 6 月，柬埔寨四方達成停火協議，西哈努克親王宣佈加入全國最高委員會，隨即被柬四方推舉為最高委員會會議主持人和召集人。7 月，最高委員會在北京舉行會議，推舉西哈努克親王為該委員會主席。1991 年 8 月和 9 月，越

---

1 李鵬：《和平 發展 合作 —— 李鵬外事日記》上，第 286 頁。
2 李鵬：《和平 發展 合作 —— 李鵬外事日記》上，第 321-322 頁。

南副外長阮怡年和外長阮孟琴先後來華訪問，雙方就政治解決柬埔寨問題達成以下共識：五國框架文件是各方長期談判，互相妥協的產物，已為柬各方所接受，不能改動；巴黎協定草案可以作某些修改，但不能超出框架文件的內容。[1] 雙方均表示將為柬埔寨問題在框架文件基礎上、在巴黎會議範圍內最終獲得全面政治解決而努力。這樣在 10 月份，巴黎會議得以復會。10 月 23 日，與會各國代表共同簽署了《柬埔寨衝突全面政治解決協定》等四個文件，它標誌着燃燒了 13 年之久的柬埔寨戰火終於熄滅，柬埔寨走上了實現和平與和解的道路。

## 四、中國與伊朗關係的改善

如前所述，中國基於構建反霸統一戰線的構想與巴列維政權保持了密切的聯繫，與巴列維勢不兩立的魯霍拉·霍梅尼將中國視為巴列維政權的親密盟友。在伊朗伊斯蘭革命勝利之後，中伊關係經歷了一段低潮期。1978 年 10 月，霍梅尼曾兩次發表講話，將中國與伊朗的主要敵人美國和蘇聯等同起來。[2] 革命勝利後，德黑蘭大街上出現了反華的標語口號。[3] 中國對新生的伊朗伊斯蘭共和國也有一種生疏感和擔憂，主要是擔心新的伊朗政權會倒向蘇聯。1979 年 4 月 18 日，中國人民外交學會會長郝德青大使在會見美國議員代表團時表示：阿富汗和伊朗局勢的發展為蘇聯提供了機會。局勢雖然還不明晰，但是這些國家可能會倒向蘇聯。這種問題也開始在沙特阿拉伯、土耳其和巴基斯坦出現，「人們應該密切關注這些問題」。[4]1979 年 11 月 4 日，德黑蘭人質危機爆發，中國並不贊

1 田曾佩主編：《改革開放以來的中國外交》，第 92 頁。

2 John W. Garver: *China and Iran, Ancient Partners in a Post Imperial World*（Seattle: University of Washington Press, 2006）, p.59.

3 華黎明：《28 年前，在伊朗感受「革命」》，載《世界知識》2007 年第 7 期，第 56 頁。

4 The National Archive, Access to Archival Databases（AAD）, RG 59, Central Foreign Policy Files, 1979BEIJIN02358, Hao Deqing Meeting with CODEL Church/Javis, April 25, 1979.

成伊朗的做法，對美國持有某種同情。這更加加劇了中伊關係的冷淡。11 月 26 日，外交部新聞司負責人就德黑蘭人質危機發表談話：「我們對伊朗同美國之間最近發生的事件感到關切。我們一貫主張不干涉別國內政，各國內部事務由各國人民自己管理。但我們也一向認為，國際關係的準則和公認的外交豁免權應當受到普遍尊重。我們希望這一事件能夠按照國際法準則和外交慣例，通過和平協商，早日得到合理和妥善的解決。」[1]12 月 1 日，在聯合國安理會討論德黑蘭人質危機的會議上，中國常駐聯合國副代表陳楚表示：「中國政府一貫主張不干涉別國內政，各國內部事務由各國人民自己管理。但我們也一向認為，國際關係準則和公認的外交豁免權應該受到普遍尊重。我們支持上月份安理會主席代表安理會關於立即釋放被扣留的美國在伊朗的人質所作的呼籲。我們衷心地希望，這一事件能夠按照國際法準則和外交慣例，通過和平協商，謀求早日得到合理和妥善解決。」[2] 中國對德黑蘭人質危機所持的態度使得中伊關係更加疏遠。中國雖然於 1979 年 2 月 14 日就已經承認了伊朗新政權，但是此後三四年時間，兩國沒有高層互訪和各層級的往來，1979 年兩國的貿易額也只有 6980 萬美元。1991 年，兩國關係完成改善時，雙邊貿易額達 3.1369 億美元。1979 年的貿易額不足 1991 年貿易額的四分之一。[3] 上述情況說明，雖然中國與伊朗並沒有斷交，但兩國關係確實出現了不正常的狀況，需要採取措施加以改善。

進入 20 世紀 80 年代，由於中伊兩國外交政策的變化，兩國關係才逐漸實現了改善。對於中國來說，20 世紀 80 年代初，中國進行了外交政策大調整，放棄了過去所堅持的建立反霸統一戰線的政策，確立了獨立

1 《我外交部新聞司負責人發表談話 對伊朗美國間事件表示關切》，載《人民日報》1979 年 11 月 27 日，第四版。

2 《十五國代表在安理會會議上發言 一致要求伊朗立刻無條件釋放美國人質》，載《人民日報》1979 年 12 月 3 日，第六版。

3 田曾佩主編：《改革開放以來的中國外交》，第 215 頁。

自主的和平外交政策。對於伊朗來說，兩伊戰爭的爆發、美國制裁帶來的國內經濟困難、德黑蘭人質危機造成的在國際舞臺上的孤立局面使得伊朗都十分需要朋友。在這種情況下，中伊關係改善的條件才逐漸成熟。

1980 年 9 月 21 日，兩伊戰爭爆發。當時國際社會普遍同情伊拉克，伊朗在國際上倍感孤立無援。而中國是世界少數幾個對兩伊戰爭持中立態度，並真誠地希望兩國矛盾能夠和平解決的國家。在戰爭爆發後的第四天，鄧小平在會見挪威首相奧德瓦爾・努爾力時對兩伊之間的武裝衝突表示了嚴重關切，同時希望這兩個國家通過和平協商，解決相互間的爭端，避免事態進一步擴大。[1]1983 年 1 月，中國外交部顧問何英訪問了伊朗。這是伊朗伊斯蘭革命後訪問伊朗的首位中國高級官員。伊朗外長阿里・韋拉亞提會見了何英，何英還代表外交部邀請韋拉亞提訪華。伊朗總理穆薩維也會見了何英。[2]1983 年 9 月，伊朗外長韋拉亞提訪華，此次訪問成為中伊關係改善進程開始的標誌性事件。9 月 12 日，中國外長吳學謙會見了韋拉亞提。雙方介紹了兩國的外交政策。韋拉亞提說，伊朗對外政策的基本點是不謀求霸權，不接受霸權，支持不結盟運動，加強同第三世界國家的關係。吳學謙重申了中國政府獨立自主的外交政策。他說，我們不依附於任何大國，也不屈服於任何大國的壓力。反對霸權主義，維護世界和平是中國對外政策的總方針。中國屬於第三世界，加強同第三世界國家的關係是我們對外政策的立足點。[3] 此時，中國剛剛確立獨立自主的和平外交政策不久，如前所述，這一政策在當時的主要表現就是拉開與美國的距離，同時逐步實現中蘇關係的正常化。吳學謙對中國新的外交方針的闡述意在告訴伊方，中國不再與美國搞戰略

1　華黎明：《新中國與伊朗關係六十年》，載《西亞非洲》2010 年第 4 期，第 25 頁。

2　《伊朗外長會見何英》，載《人民日報》1983 年 1 月 30 日，第六版；《伊朗總理接見何英》，載《人民日報》1983 年 2 月 2 日，第六版。

3　《吳學謙同伊朗外長韋拉亞提會談》，載《人民日報》1983 年 9 月 13 日，第四版。

關係，也不再像 20 世紀 70 年代那樣基於聯美反蘇的需要而與巴列維政權關係密切。現在中國願意同任何國家發展關係，但同時仍然要反對蘇聯霸權主義。9 月 14 日，中國國家主席李先念會見了韋拉亞提。李先念在會談中說，伊朗是處於重要戰略地位的國家，中國是發展中國家，我們主張大小國家一律平等，在和平共處五項原則基礎上發展同各國的關係。[1] 此次訪問成為中伊關係正常化的一個良好開端。

1985 年 6 月，伊朗伊斯蘭議會議長阿克巴爾・拉伕桑賈尼訪問中國。中顧委主任鄧小平、國家主席李先念、人大常委會委員長彭真接見了拉伕桑賈尼，這次訪問成為中伊關係正常化進程中的又一重大事件。6 月 28 日，李先念在與拉伕桑賈尼會談時表示：中國堅決站在第三世界一邊，主張根據和平共處五項原則同一切第三世界國家發展友好合作關係。[2] 同日，彭真在會見拉伕桑賈尼時說：中伊兩國都受過帝國主義、殖民主義的侵略和壓迫，有着類似的遭遇，今天又面臨着霸權主義的威脅。中國願意同伊朗建立友好合作關係。中伊兩國的經濟合作有着雄厚的物質基礎和廣闊的發展前景。拉伕桑賈尼說，中國有優良的傳統，又有自力更生的經驗。伊朗願意同中國發展政治、經濟和文化方面的合作關係。[3] 李先念和彭真都表達了發展中國與伊朗關係的真誠願望，並認為中伊關係的發展前景十分廣闊。強調和平共處五項原則是中伊關係的基礎表明，中國不會干涉伊朗內政，也不會損害伊朗的利益。6 月 29 日，鄧小平與拉伕桑賈尼的會見是此次訪問的重頭戲。鄧小平對拉伕桑賈尼說：「中伊兩國共同點很多。最大的共同點就是我們都需要發展自己，相互間的合作有廣闊前景。我們是第三世界國家，理解第三世界國家的問

---

1 《李先念年譜》編寫組、鄂豫邊區革命史編輯部編：《李先念年譜》第六卷，北京：中央文獻出版社，2011 年版，第 213 頁。

2 《李先念傳》編寫組編、鄂豫邊區革命史編輯部編：《李先念年譜》第六卷，第 311 頁。

3 《李先念彭真分別會見拉夫桑賈尼》，載《人民日報》1985 年 6 月 29 日，第一版。

題，希望加強同第三世界國家的合作。」鄧小平還十分動情地表達了對和平解決兩伊戰爭的期望。他說：「中國關心兩伊戰爭，希望這場戰爭在雙方都能接受的條件下早日結束。伊朗也好，伊拉克也好，都面臨發展自己的任務，而實際情況是如果有和平環境，第三世界是能夠很快發展起來的。我們實在不希望第三世界國家之間自己消耗自己的力量，請閣下考慮一下，能不能在比較短的時間裏結束這場戰爭。如果為了結束這個戰爭需要中國方面做什麼事情，我們是十分願意做的。」[1] 鄧小平的這段談話極為重要，首先這種真誠的態度對進一步實現中伊關係正常化是有利的。更為重要的是，這實際上表明了中國政府對中伊關係正常化的立場，即結束兩伊戰爭是中伊關係正常化的前提條件。

1988 年 7 月 18 日，伊朗同意接受聯合國安理會第 598 號協議，8 月 20 日，兩伊戰爭正式停火。這樣，中伊關係正常化的條件已經具備。同年 12 月，伊朗外長韋拉亞提再次訪華，向中國通報兩伊在日內瓦舉行的最新一輪和談的情況，並為中伊關係正常化的最終實現和中伊兩國領導人的峰會做準備。12 月 15 日，中國外長錢其琛會見了韋拉亞提，錢其琛對兩伊停火以來所保持的和談勢頭表示高興，並希望雙方本着互諒互讓、平等協商的精神，貫徹實施聯合國安理會 598 號決議，公平合理地解決兩國之間的爭端，實現海灣地區的持久和平。中國將一如既往地支持聯合國祕書長的調解活動，為兩伊早日實現和平做出應有的貢獻。[2] 當天下午，國務院總理李鵬也會見了韋拉亞提，李鵬說：「中國對兩伊戰爭一直採取『嚴守中立，積極勸和』的立場。我們高興地看到兩伊都接受了安理會 598 號決議，實現停火，進行和談。」在談到雙邊關係時，李鵬和韋拉亞提對中伊兩國友好關係的發展表示滿意，並強調，中伊兩國應

---

1　中共中央文獻研究室編：《鄧小平年譜》第五卷，第 353 頁。

2　《中國伊朗兩國外長舉行會談 錢其琛說中國將一如既往為兩伊和平作貢獻》，載《人民日報》1988 年 12 月 16 日，第四版。

該繼續擴大和進一步發展這種關係。[1] 韋拉亞提的訪問為伊朗總統哈梅內伊的訪華做了鋪墊。

中國與伊朗關係改善的最終實現是以 1989 年伊朗總統阿里・哈梅內伊對中國的訪問和 1991 年中國國務院總理李鵬和國家主席楊尚昆對伊朗的訪問為標誌的。1989 年 5 月 9 日至 14 日，伊朗伊斯蘭共和國總統哈梅內伊應邀訪問中國。中央軍委主席鄧小平、國家主席楊尚昆分別會見了哈梅內伊，國務院總理李鵬與哈梅內伊舉行了會談。在 5 月 9 日舉行的歡迎宴會上，楊尚昆表示：為推動國際形勢繼續向着緩和的方向發展，中國政府倡議在和平共處五項原則基礎上建立國際政治新秩序。不同社會制度、不同意識形態、不同發展程度的國家友好相處，一切國際爭端都通過和平談判解決，而不訴諸武力或以武力相威脅。隨着國際形勢的緩和，各國正把更多的注意力轉向發展問題。各國間的經濟和科技交流日益密切。中國政府在積極開展南南合作的同時，支持通過對話促進南北合作，主張在平等互利的基礎上建立國際經濟新秩序，以利於各國的共同繁榮。哈梅內伊總統表示，伊朗衷心希望世界穩定與安全，以及為全世界人民建立和平、歡樂與幸福。因此，伊朗接受了聯合國 598 號決議朝希望在世界這一地區建立持久和平與安全邁出了一大步。他強調，我們認為所有外國軍隊必須撤離波斯灣。我們認為恢復波斯灣全面安全的辦法就是地區各國真誠合作。我們歡迎這種合作。[2] 雙方的講話仍然是圍繞兩伊戰爭結束後的後續工作展開的，中國讚賞伊朗接受聯合國安理會決議結束戰爭的決定，呼籲第三世界國家把精力轉移到發展本國經濟上來。哈梅內伊則強調外國勢力必須撤出波斯灣地區。5 月 11 日上午，鄧小平會見了哈梅內伊，再次談到了中國對兩伊戰爭的看法。鄧小平說：

---

1 《李鵬會見伊朗外長 希望兩伊保持和談勢頭》，載《人民日報》1988 年 12 月 16 日，第一版。

2 《楊尚昆主持儀式和宴會 熱烈歡迎哈梅內伊總統 李鵬會見伊朗貴賓》，載《人民日報》1989 年 5 月 10 日，第一版。

「中伊兩國是朋友，我們同包括伊拉克在內的阿拉伯國家也都是朋友，我們希望你們和平共處。我們都是第三世界國家，應該團結起來，不要把力量消耗在相互爭端上。不要自己消耗了力量，喪失了發展時機，使自己處於困難的境地。要利用目前有利的國際環境，發展自己。我還是一句話『和為貴』。」鄧小平還指出：中國在國際關係中也有這樣或那樣的問題，但在當前國際緩和的大氣候下，只有不怕麻煩，通過耐心對話來解決問題。不要怕麻煩，對話沒有戰爭那麼痛快，但只能選擇對話，不能選擇戰爭。中國要力爭有一個穩定的國際環境和國內環境，把自己發展起來，這是我們當前要做的最主要的事情。哈梅內伊對鄧小平說，伊朗一貫密切注視着中國，40 年來，中國取得了巨大的變化，在閣下領導的這段時期是中國最傑出的時期。他說，兩國的友好關係現在又將進入一個新的階段，這次訪問將會把這種友好關係向前推進。[1] 鄧小平的核心觀點仍然是在兩伊之間勸和，此時他的關注點不僅是中國要抓住時機發展自己，還包括第三世界國家都要結束爭端，抓住機遇發展自己。當天下午，李鵬又與哈梅內伊舉行會談。在會談中，哈梅內伊重申，伊朗願意同中國建立長期穩定的友好合作關係。他說，3 天來的一系列會談表明，中國方面懷有同樣的意願。[2] 哈梅內伊這次訪問取得了良好的效果，在 5 月 11 日舉行的記者招待會上，哈梅內伊表示：雙方對討論的問題取得了諒解。他說，自從伊朗革命勝利以來，伊中關係在各方面得到了發展。兩國都希望加強和發展這種關係。[3] 至此，中國與伊朗關係正常化的進程初步完成，但是由於中國發生了 1989 年春夏之交的政治風波，西方國家對中國實施制裁，中國領導人對伊朗的回訪沒能很快實現。直到 1991 年，中國國務院

---

1 中共中央文獻研究室編：《鄧小平年譜》第五卷，第 572 頁；《鄧小平會見哈梅內伊》，載《人民日報》1989 年 5 月 12 日，第一版。

2 《李鵬同哈梅內伊會談 探討了加強中伊友好合作的途經》，載《人民日報》1989 年 5 月 12 日，第一版。

3 《伊朗總統舉行記者招待會》，載《人民日報》1989 年 5 月 12 日，第二版。

總理李鵬和國家主席楊尚昆先後訪問伊朗，中伊關係正常化才最終完成。

1991 年 7 月 7 日至 9 日，李鵬對伊朗進行了訪問。7 月 7 日，伊朗總統拉伕桑賈尼在歡迎宴會上致辭時呼籲建立國際關係新秩序，其特點應是尊重各國的獨立、主權、互利；不干涉別國內政；反對侵略及任何霸權行徑。[1] 李鵬在致辭時指出：和平共處五項原則應該成為國際新秩序的基礎。「各國有權根據本國國情，獨立自主地選擇本國的社會、政治、經濟制度和發展道路；國際事務應由各國平等參與，協商解決。」[2] 這表明，中伊兩國在冷戰即將結束時，對未來的國際秩序有相近的看法。7 月 8 日，在與拉伕桑賈尼舉行會談時，李鵬說，中國願同伊朗一道為地區和平與穩定，為建立公正合理的國際新秩序而共同努力。中伊兩國的政治關係很好，高級領導人常有往來。兩國經濟合作潛力很大，我們希望經過雙方的共同努力，使兩國的合作領域不斷擴大。[3] 據李鵬回憶，應拉伕桑賈尼的要求，7 月 8 日晚，雙方又進行了一次會談，主要談了雙方經濟技術合作問題。李鵬提出中方可以同意進口伊朗原油。拉伕桑賈尼提出購買中國的水泥、食糖等產品，並要求中方幫助進行電站建設等。雙方的談話一直到深夜 12 時才結束。[4]7 月 8 日，李鵬還會見了伊朗最高領袖哈梅內伊，哈梅內伊說，伊中有許多共同點，在此基礎上，我們可以進行良好合作。近幾年來，兩國關係又不斷發展和鞏固，我們要進一步發展伊中關係。李鵬說，我這次訪問，雙方談得很好，對進一步發展雙邊關係和建立國際新秩序問題上的立場是一致的。[5] 這說明中伊關係在實現正常化後，雙方關注的焦點已經轉移到建立冷戰後的國際新秩序和經濟合作上來。

---

1 《拉夫桑賈尼在歡迎李鵬的宴會上講話 希望伊中兩國關係得到更大發展 認為發展兩國合作有助和平穩定》，載《人民日報》1991 年 7 月 9 日，第六版。

2 《李鵬在拉夫桑賈尼舉行的宴會上講話 祝願伊朗在建設國家中取得新成就 表示中國願為建設國際新秩序努力》，載《人民日報》1991 年 7 月 9 日，第六版。

3 田曾佩主編：《改革開放以來的中國外交》，第 213 頁。

4 李鵬：《和平 發展 合作 —— 李鵬外事日記》上，第 1991 頁。

5 《伊朗領袖哈梅內伊會見李鵬總理 李鵬總理前往伊斯法罕參觀》，載《人民日報》1991 年 7 月 10 日，第一版。

僅僅 3 個月後，為了紀念中伊建交 20 周年，中國國家主席楊尚昆也到訪伊朗。10 月 30 日，楊尚昆抵達德黑蘭開始對伊朗進行訪問，10 月 31 日，在楊尚昆與伊朗總統拉伕桑賈尼舉行會談，雙方強調，中伊發展友好合作關係具有十分積極的意義。兩國都是第三世界國家，對國際問題以及在發展經濟、振興國家方面存在着許多共識，在當前複雜多變的國際形勢下，兩國應加強磋商、協調與合作，為建立和平、穩定、公正、合理的國際政治新秩序發揮兩國應有的作用。在會談中，兩國領導人還談到如何建立國際政治經濟新秩序，雙方一致認為，國際政治新秩序應該建立在和平共處五項原則的基礎上。要以公正合理、平等互利的國際經濟新秩序，代替目前不公正的國際經濟秩序。國家不分大小、強弱、貧富應該一律平等。[1] 特別應該談到的是，李鵬和楊尚昆在訪問中，都向霍梅尼陵敬獻了花圈，這表明，中國已經完全認同霍梅尼所締造的伊朗伊斯蘭共和國。至此，中國伊朗關係的改善最終完成。

## 第三節　中非關係的新階段

### 一、中國對非關係新的政治原則

所謂中國對非關係新的政治原則就是中國明確不再執行 20 世紀 60 年代的反帝統一戰線政策和 20 世紀 70 年代的反霸統一戰線政策，對廣大非洲國家採取一視同仁的友好態度，不搞「以蘇劃線」和「以美劃線」，對美蘇兩個超級大國一視同仁看待，誰搞霸權主義就反對誰。特別應該注意的是和平共處五項原則開始重新回歸到中國對亞非國家政策的話語體系的核心地位，再次成為中國處理與非洲國家關係的基本原則。

1 《楊主席同拉夫桑賈尼總統會談 拉夫桑賈尼總統宴請楊主席》，載《人民日報》1991 年 11 月 1 日，第一版。

中國共產黨第十二次全國代表大會召開後，1982 年 12 月 20 日至 1983 年 1 月 17 日，中國總理訪問了北非的埃及、阿爾及利亞、摩洛哥之後，又訪問了撒哈拉以南非洲的幾內亞、加蓬、札伊爾、剛果、讚比亞、津巴布韋、坦桑尼亞、肯尼亞等八國，共訪問非洲十一個國家。國務委員谷牧和外交部長吳學謙陪同訪問。這次訪問是中國加強對非工作所採取的重大外交行動。也是在訪問的過程中，中國提出了發展對非關係新的政治原則。中國總理強調中國同廣大非洲國家有很多共同點：同屬於第三世界，遭遇相同，處境相同，利益一致；都反對帝國主義、殖民主義、種族主義和強權政治，都主張維護世界和平，改革不公正、不合理的國際經濟關係；都主張加強第三世界國家之間的團結，採取實際步驟開展南南合作，等等。這些共同點是今後中國同非洲國家進一步發展友好合作和協調行動的基礎。中國總理重申，加強同第三世界國家的團結合作，是中國政府對外政策的根本立足點。中國不以社會制度和意識形態的異同定親疏，也不「以蘇劃線」或「以美劃線」。中國決心在求同存異的基礎上，遵循和平共處五項原則，同廣大第三世界國家進一步開展友好合作。[1] 通過中國總理的以上表述可以看出，反帝和反霸統一戰線的語言正在從中國對非政策的話語中消失，而與國際和平統一戰線密切相關的概念如和平共處五項原則、求同存異、歷史相近可以相互理解等又開始成為中國發展對非關係新的政治原則的核心概念。20 世紀 70 年代末到 80 年代初中國的歷史是以「撥亂反正」為核心詞的歷史，所謂「反正」包含有重新回到 1956 年中國共產黨第八次全國代表大會所制定的正確方針路線上來的含義。而那時中國對亞非國家執行的正是國際和平統一戰線政策。現在，中國發展對非關係新的政策原則的提出也是「撥亂反正」在中國外交領域的一個體現。

1 田曾佩主編：《改革開放以來的中國外交》，第 131-132 頁。

在這次對非洲十一國的訪問過程中，中國總理不斷闡述中國新的外交政策。而且隨着訪問過程的不斷延續，這種闡述越來越多地體現出糾正過去對非國際統一戰線政策偏頗的色彩。1982 年 12 月 21 日，在訪問的首站埃及開羅，中國總理在記者招待會上闡明了中國對外政策的兩個基本點：第一，反對霸權主義，維護世界和平；第二，堅定地同廣大的第三世界國家團結和合作。[1] 在當天晚上埃及總統為中國總理到訪舉行的歡迎宴會上，中國總理再次表明，中國政府一貫奉行獨立自主的和平外交政策。願意本着和平共處五項原則，發展同世界各國的關係。[2] 由此可見，在訪問的開始，中國就已經鮮明地提出以後發展與非洲國家的關係不再取決於這些國家於某一超級大國的關係，而是要以和平共處五項原則為基礎，而和平共處五項原則並不包含建立反對某個或某類國家的國際統一戰線的內容。1983 年 1 月 4 日，在與剛果總統、部長會議主席薩蘇—恩格索舉行會談時，中國總理進一步明確了中國不再主張建立反對某個或某類國家的國際統一戰線的政策。中國總理說：「中國不奉行等距離原則，中國不依附於任何外國，中國執行獨立自主的對外政策，同第三世界站在一起，加強與第三世界的團結與合作，是中國對外政策的基本出發點。」[3]1 月 11 日，在坦桑尼亞總統尼雷爾為中國總理舉行的宴會上，中國總理重申：「我國堅持奉行獨立自主的政策，不依附於任何大國，也決不屈服於任何大國的壓力。我們願意在和平共處五項原則的基礎上同一切國家發展關係，特別是加強同第三世界國家的團結和合作。」[4]1 月 13 日，在與尼雷爾舉行的正式會談中，中國總理再次強調：「中國政府奉行

---

1 《趙總理闡明我國對外政策》，載《人民日報》1982 年 12 月 22 日，第六版。

2 《趙總理說中埃友好合作領域日益擴大 非洲已成為第三世界一支強大力量》，載《人民日報》1982 年 12 月 23 日，第六版。

3 《薩蘇總統同趙總理舉行會談》，載《人民日報》1983 年 1 月 6 日，第六版。

4 《尼雷爾總統和趙總理強調 非洲在向前邁進 坦中友好不斷發展》，載《人民日報》1983 年 1 月 13 日，第六版。

獨立自主的外交政策，不依附於任何超級大國。」[1] 在中國總理上述對中國外交政策的闡述中，不依附於任何外國的表述最為重要，其含義是中國主動退出冷戰，不再按照冷戰的框架來思考自己的外交政策，不再聯合一個超級大國反對另外一個超級大國，當然也就不存在建立反對某個或某類國家的國際統一戰線的問題。

在中國發展對非關係新的政治原則的影響下，中國與撒哈拉以南非洲國家的關係得到了較大的發展，中國先後與吉布提、津巴布韋、安哥拉、科特迪瓦、萊索託等非洲國家建立外交關係。與坦桑尼亞、讚比亞、札伊爾、剛果、加蓬、馬里、幾內亞等國的傳統友好關係得到長足的發展，還積極改善了同莫桑比克、馬達加斯加、肯尼亞、加納、塞內加爾等國的關係。這其中改善與加納的關係、與安哥拉建交和並行推進與埃塞俄比亞和索馬里的關係是三件比較突出的事例。

如前文所述，在恩克魯瑪執政時期，中國與加納的關係十分密切，這是由於兩國都秉持堅定的反對帝國主義和殖民主義的立場。1966 年 2 月，在恩克魯瑪出國訪問期間，加納發生軍事政變，恩克魯瑪被迫流亡海外，直至 6 年後病逝於羅馬尼亞。而通過政變上臺的加納軍政府單方面宣佈中斷同中國的外交關係。1972 年 1 月，加納主動恢復與中國的外交關係。可以說中國與加納的關係因反帝統一戰線而興，也因堅持反帝立場的加納領導人失勢而衰，現在又要在中國超越國際統一戰線思想框架的背景下重新恢復。

1984 年 11 月初，加納派遣臨時全國保衛委員會特別顧問科喬・齊卡塔訪問中國，中國國家主席和國務院總理分別會見了齊卡塔，中國外長吳學謙與他舉行了會談。齊卡塔說，此次訪問的主要使命就是「恢復並發展同中國的聯繫，希望今後進一步擴大在政治、貿易等方面的聯繫」。

1 《趙紫陽同尼雷爾舉行正式會談》，載《人民日報》1983 年 1 月 14 日，第一版。

中國領導人對他表示，希望雙方努力，使中加關係恢復到甚至超過以往的最高水平。[1] 齊卡塔訪華期間，中國與加納簽署了關於延長中國向加納提供貸款使用期限和償還期以及中國向加納提供糧食的換文。此次齊卡塔訪華受到了中方的高度重視，給予了較高的禮遇。齊卡塔回國後，向加納國家最高領導人傑里・約翰・羅林斯彙報了訪華的情況，並積極推動羅林斯訪華。1985 年 9 月 16 日，加納臨時全國保衛委員會主席、國家元首羅林斯抵達北京對中國進行國事訪問，這是 20 年來訪華的首位加納國家元首。羅林斯表示他到中國希望結識中國國家領導人，考察了解中國經濟建設和改革的經驗，推動兩國友好和經濟合作的發展。中國國家主席、國務院總理會見了羅林斯。兩國領導人就發展中加友好合作關係舉行了三個多小時的會談。雙方介紹了各自建設和發展經濟的情況，交流了經驗，並對近幾年來的經濟技術合作取得的成果表示滿意。雙方同意採取積極態度，開拓新的合作領域和探討新的方式，推動合作繼續向前發展。[2]9 月 17 日，中國國家主席李先念在會見羅林斯時說：「中、加兩國都是發展中國家，在重大國際問題上沒有什麼不同意見。中國始終站在第三世界一邊，這一點永遠不會動搖。」[3]9 月 18 日，中共中央顧問委員會主任鄧小平會見羅林斯一行，這無疑是羅林斯此次訪華的重頭戲。鄧小平說：「我們正在建設具有中國特色的社會主義，我們的方針政策是根據中國的特點和實際制定的。過去我們照搬蘇聯模式，也有發展，但不順當。我們正在探索一條適合中國實際情況的發展道路。」[4] 鄧小平實際上說出了中國改革開放的實質。中國的改革開放無論在內外政策上都有擺脫冷戰思維框架的層面，中國在國家的發展戰略上不再以蘇聯模式為榜樣，在

1 王泰平主編：《新中國外交 50 年》（中），第 701 頁。

2 王泰平主編：《新中國外交 50 年》（中），第 701-702 頁。

3 《李先念會見羅林斯時說 中國始終站在第三世界一邊》，載《人民日報》1985 年 9 月 18 日，第一版。

4 中共中央文獻研究室編：《鄧小平年譜》第五卷，第 378 頁。

對外政策上，也不再從聯合一個超級大國反對另一個超級大國的角度出發思考問題。一切都要從中國的實際情況出發。這是中國超越國際統一戰線思想的方法論出發點，當然也構成了改善中國與加納關係的基礎。

訪問期間，中國與加納簽署了有關中國政府幫助加納政府新建國家劇場的協定，兩國政府 1985 年至 1986 年易貨貿易協定書，中國政府派小組赴加納就興建一個農田水利灌溉工程和一個沼氣項目進行可行性考察的換文。羅林斯還訪問中國人民解放軍空軍某部，觀看了飛行表演，並到廈門訪問。這次訪問起到了增進中國與加納之間相互了解，促進兩國友好合作的目的。

此後，兩國高層互訪不斷，政治互信不斷加強，經貿合作有了長足的進展。1987 年 3 月，中國政府特使、地質礦產部部長朱訓前往阿克拉參加加納獨立 30 周年的慶典活動。3 月 5 日，加納國家元首羅林斯會見了朱訓。羅林斯指出：中國和加納都在搞改革，兩國有不少共同之處，中國在動員和組織人民方面有着豐富的經驗可以借鑒，加納將永遠同中國在一起。[1]1989 年 10 月 10 日— 14 日，加納臨時全國保衞委員會委員、部長委員會主席奧斌對中國進行了正式訪問。中國國家主席楊尚昆和中共中央總書記江澤民分別會見了奧斌主席。國務院總理李鵬和奧斌舉行了正式會談。在上述會見和會談中，中國領導人表示，加納是最早與中國建交的黑非洲國家之一，兩國關係在毛澤東、周恩來和恩克魯瑪時代就打下了堅實的基礎。近年來，兩國關係十分友好，希望業已存在於各方面的合作進一步發展，相信奧斌主席這次訪華將對此做出貢獻。奧斌表示，中加關係已有將近 30 年的歷史，兩國在各個領域的合作是令人滿意的，希望雙方保持經常交往，積極尋找擴大合作的新方式。[2] 此時中國正

1　中華人民共和國外交部外交史編輯室編：《中國外交概覽 1988》，北京：世界知識出版社，1988 年版，第 191 頁。

2　中華人民共和國外交部外交史編輯室編：《中國外交概覽 1990》，北京：世界知識出版社，1990 年版，第 183-184 頁。

面臨西方國家所謂「制裁」所造成的嚴峻國際形勢。加納領導人對中國的訪問無疑是對中國的重大支持。除了搞成互訪不斷外，中加的經貿關係也有了長足的進展。1987 年，中國同加納進出口總額為 1777 萬美元，其中中方出口額為 427 萬美元，進口額為 1350 美元；出口商品主要為輕紡和機械等產品，進口商品主要為可可豆。[1] 而到 1991 年，中國同加納的進出口商品總額為 2458 萬美元，其中中方出口額為 2155 萬美元，進口額為 303 萬美元。[2] 這也說明，隨着中國改革開放的發展，中國能夠向非洲國家提供的有價值的商品越來越多。

如前文所述，中國出於構建反霸統一戰線的考慮，在安哥拉內戰中側重支持安解陣和安盟，沒有立即承認安人運政權。1979 年 1 月 20 日，安人運中央委員會政治局發表公報，表示願意接受中國關於舉行討論建立外交關係的會談的建議。從此，中國和安哥拉開始了長達四年的艱苦談判。1982 年 9 月 27 日，中安兩國政府決定相互承認，並指定了兩國各自的代表從即日起在巴黎就兩國之間的關係正常化和建立外交關係開始接觸。[3]1983 年 1 月 12 日，中國和安哥拉兩國政府代表在巴黎簽署了建交公報，並決定自即日起建立大使級外交關係。建交公報指出：中國和安哥拉「願意在相互尊重國家主權和領土完整、互不侵犯、互不干涉內政、平等互利、和平共處的原則基礎上建立關係」。[4] 從建交公報的措辭再次可以看出，和平共處五項原則的回歸，和反霸統一戰線的隱退。

安哥拉問題與南非種族隔離問題和西南非洲問題有着千絲萬縷的聯繫。在 20 世紀 70 年代，中國在安哥拉內戰問題上執行反霸統一戰線政策，客觀上給非洲國家造成一種中國與南非種族隔離政權有某些共同點

---

1　中華人民共和國外交部外交史編輯室編：《中國外交概覽 1988》，第 191 頁。

2　中華人民共和國外交部外交史研究室編：《中國外交概覽 1992》，北京：世界知識出版社，1992 年版，第 201 頁。

3　《中國和安哥拉決定互相承認》，載《人民日報》1982 年 9 月 28 日，第一版。

4　《中國和安哥拉建立外交關係》，載《人民日報》1983 年 1 月 13 日，第一版。

的不良印象。因此，20 世紀 80 年代，中國對安哥拉政策的一大變化就是改變了在 20 世紀 70 年代對南非入侵安哥拉的態度。在 20 世紀 70 年代，南非經常以追擊納米比亞民族解放運動的武裝力量和保護安盟為由，武裝侵入安哥拉境內。中國曾反對單獨譴責南非對安哥拉的入侵，而是要求對蘇聯支持下的古巴僱傭軍與南非軍隊同等看待，所有外國軍隊都應該撤出安哥拉。到了 20 世紀 80 年代，中國開始順應廣大非洲國家的要求，對南非入侵安哥拉採取嚴厲批評的態度。1987 年 11 月 24 日，中國常駐聯合國副代表俞孟嘉在聯合國安理會召開的緊急會議上，強烈譴責南非以被其佔領的納米比亞為跳板，對安哥拉南部四省進行大規模武裝入侵事件，重申中國堅決支持安哥拉政府和人民反對南非入侵、捍衛國家主權和獨立的正義鬥爭，敦促安理會採取措施立即制止南非當局對安哥拉的入侵和破壞，迫使其從安哥拉立即無條件撤軍，並呼籲國際社會向安哥拉政府和人民提供援助。[1]12 月 9 日，中國外交部新聞發言人就南非入侵安哥拉發表談話說：「中國政府強烈譴責南非當局的粗暴行徑，堅決支持南非人民反對種族主義統治和納米比亞人民爭取民族獨立以及非洲前線國家抵抗南非侵略、捍衛國家主權和獨立的正義鬥爭。」[2]1988 年初，南非當局一再派遣大規模軍隊入侵安哥拉。針對這一事件，中國外交部發言人表示：中國政府和人民強烈譴責南非當局的這一野蠻罪行，要求南非當局立即停止侵略，執行聯合國安理會相關決議，從安哥拉撤出全部南非軍隊。外交部發言人強調，「中國政府將一如既往，堅決支持安哥拉政府和人民抗擊南非侵略、維護國家主權和安全以及納米比亞人民爭取民族獨立的正義鬥爭。」[3] 在隨後幾天中，中華全國總工會、全國婦聯，中國共青團中央等部門紛紛致電安哥拉相應的組織，

1　中華人民共和國外交部外交史編輯室編：《中國外交概覽 1988》，第 209 頁。
2　《我譴責南非入侵安哥拉》，載《人民日報》1987 年 12 月 10 日，第一版。
3　《中國強烈譴責南非入侵安哥拉》，載《人民日報》1988 年 2 月 25 日，第一版。

對安哥拉抵抗南非的侵略表示支持。同年 8 月 8 日，古巴、安哥拉、南非同時宣佈停火撤軍。8 月 19 日，中國外交部發言人指出：中國政府對各方政治解決安哥拉和納米比亞問題會談取得初步進展表示歡迎，讚賞安哥拉等非洲國家為謀求實現地區和平與穩定所作的工作，並希望國際社會敦促南非當局認真履行決議，如期從安哥拉全部撤軍，切實實施安理會相關決議，以實現西南部非洲地區的和平與穩定。[1]1989 年 1 月，首批古巴軍隊開始撤離安哥拉。1 月 12 日，中國外交部發言人李肇星在新聞發佈會上說，據安哥拉和古巴達成的雙邊協議，首批古巴軍隊已於 1 月 10 日撤離安哥拉。這是安哥拉、古巴實施政治解決西南部非洲問題有關協議的良好開端，中國對此表示歡迎。他接着說，中國希望南非採取同樣的態度，認真履行協議，保障安哥拉的主權和安全，切實實施聯合國安理會 435 號決議，使納米比亞如期獨立。[2] 此時的安哥拉政權就是安人運政權，而古巴軍隊就是支持安人運政權的。此時，中國對蘇聯支持的古巴軍隊的語氣明顯緩和，甚至還正面報道了安哥拉政府給古巴軍隊授勛的新聞。同時，與 20 世紀 70 年代相比，中國對南非入侵安哥拉的態度發生了巨大的轉變。這種轉變使得中國不再因為機械教條地反對霸權主義而喪失國際道義，而使中國站在了國際正義力量的一方，爭取到了安哥拉問題上的道德高地，消除了非洲國家對中國的一些誤解。

1988 年 10 月 20 日，安哥拉總統多斯桑託斯抵達北京對中國進行正式友好訪問。這是安哥拉獨立 13 年來第一位訪問中國的安哥拉國家元首。在訪問期間，中國領導人與多斯桑託斯進行了會見和會談。在多斯桑託斯訪華的過程中，中國領導人多次強調中國反對南非種族隔離政策的態度。10 月 20 日，在為歡迎多斯桑託斯到訪中國而舉行的宴會上，中

---

1　中華人民共和國外交部外交史編輯室編：《中國外交概覽 1989》，北京：世界知識出版社，1989 年版，第 214 頁。

2　《中國希望納米比亞如期獨立》，載《人民日報》1989 年 1 月 13 日，第四版。

國國家主席楊尚昆在講話中指出：「中國政府譴責南非當局繼續推行種族隔離制度，呼籲國際社會向南非當局施加更大的壓力，迫使其徹底廢除種族隔離制度，儘早結束對納米比亞的非法佔領，完全停止對安哥拉等鄰國的威脅和侵擾，以實現南部非洲地區的和平與穩定。」[1] 在與多斯桑托斯的會談中，中國領導人對安哥拉反對南非的侵略與破壞，維護國家獨立和主權，謀求實現南部非洲地區和平與穩定所進行的不懈鬥爭表示欽佩和支持，強調中國政府和人民堅決站在安哥拉政府和人民一邊，高度讚賞多斯桑托斯在發展中安兩國友好合作關係方面做出的積極努力，重申繼續加強中安友誼與合作是中國政府堅定不移的方針。中國黨和政府把加強同非洲國家的團結與合作作為對外政策的重要組成部分，十分珍視與安哥拉在反對帝國主義、反對殖民主義的鬥爭中建立起來的友誼，願同安方共同努力，進一步發展中安兩黨、兩國在政治、經濟等各個領域的友好合作關係。[2] 多斯桑托斯表示：「我們密切關注着貴國的社會變革和現代化進程。對安哥拉來說，最重要的是了解中國執行的發展戰略和使用中等技術方面的經驗，以利於我國的經濟發展。我們願就共同感興趣的領域內的合作同中國進行完全開放的深入探討。」[3] 國務院總理李鵬在會見多斯桑托斯時還特別重申：「中國一貫譴責南非當局奉行的種族隔離政策，我們一貫支持前線國家對南非進行的正義鬥爭。」[4]10 月 22 日，中央軍委主席鄧小平會見了多斯桑托斯一行。鄧小平說：「中國同安哥拉建交以來兩國關係是良好的，多斯桑托斯總統率團訪華證明了這一點。好的關係也需要繼續發展，彼此加深了解是發展友好關係的重要基礎。」[5] 鄧

1 《楊主席設宴歡迎多斯桑托斯總統》，載《人民日報》1988 年 10 月 21 日，第一版。

2 中華人民共和國外交部外交史編輯室編：《中國外交概覽 1989》，第 212 頁。

3 王泰平主編：《新中國外交 50 年》（中），第 703-704 頁。

4 《李鵬與多斯桑托斯會談時說 世界形勢緩和有利中國建設》，載《人民日報》1988 年 10 月 22 日，第一版。

5 中華人民共和國外交部外交史編輯室編：《中國外交概覽 1989》，第 212-213 頁。

小平明確了中國對南部非洲問題的立場。他說：「我們支持安哥拉反對南非的種族隔離政策。對話比對抗好，緩和比緊張好。對南非鬥爭既要有堅定性，又要有靈活性。希望你們按照現在的決策，能夠通過對話，同他們達成某種諒解，然後一心一意搞國內團結和國內建設。」[1] 鄧小平還對多斯桑託斯說：「我們都屬於第三世界，都是發展中國家，我們要抓住國際上出現緩和這一有利時機很好地發展自己。」[2] 前文提及，中國在安哥拉內戰中，曾對得到南非種族隔離政權庇護的安盟有某種同情和支持，這使得一些非洲國家對中國的政策產生了誤解。現在，中國在多斯桑託斯訪華的過程中反覆譴責南非種族隔離政權，這與十餘年前中國所執行的政策形成了鮮明的對比，也是中國對在推動建立反霸統一戰線政策過程中出現的某種偏差的糾正。

在訪問過程中，中國與安哥拉簽訂了三個重要協定：《關於成立中國政府和安哥拉政府經濟、技術和貿易合作混合委員會的協定》、《中華人民共和國和安哥拉人民共和國文化協定》以及《中國共產黨和安哥拉人民解放運動——勞動黨合作協定》。最後一個協定尤其重要，在「以蘇劃線」的反霸統一戰線政策影響下，與蘇聯關係密切的安人運受到中國的冷淡，現在，中國與安哥拉不僅實現了國家關係的正常化，也實現了黨際關係的正常化。從此，中國與安哥拉的關係開始大踏步前進。

1989 年 8 月 5 日—7 日，應安哥拉外交部長佩德羅·范迪嫩的邀請，中國外長錢其琛訪問了安哥拉。這是自 1983 年兩國建交以來中國外長首次訪問安哥拉。在會談中，雙方對中安關係的發展表示滿意，並願不斷鞏固和發展兩國友誼與合作。錢其琛對安哥拉政府在實現國內和平和恢復經濟方面取得的進展表示讚賞，重申中國政府堅決支持安政府和人民在多斯桑託斯總統領導下為謀求實現國內和平所做出的積

1 中共中央文獻研究室編：《鄧小平年譜》第五卷，第 553 頁。
2 王泰平主編：《新中國外交 50 年》（中），第 704 頁。

極努力，並希望安國內和平進程得以順利進行。訪問期間，錢其琛還拜會了安哥拉總統多斯桑託斯。多斯桑託斯表示，安哥拉十分重視同中國的友好合作，願進一步發展兩國在政治、經濟、科技和文化等方面的關係。[1] 同年 6 月 22 日，安哥拉政府與中國曾經側重支持的「爭取安哥拉徹底獨立全國聯盟」在札伊爾達成挺火協議。6 月 28 日，中國外交部發言人對此是發表談話。他說，安哥拉政府和安盟實行停火是安哥拉實現國內和平的重要進展，對南部非洲地區的緩和形勢將產生積極影響。我們對此表示高興和祝賀，並高度評價有關非洲國家在推動這一和平進程中發揮的積極作用。[2] 此時，中國實際上已經把過去曾經支持的安盟定性為安哥拉的反政府武裝。這一態度的轉變，也是超越國際統一戰線思維框架所帶來的變化。

在本書的第五章介紹了中國對歐加登戰爭的政策，中國政策的一個明顯特點就是沒有完全實施「以蘇劃線」的政策，對與蘇聯關係密切並得到蘇聯支持的埃塞俄比亞門格斯圖政權仍然保持了正常的國與國之間的關係，並沒有導致中國與埃塞俄比亞關係的徹底破裂。但無論如何，在歐加登戰爭問題上，中國是站在索馬里一邊，對蘇聯霸權主義向非洲之角的擴張提出了嚴厲的批評。進入到 20 世紀 80 年代，中國開始着力糾正在埃索關係中偏向一方的局面，大力發展與埃塞俄比亞的關係，同時，也與索馬里繼續保持友好關係，是中國與兩個國家的關係得到並行的發展。

1987 年 1 月 7 日至 11 日，應國務委員兼外交部長吳學謙的邀請，埃塞俄比亞工人黨政治局委員、書記處書記菲賽哈·德斯塔率領埃塞俄比亞政府代表團對中國進行了訪問。這是近十年來埃塞俄比亞政府派出的最高級別的訪華代表團。國務院副總理萬里會見了菲賽哈一行，菲賽哈

---

1　中華人民共和國外交部外交史編輯室編：《中國外交概覽 1990》，第 202 頁。

2　《我祝賀安哥拉政府與安盟停火》，載《人民日報》1989 年 6 月 29 日，第一版。

向萬里轉交了門格斯圖給中國領導人的信。信中重申進一步發展同中國友好合作關係的願望。吳學謙在與菲賽哈所率領的代表團進行會談時表示，代表團的來訪將加深兩國之間的相互了解和友好合作關係。菲賽哈強調，埃塞俄比亞同中國的關係是好的，並有着巨大的發展潛力。[1] 同年 11 月 4 日至 7 日，應中國外長吳學謙的邀請，埃塞俄比亞國務委員會委員、外交部長貝哈努・巴耶赫對中國進行了訪問。中國領導人在會見貝哈努一行時表示，中國重視發展同埃塞俄比亞的友好合作關係，並對埃塞俄比亞 1974 年革命給予積極的評價。兩國外長在會談中彼此介紹了兩國國內的發展情況，並對近幾年雙方人員交往不斷增加，相互了解和友誼進一步加深表示滿意。並希望兩國合作能夠進一步得到發展。[2] 可以說，1987 年是中國與埃塞俄比亞關係得到實質性進展的一年，特別是中國領導人對 1974 年埃塞俄比亞革命的積極評價，這就等於承認了門格斯圖政權存在的合法性。這對於中國與埃塞俄比亞關係是非常重要的。同年，中國與索馬里的關係也在正常發展。9 月，中國外長吳學謙在紐約出席聯合國大會期間會見了索馬里外長賈馬・巴雷。10 月，中國援建的索馬里哈格薩供水系統擴建工程提前 11 個月完工，正式移交給索馬里政府。

1988 年 5 月 21 日，埃塞俄比亞與索馬里兩國宣佈，兩國軍隊已經脫離寄出。「兩國軍隊將部署在離兩國國境線 15 公里以外的地方。兩國對這一安排都表示滿意。雙方表示，今後雙方都將避免敵對性的活動，如發生什麼問題，將用和平方式解決。」[3] 埃索衝突和平解決所取得的進展為中國並行推進與埃索兩國的關係創造了良好的條件。幾乎就在埃索兩國軍隊脫離接觸的同時，1988 年 5 月 9 日至 21 日，索馬里國防部長阿旦・努爾少將率領的索馬里軍事代表團訪問了中國。中國國家副主席王震在

1　中華人民共和國外交部外交史編輯室編：《中國外交概覽 1988》，第 148-149 頁。
2　中華人民共和國外交部外交史編輯室編：《中國外交概覽 1988》，第 149 頁。
3　《埃塞俄比亞索馬里軍隊脫離接觸》，載《人民日報》1988 年 5 月 23 日，第四版。

會見阿旦．努爾時說：「中國和索馬里建交後，兩國在各個領域的合作關係得到了令人滿意的發展。兩國都面臨着和平與發展的問題，都需要一個和平的國際環境，來進行經濟建設。加強同第三世界的團結與合作是中國對外政策的基石。中國將一如既往地加強同非洲國家和其他第三世界國家的團結合作，促進各自國家的經濟發展和繁榮。」[1] 這就說明中國對埃索衝突的關注點已經從防止蘇聯霸權主義的擴張轉到了和平與發展兩大主題上。同年 6 月 20 日至 6 月 26 日，埃塞俄比亞總統門格斯圖對中國進行首次國事訪問。中央軍委主席鄧小平會見了門格斯圖，國務院總理李鵬與他進行了會談。在與中國領導人的會見和會談中，門格斯圖表示，他長期以來一直期待着這次訪問，以便開創兩國、兩黨在各個領域更深入廣泛和長期有效的合作。他預祝中國的改革開放和現代化事業獲得成功。[2]6 月 22 日，鄧小平在會見門格斯圖時深情回憶了埃塞俄比亞人民抗擊意大利法西斯侵略者的光榮歷史。並強調：「我衷心希望你們把發展生產力、調動人民的積極性作為中心。現在國際形勢看來會有個比較長時間的和平環境，即不爆發第三次世界大戰的環境。我們都是第三世界國家，要緊緊抓住經濟建設這個中心，不要喪失時機。」[3] 李鵬總理在會談中表示，中國對埃塞俄比亞改善與鄰國的關係十分高興，重申中國政府一貫主張國與國之間，尤其是發展中國家間的衝突應通過和平協商解決。中埃兩國關係是良好的，近年來有較快的發展。[4] 鄧小平和李鵬兩位中國領導人的講話再次說明，中國對於埃塞俄比亞與索馬里之間矛盾的核心關切已經從反對蘇聯霸權主義的擴張轉變為問題的和平解決。中國更希望看到廣大發展中國家彼此之間在政治上都保持友好的關係，然後抓

---

1 《加強同第三世界合作是我過對外政策基石》，載《人民日報》1988 年 5 月 21 日，第四版。
2 中華人民共和國外交部外交史編輯室編：《中國外交概覽 1989》，第 146 頁。
3 鄧小平：《形勢迫使我們進一步改革開放》，1988 年 6 月 22 日，載《鄧小平文選》第三卷，第 270 頁。
4 中華人民共和國外交部外交史編輯室編：《中國外交概覽 1989》，第 146 頁。

住有利的國際環境抓緊發展本國經濟。

在並行發展政治關係的同時，有證據表明，中國同時向埃塞俄比亞和索馬里兩國提供了經濟技術援助。1989 年 2 月 18 日至 21 日，索馬里總統特使，總統府部長穆罕默德·謝赫·奧斯曼對中國進行了工作訪問。中國國家主席楊尚昆在會見奧斯曼時說：「中國還相當窮，對索馬里的援助是微不足道的。隨着中國國民經濟的全面發展，中國對友好國家的貢獻就會多一點。」而奧斯曼則感謝中國政府 25 年來給予索馬里堅定的，無保留的和有效的支持與援助。[1] 中國外長錢其琛在同索馬里總統特使穆罕默德·謝赫·奧斯曼會談時說，中國政府高度評價去年 4 月埃塞俄比亞和索馬里達成的關係正常化協議，認為這對索馬里和其他國家克服困難、發展經濟創造了條件。中國政府希望看到索馬里實現民族和解。[2] 同年 12 月 19 日至 24 日，埃塞俄比亞副總理沃利·契科勒一行訪華。國務院總理李鵬在會談時談到中國的對外援助時表示，中國向發展中國家特別是非洲國家提供了一些援助，但其數量是微不足道的，僅僅是友誼的象徵。[3] 楊尚昆和李鵬兩位中國領導人都談到了中國對非洲的援助，並謙遜地表示這種援助還是十分有限的，這也從一個側面表明，在跳出了國際統一戰線的思想框架後，中國不再把埃索衝突看作是一個反對蘇聯霸權主義的戰場，對於兩國都給予了力所能及的援助。

此後，中國與埃塞俄比亞和索馬里的關係繼續並行發展，兩國高層往來不斷，經濟交往也繼續發展，但是，到了 1991 年，埃塞俄比亞和索馬里國內政局同時發生了劇烈變化，中國與兩國的關係也進入了後冷戰時代。

綜上所述，在中國提出了發展對非關係新的政治原則後，中國成功解決了與非洲國家的一些歷史遺留問題，糾正了反霸統一戰線政策所造

1　中華人民共和國外交部外交史編輯室編：《中國外交概覽 1990》，第 145-146 頁。
2　《中國對非洲和非洲之角形勢表示關切》，載《人民日報》1989 年 2 月 19 日，第四版。
3　中華人民共和國外交部外交史編輯室編：《中國外交概覽 1990》，第 143 頁。

成的某些偏差，中非關係開始，出現一個新的局面。

## 二、中國對非經濟技術合作四項原則

在提出中國發展對非國家新的政治原則的同時，中國也提出了對非經濟技術合作的四項原則，即「平等互利、講求時效、形式多樣、共同發展」。中國對非經濟技術合作四項原則的提出與黨的十一屆三中全會召開、改革開放新的歷史航程的開啟、中國外交政策的調整特別是中國對國際統一戰線政策正反兩方面經驗的總結都有着密切的關係。1978 年 12 月召開的黨的十一屆三中全會不僅是新中國歷史也是中國共產黨歷史上的一個具有極其深遠意義的偉大轉折。十一屆三中全會停止使用「以階級鬥爭為綱」這個不符合社會主義社會實際情況的口號，做出了把全黨的工作重心和全國人民的注意力轉移到社會主義現代化建設上來的戰略決策。「以階級鬥爭為綱」的方針曾經在歷史上對中國的對外援助工作產生過一定程度的消極影響，導致援外工作中的政治考量和意識形態色彩過重。而不管是反帝統一戰線政策還是反霸統一戰線政策都包含有對外援助的重要內容，其目的是通過援助鼓勵同處一個統一戰線的亞非國家堅定自身反對美國或蘇聯的立場，加強反美或反蘇鬥爭的強度。這帶來了兩個方面的負面影響，首先是對外援助超出中國的實際國力，其次是導致某些受援國過度依賴中國的援助，一旦中國減少對這些國家的援助，馬上就會導致雙邊的政治關係嚴重滑坡。

20 世紀 70 年代是中國對外援助規模急劇擴大的時期。從 1971 年到 1978 年的八年間，中國政府在繼續向原來的 30 個受援國提供援助的同時，又先後向以亞非國家為主體的 36 個國家提供新的經濟技術援助，同它們建立了經濟合作關係，這一階段，接受中國援助的國家共有 66 個，比 20 世紀 60 年代增加了一倍還多。中國還承擔了任務十分繁重的援外成套項目建設任務。以 1974 年為例，全年共安排建設項目 265 個（新開工 121 個，續建 144 個），其中，中國援助款項投入的資金在 5000 萬人民幣以上的大項目有 25 個。這一年的成套項目援助支出比 1970 年增加 129%。1971 年至 1978 年共幫助 37 個國家建成 470 個項目，超過前 16 年（1955 年至 1970 年）建成項目的總和，成套項目援助支出比前 16 年的總和增加 109%。從 1971 年到 1978 年對外經濟技術援助支出為前 21 年（1950 年至 1970 年）經援支出總和的 159%。[1] 上述數據已經充分說明，急劇增長的對外經濟技術援助規模已經使中國不堪重負，超出了中國實際國力所能承擔的範圍。

更為重要的是，中國對某些國家大包大攬式的援助主要出於鼓勵這些國家進行反帝或反霸鬥爭的目的，但客觀上造成某些國家依賴中國援助的不健康心態，一旦中國不能滿足這些國家提出的巨額援助要求，對方馬上就會採取措施惡化雙邊關係。以越南為例，中越建交之後，特別是在越南人民進行抗美救國鬥爭的過程中，中國援助越南的總值為 200 多億美元。[2]1975 年越南取得了全國革命的勝利。當年 8 月，越南副總理黎清毅來華訪問，仍然要求中國在 1976 年到 1980 年的五年中提供 46 億人民幣貸款，還不包括成套設備的貸款。8 月 13 日至 14 日，國務院副總理李先念在與越方的會談中表示：「我們認為你們的要求數量和我們的實際能力差距太大，不是一般的不能滿足，而是很不能滿足你們的要求，你們聽了以後，要出乎你們的意料，感到大失所望。」黎清毅聽了李先念對具體情況的介紹後，很不高興，他說：「我第一次具體地聽到你談這個問題，你說我聽了之後會很失望，這是真的。」8 月 16 日，重病中的周恩來在會見黎清毅一行時表示：「在戰爭期間，你們最困難的時候，有很多東西，我們是從部隊和庫存中抽調給你們的，為了支援你們，我們

---

1　石林主編：《當代中國的經濟技術合作》，北京：中國社會科學出版社，1989 年版，第 57、60-61 頁。

2　郭明主編：《中越關係演變四十年》，南寧：廣西人民出版社，1992 年版，第 77 頁。

盡了很大努力。現在在外援方面，援越總金額仍佔第一位。你們應該讓我們緩一口氣，養一養。」[1] 從中越雙方的交流情況看，中方無法滿足越南方面提出的巨額援助要求，已經影響到了中越雙方的感情和戰略信任。越南在取得全國勝利後不久，迅速向蘇聯靠攏，惡化中越關係，中國不能不最終停止對越南的援助。

黨的十一屆三中全會之後，鄧小平明顯意識到中國對外援助工作出現的問題，開始逐步調整對外援助的原則。1979 年 7 月 7 日，鄧小平在第五次駐外使節會議上做報告指出：「對第三世界的援助，要着眼於對受援國確有益處，不要讓它躺在援助國的身上。比如可以把援助改成低息貸款，這有益處，它自己有個經濟核算，會把錢用得更好些。」1980 年 5 月 12 日，鄧小平在會見英國前首相、工黨領袖詹姆斯・卡拉漢時說：「現在我們的對外援助可能要比前幾年少一些，因為我們顧不過來。但隨着我們經濟的發展，我們將拿出相當大的數目來幫助第三世界。」[2]1980 年 10 月 27 日，中共中央書記處召開第 59 次會議，會議否定了「文化大革命」中批判所謂「三和一少」、「三降一滅」和實行所謂「三鬥一多」的做法。同時提出，今後中國對外援助要同國力相適應。[3]1981 年 2 月 11 日，鄧小平在出席中央政治局會議討論對外政策問題時說：「由於我們自己還很困難，對第三世界的援助數額不可能增加，但各種層次的友好訪問和民間來往要增加。」1982 年 5 月 15 日，鄧小平在會見佛得角總統阿里斯蒂德斯・佩雷拉時說：「按說中國應對第三世界朋友做出更多貢獻，但現在不行。也許到本世紀末，情況有所改變，可能對第三世界朋友做出更多貢獻。」[4] 這種調整以 1982 年 9 月召開的中國共產黨第十二次全國

1 本書編寫組：《李先念傳（1949 — 1992）》下，第 915-917 頁。

2 中共中央文獻研究室編：《鄧小平年譜》第四卷，第 532、632 頁。

3 任曉、劉慧華：《中國對外援助：理論與實踐》，上海人民出版社，2017 年版，第 138 頁。

4 中共中央文獻研究室編：《鄧小平年譜》第五卷，第 10、122 頁。

代表大會為主要標誌。十二大報告改變了「堅持無產階級國際主義」的提法，而表述為「把愛國主義和國際主義結合起來，從來是我們處理對外關係的根本出發點」。報告還強調「革命決不能輸出，它只能是各國人民自己選擇的結果」。「我們對待第三世界國家的友誼是真誠的。無論是進行互利合作還是提供援助，我們都嚴格尊重對方的主權，從不附帶任何條件，不要求任何特權。」[1] 應該說黨的十二大報告基本完成了改革開放時期中國對外援助方針的調整。這些方針包含着以下幾個特點：中國的對外援助的出發點是中國的國家利益和世界各國人民的根本利益，也要從中國自身的實際情況出發，淡化了推動世界無產階級革命的意識形態色彩。其次，中國新的對外援助方針也是對周恩來在 1963 年至 1964 年訪問非洲時提出的中國對外援助八項原則的繼承，特別強調了中國的援助不附帶任何政治條件，不要求任何特權。

正是在這樣的大背景下，中國總理在訪問非洲十一國期間正式提出了中國對非經濟技術合作的四項原則。這四項原則被概括為：「平等互利、講求實效、形式多樣、共同發展」。具體內容如下：一、中國同非洲國家進行經濟技術合作，遵循團結友好、平等互利的原則，尊重對方的主權，不干涉對方的內政，不附帶任何政治條件，不要求任何特權。二、中國同非洲國家進行經濟技術合作，從雙方的實際需要和可能條件出發，發揮各自的長處和潛力，力求投資少、工期短、收效快，俾能取得良好的經濟效益。三、中國同非洲國家進行經濟技術合作，方式可以多種多樣，因地制宜，包括提供技術服務、培訓技術和管理人員、進行科學技術交流、承建工程、合作生產、合資經營等等。中國方面對所承擔的合作項目負責守約、保質、重義。中國方面派出的專家和技術人員，不要求特殊的待遇。四、中國同非洲國家進行經濟技術合作，目的

---

1　胡耀邦:《全面開創社會主義現代化建設的新局面》，載《胡耀邦文選》，第 447、448、452 頁。

在於取長補短，互相幫助，以利於增強雙方自力更生的能力和促進各自民族經濟的發展。[1] 從四項原則的具體內容看，除第一項是對中國對外經濟技術援助八項原則的基礎外，另外三項都帶有改革開放時期的新特點。首先，講求實效是指中國的對外經濟技術合作不再是一種外交和國家安全戰略的附屬物，不再是一種中國政治立場的表達，而是要真正服務於受援國和援助國自身的國家利益。過去，中國的對外援助更多的是考慮政治利益，認為中國援助亞非國家，這些國家反帝鬥爭搞得好，對中國也是一種幫助。而現在，中國更多的考慮是經濟利益。「從雙方的實際需要和可能條件出發」的表述說明中國不可能再承擔超出自身國力的援助任務。其次，過去中國的援助往往以無償提供資金、物資和援建成套項目為主，而現在提出了「合作生產、合資經營」等多種經濟技術合作新模式。這也表明，中國在提供援助後，必須重視援助所起到的效果和所帶來的效益，中國的經濟援助不能成為經濟效益差的項目。最後，共同發展所要強調的是援助要雙向受益。過去，中國更多的是考慮受援國的利益，現在中國自身的利益也必須在考慮範圍之內。「取長補短，互相幫助，以利於增強雙方自力更生的能力和促進各自民族經濟的發展」，這些表述都說明，在考慮對外援助問題時，中國的利益不能再被忽視，中國對外援助的最終結果應該是受援國和援助國都得到發展。

中國總理在訪問非洲十一國的過程中重點就是提出對非經濟技術合作四項原則。同時，中國總理也對新的對非經濟技術合作四項原則的實質進行了解釋。1983 年 1 月 16 日，在即將結束訪非行程的時候，中國總理對隨行的中國記者發表了談話。首先，他強調中國提出對非經濟技術合作四項原則的原因是「中國正在調整經濟，自己也有困難，⋯⋯ 唯其困難，才更需要互相幫助」。其次，中國對非經濟技術援助攤子不能鋪得

---

1 《趙總理宣佈中非經濟技術合作四項原則 平等互利、講求實效、形式多樣、共同發展》，載《人民日報》1983 年 1 月 15 日，第六版。

太大，「超過我們國力的事，不要勉強去做」。第三，中國總理談到了這四項原則的核心，那就是「要講效率，講質量，講經濟效益，務必對朋友有所裨益，對我們自己有所促進」，也就是要保證援助能產生效益，同時確保援助能夠使中國和非洲國家雙向受益。最後，中國總理還強調，只有把中國的國內建設搞好，才能更好地幫助非洲朋友。「我們要把國內的建設工作做好，這是基礎，沒有這個基礎，自己沒有長處，什麼都談不上。」[1]

在中國對非經濟技術合作四項原則的影響下，中國對非經濟技術合作展現出新的面貌，取得了新的成果。例如，1984 年中國建成的盧旺達水泥廠是盧旺達最大、收益最好的國營工業企業，投產三年後就收回全部投資。馬達加斯加政府稱讚 1985 年中國援建的木昂公路是馬達加斯加的主要經濟動脈。國際奧委會主席薩馬蘭奇稱讚中國援建的肯尼亞體育場設施達到了國際標準，為第四屆全非運動會的成功召開，發展非洲體育事業做出了貢獻。津巴布韋政府讚揚中國援建的國家體育場是兩國世世代代友好的象徵。中國還創新了對非經濟技術援助的模式。這些新的模式有：1. 參與管理。中國專家除了進行生產技術指導、技術培訓外，還參與企業的經營管理。如坦讚鐵路，從 1983 年中、坦、讚三國第四期技術合作開始，通過中國專家參與管理，扭轉了虧損局面，連年盈利，1991 年度淨盈利 27.1 億坦桑尼亞先令（約合 1100 萬美元）。2. 合作管理。根據受援國政府要求，中國專家應聘擔任企業的負責人，負責全面經營管理，企業自負盈虧。3. 代管經營。由受援國政府委託，中方公司派專家組替代對方管理企業，全面負責企業的經營管理和企業的盈虧。4. 租賃承包。受援國政府請中國公司租賃企業，負責全面經營，並自負盈虧。5. 合資經營。項目建成後，由中國公司提供流動資金和部分生產

1 《趙總理對中國記者說訪問非洲富有成果加深了友誼和瞭解》，載《人民日報》1983 年 1 月 17 日，第一版。

用原材料，投資入股，雙方按股分擔風險和分享盈利。[1] 通過上述多種合作方式，鞏固了一些中國對非援助的項目，取得了比較顯著的經濟效益，如坦贊鐵路、盧旺達水泥廠、布隆迪紡織廠、貝擺棉紡廠等均成為這些國家的納稅大戶，同時也挽救了一些瀕臨倒閉或長期虧損的企業。

## 本章小結

20 世紀 80 年代初，中國根據對國際形勢新的研判對外交政策做出了重大調整，確立了獨立自主的和平外交政策，適當拉開與美國的距離，逐步實現了中蘇關係正常化。這實質上是中國主動退出了冷戰，不再以兩大陣營對抗作為思考中國外交政策的框架，不再聯合一個超級大國反對另一個超級大國，而是以事情本身的是非曲直和中國人民以及世界人民的根本利益來決定自己的立場和態度。這無疑是中國外交一種質的飛躍。這種飛躍反映在對亞非國家的國際統一戰線政策方面就是，中國決定不再號召建立反對某個國家或某類國家的統一戰線，實現了對國際統一戰線政策的一種超越和揚棄。在超越國際統一戰線政策的背景下，中國與亞洲國家的關係得到了全面的改善和發展，中國與東盟成員國全部建交和複交，中越關係實現正常化，中國為和平解決柬埔寨問題做出了自己的貢獻，中國與伊朗的關係也得到了修補和改善。同時，中國還提出了發展對非關係新的政治原則和對非經濟技術合作四項原則，中非關係解決了舊問題，呈現了新面貌，取得了新成就。最後要特別強調的是，中國超越了國際統一戰線政策並不等於中國放棄了統一戰線的精神實質和工作方法。統一戰線所體現出的思想精髓將繼續成為中國外交工作的指導原則。

---

1　田曾佩主編：《改革開放以來的中國外交》，第 167-168 頁。

# 結束語

縱觀整個冷戰時期，發展與亞非國家的關係特別是與周邊國家的關係始終是中國外交工作的重點。在中國與兩個超級大國先後產生了不同的矛盾之後，亞非國家更是成為中國外交最直接的同盟軍。中國領導人高度重視發展與亞非國家的關係，他們認為中國與亞非國家有着相同或相似的經歷，可以比較容易地相互理解、相互同情、相互支持。中國與亞非國家都有着強烈的反對殖民主義、帝國主義、霸權主義的願望，在國際鬥爭中可以相互支持。中國與亞非國家都希望捍衛自己的獨立與主權，都希望發展本國經濟，儘快實現國家的富強，都希望維護世界和平，改革不合理的舊的國際秩序，對建立更加公正、合理的國際政治經濟新秩序。這裏有必要說明的是，這裏的亞非國家主要指位於亞洲和非洲的非社會主義國家，但為了歷史敘述的完整性，本書也探討了中國與越南、蒙古人民共和國兩個社會主義國家的關係。

中國外交的原動力產生於中國共產黨領導的中國革命。這不僅僅在於中華人民共和國的外交直接起源於中國共產黨在革命時期的對外關係，新中國外交所要實現的目標很多就是中國革命所要實現的目標。更為重要的是，中國共產黨在中國革命的歷程中所形成的一些基本觀點、經驗和工作方式直接演變成中華人民共和國處理外交工作的一些基本立場、政策與策略。眾所周知，統一戰線是中國共產黨取得革命勝利的「三大法寶」之一，因此，新中國建立後，中國領導人也將這種策略運用到外交工作之中，形成了中國對亞非國家的國際統一戰線的理論與實踐。中國希望通過國際統一戰線政策團結亞非國家形成冷戰時期國際關係格局中一支不可忽視的力量，從而為實現中國與亞非國家的共同目標而努力奮鬥。這裏需要指出的是，國際統一戰線政策並不是冷戰時期中國對亞非國家外交政策的全部，但是確實是較為重要的組成部分。

本書認為：在整個冷戰時期，中國對亞非國家的國際統一戰線政策可以分為四個階段，分別是國際和平統一戰線、反對帝國主義的統一戰線、反對霸權主義的統一戰線和對國際統一戰線政策的超越。這四個階段的特點可以分別以「和平共處」、「團結反帝」、「一條線，一大片」和「不劃線，不結盟」四個詞語來概括。在整個冷戰時期，中國對亞非國家的國際統一戰線政策呈現出一種輪迴或復歸的趨勢，而導致中國對亞非國家國際統一戰線政策發生變化的原因主要是中美關係和中蘇關係。也可以說中美關係和中蘇關係是因，中國對亞非國家的國際統一戰線政策是果，這就構成了本書最基本的分析框架。

朝鮮戰爭結束後，美國對中國的遏制政策從直接的軍事對抗轉變為利用中國周邊國家對中國的疑慮和擔心拉攏它們組成反華的軍事同盟。為了擊破美國這一戰略企圖，同時也為了呼應蘇聯與西方國家緩和關係的政策，中國開始推動建立國際和平統一戰線，主要內容是中國通過倡導和平共處五項原則和在解決歷史遺留問題上展現善意，致力於消除亞非國家特別是中國的鄰國對新中國的誤解和擔憂，避免他們加入美國為遏制新中國而構築的軍事同盟體系，從而為新中國的建設創造良好的國際環境。其理論基礎是「中間地帶」理論。中國落實國際和平統一戰線的主要實踐包括中國積極參與日內瓦會議，促成印度支那實現停戰；中國本着求同存異的精神參加萬隆會議，使萬隆會議獲得巨大成功，並最終形成以萬隆會議十項原則為主體的萬隆精神；支持埃及收回蘇伊士運河的鬥爭；在蘇伊士運河戰爭和波匈事件的背景下，1956 年周恩來總理對亞洲八國進行訪問，強調反對大國沙文主義以及和平共處五項原則同樣適用於社會主義國家之間的關係，以此來重建亞洲國家對和平共處五項原則和國際和平統一戰線的信心。

20 世紀 50 年代後期至 60 年代後期，中美關係長期處於緊張對立狀態，中美大使級會談毫無進展，美國對越南的軍事捲入程度不斷加深，成為中國國家安全的嚴重威脅。與此同時，中蘇兩國在戰爭與和平的關係、亞非國家的民族解放運動、核武器與部分核禁試條約等重大問題上出現分歧，最終導致中蘇大論戰的爆發以及中蘇關係的全面破裂。在這種情況下，中國對亞非國家的統一戰線政策從國際和平統一戰線轉變為反對美帝國主義的統一戰線。主要內容是所有反對美帝國主義的國家處於同一戰線中，是一種相互援助的關係，每個國家根據本國的實際情況開展反美鬥爭，都可以消耗美國一部分力量，從而減輕其他國家受到的來自美國的戰略壓力。中國強調武裝鬥爭是亞非國家獲得民族解放和無產階級掌握政權的唯一正確道路，認為只有堅決進行反帝鬥爭才能維護世界和平。其理論基礎是「兩個中間地帶」理論，其中「絞索思想」是對反對美帝國主義的統一戰線的一種最為形象的概括。1960 年，周恩來訪問亞洲六國，由於此次訪問的目的很大程度上是為了解決與亞洲鄰國的邊界問題，因此，訪問的基調仍然帶有此前國際和平統一戰線的色彩，仍然較多地強調和平共處和求同存異，但在不涉及邊界問題的訪問中，周恩來更多地闡述了對美鬥爭的重要性，直至在訪問蒙古的過程中公開提出建立反美統一戰線。1963 年底至 1964 年初，周恩來對亞非十三國進行了歷史性的訪問，特別是訪問了撒哈拉以南的非洲國家，提出中國對外經濟技術援助的八項原則和中國與阿拉伯國家和非洲國家關係的五項原則；並正式提出了「整個非洲大陸是一片大好的革命形勢」的論斷，創造了亞非人民反帝大團結的局面。

20 世紀 60 年代中後期，蘇聯逐漸取代美國成為中國國家安全的主要威脅。在這種情況下，以毛澤東、周恩來、鄧小平為首的中共老一輩領導人以巨大的政治智慧和政治勇氣打開中美關係的大門，實行聯美反蘇的政策，並提出了「一條線，一大片」的反霸統一戰線。主要內容是大致處於同一緯度的國家，如美國、日本、中國、巴基斯坦、伊朗、土耳其和歐洲國家團結起來，亞非拉廣大第三世界國家也團結起來，形成反對蘇聯霸權主義的統一戰線。其理論基礎是「三個世界劃分」的理論。在聯美反蘇的背景下，中國實現了與西方發達國家關係的突破。中美關係實現緩和與建交，發表中美《上海公報》和《建交公報》；實現中日邦交正常化，簽署《中日聯合聲明》和《中日和平友好條約》；在上述重要外交文件中堅持寫入「反霸條款」；終止了《中蘇友好同盟互助條約》。我們一方面應該肯定建立反霸統一戰線的必要性，反霸統一戰線也給中國外交帶來了重大利好，在與亞非國家關係方面，中國與西亞重要國家土耳其和伊朗建立了外交關係，中國與伊朗關係在 20 世紀 70 年代中後期空前密切。中國與東盟國家的關係實現了突破，先後與馬來西亞、菲律賓和泰國建立了外交關係。但是，由於中國教條機械地執行反霸統一戰線政策，也造成了一些負面影響。這也成為中國 20 世紀 80 年代外交政策大調整的重要背景之一。

進入 20 世紀 80 年代，鄧小平同志提出時代的主題是和平與發展。此時冷戰的特點是美蘇基本形成勢均力敵的形勢，中國作為一個大國與任何一方建立戰略關係都不利於國際力量的平衡和世界的穩定。因此，中國開始實行獨立自主的和平外交政策，適當拉開中美之間的距離，不再搞戰略關係，同時實現中蘇關係的正常化。在對亞非國家統一戰線政策方面，不再號召建立反對某個國家或某類國家的統一戰線，而是以事情本身的是非曲直以及中國人民和世界人民的根本利益為出發點來決定自己的政策。這是辯證唯物主義中「揚棄」這一方法論在中國外交實踐中的具體體現。也就是說中國充分吸取了前三個國際統一戰線正反兩方面的經驗教訓，最終超越了國際統一戰線政策，其實質是中國主動退出了冷戰，不再以冷戰時期兩大陣營對抗作為思考中國外交政策的出發點，不再聯合一個超級大國反對另一個超級大國。其理論基礎是鄧小平外交思想，在實踐方面，中國與當時的東盟六個成員國全部實現建交或複交；努力促成柬埔寨問題的和平解決；實現中越關係正常化；改善中國與伊朗的關係。同時，中國提出了發展對非關係新的政治原則，解決了一些與非洲國家關係的歷史遺留問題，同時提出中國發展對非經濟技術合作的四項原則，中非關係呈現出新面貌，取得新成就。

冷戰時期中國對亞非國家的國際統一戰線政策始終圍繞着兩個主題展開。第一個是以求同存異、展現善意、自我約束為主要基調的和平共處，第二個是以口誅筆伐、經濟軍事援助直至軍事對抗為主要內容充滿鬥爭色彩的反帝或反霸鬥爭。在大約四十年的時間裏，兩個主題出現一種此消彼長的態勢，最終形成一個輪迴。20 世紀 50 年代中期，中國對亞非國家的國際和平統一戰線政策主要是通過提出和平共處五項原則來顯示中國在與亞洲國家的歷史遺留問題上的一種自我約束。在邊界問題、華僑雙重國籍問題、東南亞國家共產黨問題乃至對美關係問題上展現善意，希望以此來贏得亞洲國家特別周邊國家對中國的了解和信任，促使他們相信中國不會對外侵略和擴張，從而使美國建立東亞地區軍事同盟體系的煽惑不再具有說服力。此時，中國判斷敵友的標準是一個國家是否希望和平。但從 20 世紀 50 年代末開始，由於美國頑固地執行遏制中國的政策，不承認中華人民共和國；承認在台灣的所謂「中華民國」；反對恢復中華人民共和國在聯合國的合法席位構成了十六年間三任美國總統對華政策的基調。在艱苦卓絕的革命鬥爭中成長起來的新中國第一代領導人自然不可能再通過妥協退讓的辦法來尋求中美關係的緩和。中國選擇了通過堅決的鬥爭來讓美國感受到新中國的存在和力量，希望以鬥爭促使美國的對華政策發生改變。同時，中國認為蘇聯正在背棄以鬥爭為主要內容的馬列主義，蘇聯對馬列主義的背棄不僅是對一種普遍真理的放棄，也是對中國革命基本經驗和基本價值的否定。在這種情況下，中國對通過武裝鬥爭獲得民族獨立或者對西方國家進行堅決鬥爭的亞非國家投去了青睞的目光。此時，中國判斷敵友的標準是是否反對美帝國主義。中國認為美國的戰略態勢是「十個指頭按十個跳蚤，一個也按不住」。也就是美國在世界各地的軍事部署和對其他國家內政的介入使他的力量過於分散。而處於同一統一戰線的亞非國家各自從本國國情出發進行反美鬥爭，就可以切掉美國的一根手指，而如果亞非國家都奮起進行反美鬥爭，則美國必敗。從 20 世紀 60 年代末開始，蘇聯取代美國成為中國國家安全更大、更直接的威脅。歷史的恩怨、意識形態的分歧、國家安全的威脅，多種因素攪合在一起使中蘇關係的惡化遠遠超出人們的想像。以毛澤東為首的中國領導人認為，蘇聯正在全世界進行擴張，蘇聯正在成為新的戰爭策源地，中國與蘇聯進行一場軍事較量不可避免。在這種情況下，20 世紀 70 年代冷戰的緩和都被毛澤東看成是西方國家對蘇聯的「綏靖政策」，企圖把蘇聯這股「禍水」引向東方。而此時，中國判斷敵友的標準就是「以蘇劃線」，哪個國家與蘇聯有矛盾，雙方關係惡化，中國就和它關係密切。哪個國家與蘇聯關係密切，中國就和它疏遠。到 20 世紀 80 年代上半葉，中國對亞非國家的政策實現了一種輪迴，和平共處五項原則再次成為中國處理與亞非國家關係的基礎。無論是中國與東盟國家關係的六項原則，還是中國發展與非洲國家關係新的政治原則，還是中國對非經濟技術合作的四項原則，其中最根本的政治基礎都是和平共處五項原則。中國發現，不管是「以美劃線」還是「以蘇劃線」都不是判斷敵友的最佳標準，「以美劃線」或「以蘇劃線」不能使中國的朋友變得更多，反而會造成朋友之間的一些麻煩。中國不應該以意識形態定親疏，對待一個國家的態度取決於這個國家到底執行什麼樣的對外政策。20 世紀 80 年代，中國不再號召建立反對某個國家或某類國家的國際統一戰線，實現對國際統一戰線的超越，也可以看作是在國際統一戰線問題上的一種「撥亂反正」。但這種輪迴或復歸並不是簡單地回到原點，而是對過去政策正反兩方面經驗的總結，繼承正確的部分，修正偏頗的部分，是馬克思主義辯證法中的「揚棄」。

本書不得不面對的一個最為棘手的問題就是如何評價中國對亞非國家的國際統一戰線政策，特別是其中的反帝統一戰線政策和反霸統一戰線政策。前文已經提到，1954 年至 1991 年中國對亞非國家的國際統一戰線政策呈現出一種輪迴或撥亂反正的整體趨勢。通過本書的論述，我們基本可以證明國際和平統一戰線和改革開放後中國對國際統一戰線政策的超越是符合中國人民和世界人民的根本利益的，是正確的戰略選擇。對於反帝統一戰線政策和反霸統一戰線政策，傳統的中國外交史著作給予肯定的較多。本書認為，反帝統一戰線政策和反霸統一戰線政策都是中國在特定歷史時期針對在國際上所面臨的主要矛盾所制定的外交政策，它們基本上是符合中國的國家利益和世界無產階級的共同利益的，但也都存在着明顯的缺陷，但總體上不論反帝統一戰線政策還是反霸統一戰線政策都是利大於弊。以下本書將從政策的成因和效果兩個層面來分析反帝統一戰線政策和反霸統一戰線政策。

反帝統一戰線政策的成因是複雜的，大概可以分為三個方面，首先是中國領導人對美國戰略態勢的分析，其次，是受到中蘇大辯論的影響，最後，不可否認的是這個政策也受到中國「左」傾思想和對自身在國際事務中地位的過高估計的影響。本書認為，反帝統一戰線的形成並不像人們通常認為的那樣是受到意識形態的影響，而是基於中國對美國戰略態勢分析的一種應對。前文曾經提及，1959 年，毛澤東在會見外賓時談道：「美帝國主義看來好像很強，實際上也是帝國主義中最強的，但也很弱。它的兵力分散得很薄，它在歐洲要駐兵，在亞洲也要駐兵。它要有軍隊駐在台灣海峽地區，駐在地中海，在日本也不能不駐兵。美帝國主義的力量雖然不小，但如此分散，到處都有，結果是到處都不頂事。」陪同會見的鄧小平指出：「美帝國主義今天的處境，就好像一個人用十個指頭按着十個跳蚤，一個都動不得，每個指頭按着的跳蚤都在反對它。」[1] 兩個月後，毛澤東再次表示：「美國是強國，霸佔的地區太寬，它的十個指頭按着十個跳蚤動不了啦，一個跳蚤也抓不住。力量一分散，事情就難辦了。」[2] 一年之後，毛澤東再次重申了這種看法，他說：「帝國主義佔的地方太多，管得太寬了。中國俗話說，十個指頭按着十個跳蚤，一個跳蚤都捉不到。因為帝國主義管得太寬，它們也就控制不住。」[3] 這種對美國戰略態勢的判斷一直貫穿到 60 年代中期。1964 年 1 月 17 日，毛澤東指出：「現在美國手伸得太長，是十個手指按住了十個跳蚤，一個也抓不住。」他進而指出，美國在兩個中間地帶都遇到抵抗，而且這種情況以後還會不斷出現。[4] 由此可見，「十個手指按十個跳蚤」是 20 世紀 50 年代末至 60 年代中期中國對美國戰略態勢的基本概括。也就是說美國對世界各國的事務干涉過多，力量非常非常分散，如果一個受到美國欺壓的國家都能夠根據本國的實際情況起來進行反美鬥爭，就能切掉美國的一個「手指」，所有受到美國欺壓的國家都起來進行反美鬥爭，結成反對美帝國主義的統一戰線，則美帝國主義必然被擊敗。1964 年 8 月 6 日，周恩來在接見阿爾及利亞駐華大使時明確地談到中國對美國的戰略分析與建立反帝統一戰線之間的關係。他說：「如果非洲多幾個剛果，亞洲多幾個南越，拉丁美洲多幾個古巴，那美國就是十個指頭分散在十個地方，力量非常分散。今天的剛果就是過去的阿爾及利亞。他們把你們的武裝鬥爭傳統從阿拉伯世界傳到了黑非洲。在我們看來，這是很關鍵的問題。美國十個指頭分十處，就可以一個一個地切斷它，這樣美國的軍事力量

1　毛澤東：《美帝國主義很強也很弱》，1959 年 3 月 4 日，載《建國以來毛澤東軍事文稿》下卷，第 14-15 頁。

2　毛澤東：《美國必須從臺灣撤軍》，1959 年 5 月 10 日，載《建國以來毛澤東軍事文稿》下卷，第 46-47 頁。

3　毛澤東：《帝國主義是不可怕的》，1960 年 5 月 7 日，載《毛澤東外交文選》，第 406 頁。

4　毛澤東：《赫魯曉夫的日子不好過》，1964 年 1 月 17 日，載《毛澤東外交文選》，第 514-515 頁。

就不起作用了。如果是兩個拳頭，那就不好辦。」[1]依據以上的材料，我們可以得出這樣的結論，在20世紀50年代末至60年代末，美國是中國國家安全的主要威脅。中國在亞非國家實施建立反帝統一戰線的政策還主要是一種應敵之策，這種應敵之策是建立在對美國軍事部署的分析之上的。當然，反帝統一戰線政策還受到了中蘇論戰的影響。中國認為武裝鬥爭是被壓迫民族和被壓迫人民爭取民族獨立，無產階級推翻資產階級統治建立無產階級政權的唯一正確的道路。而作為社會主義國家的中國和蘇聯對於正在爭取民族獨立鬥爭的人民只有支援的義務。而蘇聯由於不想因為支持民族解放運動而導致蘇聯與西方大國的直接對抗，就要求被壓迫民族和被壓迫人民與殖民者進行「和平共處」。這種觀點在中蘇大論戰中被反覆提及。例如，在中蘇大辯論的高潮中，中國發表的「九評」中的一篇論戰文章《新殖民主義的辯護士》集中論述了這個觀點。文章指出：「和平共處和和平競賽，根本不能替代各國人民羣眾的革命鬥爭。所有殖民地和附屬國要取得民族革命的勝利，首先必須依靠本國人民羣眾自己的革命鬥爭。」文章再次指出亞、非、拉各國的民族解放運動對於社會主義陣營「有極其偉大的作用」，而蘇聯在貶低和否認這種作用。[2]最後，反帝統一戰線不可否認地受到當時中國「左」傾思想的影響，前文提及的對所謂「三和一少」路線的錯誤批判就是明顯的例子。同時，中國還存在對自己在國際事務和世界革命中的地位估計過高的問題。在中共八屆十中全會上，周恩來發表講話時提到：「現階段鬥爭在我們兄弟國家的關係上，起了一個性質上的變化。」「同志們說得對，馬列主義真

1 《周恩來總理接見阿爾及利亞駐華大使穆罕默德．亞拉談話記錄》，1964年8月6日，載《周恩來總理會見阿爾及利亞駐華大使亞拉談話記錄》，中華人民共和國外交部檔案，檔號：106-01448-06。

2 《新殖民主義的辯護士 —— 四評蘇共中央的公開信》，載《人民日報》1963年10月22日，第一版。

理，世界革命的中心，是從莫斯科轉到北京了。」[1] 1965年9月3日，為了紀念中國人民抗日戰爭勝利20周年，《人民日報》發表重頭理論文章。該文章指出：「中國革命解決了如何在殖民地半殖民地國家把民族民主革命同社會主義革命聯繫起來的問題。」「正像當年日本帝國主義滅亡中國的政策，使得中國人民有可能結成最廣泛的統一戰線來反對日本帝國主義一樣，現在，美帝國主義企圖獨霸世界的政策，同樣使得全世界人民有可能團結一切可以團結的力量，結成最廣泛的統一戰線，來集中反對美帝國主義。」[2] 由此可見，對中國在世界革命中的地位和中國革命經驗的過高估計也是促成中國推動建立反帝統一戰線的重要原因。

反帝統一戰線政策給中國帶來的影響和經驗教訓也包括正反兩個方面。首先，如果我們認為反帝統一戰線政策首先是一種應敵之策的話，我們就不得不承認反帝統一戰線政策起到了維護中國國家安全的作用，顯示了中國人民在美國遏制、封鎖、敵視以及巨大的安全壓力下的昂揚鬥志。20世紀50年代末期至60年代末期，美國的軍事存在對中國可以說是近在咫尺。前文多次提及，美國在中國周邊國家建立的軍事基地以及和周邊國家結成的軍事同盟都給了毛澤東這一代中國領導人巨大的壓力。可以想像，如果中國不去聯合所有反對美帝國主義的壓迫和欺侮的國家，彰顯中國的力量，美國是不是會得寸進尺，在印度支那或在其他臨近中國的地區再次逼近中國邊界，挑起邊界爭端都是未知數。同時，中國如果不通過號召建立反帝統一戰線來彰顯中國力量，也很難想像美國尼克遜政府會承認中國是世界五大力量中心之一，而不得不坐下來與中國進行談判。其次，反帝統一戰線政策堅定地捍衛了被壓迫民族和被壓迫人民爭取民族獨立，反對殖民主義的權利。在推動建立反帝統一戰

1 沈志華：《中蘇關係史綱 —— 1917 — 1991年中蘇關係若干問題再探討》，第366頁。
2 《人民戰爭勝利萬歲 —— 紀念中國人民抗日戰爭勝利二十周年》，載《人民日報》1965年9月3日，第一版。

線的過程中，中國廣泛證明了民族獨立運動和國際反侵略戰爭的正義性和合理性，很大程度上清除了蘇聯領導人錯誤理解和片面強調和平共處所帶來的消極影響，對於推動 20 世紀 50 年代末至整個 60 年代亞非民族解放運動和世界各國反對美帝國主義侵略與干涉的鬥爭都起到了有益的推動作用。以阿爾及利亞爭取民族解放的鬥爭為例，中國在道義和物資上的援助對於阿爾及利亞最終獲得民族獨立是比較重要的。[1]2023 年 12 月 26 日，習近平總書記在《在紀念毛澤東同志誕辰 130 周年座談會上的講話》中指出：毛澤東「是為世界被壓迫民族的解放和人類進步事業作出重大貢獻的偉大國際主義者」。[2] 推動建立反帝統一戰線就是以毛澤東為首的中國領導人所做出的這種重大貢獻的具體表現。無產階級國際主義是反帝統一戰線政策的指導思想，在推動和建立反帝統一戰線的過程中，中國領導人肯定要維護和實現中國的國家利益，但是中國領導人更多是從國際主義與愛國主義相結合的視角來理解中國的國家利益的，在國家利益中更多強調意識形態、階級利益。中國外交服務於無產階級的國際利益是正確的，但首先還是應該從中國的國家利益出發，在充分保障中國國家利益的基礎上再結合國際主義來制定外交政策，而不是顛倒過來。反帝統一戰線政策存在過分突出國際主義而忽視中國國家利益的情況。這突出地表現在對外援助問題上。中國對外提供援助的主要依據是看這個國家是否執行反美的外交政策，中國所提供的援助從某種程度上已經超出了中國國力所能承擔的範疇。而且中國的援助造成某些受援國對中國的依賴。援助取代了正義的反帝鬥爭成了中國維繫與某些國家關係的紐帶。一旦援助減少，中國和某些國家的關係就要出現裂痕，乃至

1 參看李潛虞：《試論阿爾及利亞爭取民族獨立鬥爭期間的中阿關係（1958 — 1962）》，載《冷戰國際史研究》第 14 輯，北京：世界知識出版社，2012 年版，第 89-110 頁。

2 習近平：《在紀念毛澤東同志誕辰 130 周年紀念大會上的講話》，載《人民日報》2023 年 12 月 27 日，第二版。

導致關係最終的破裂。正因為如此，中國在超越了國際統一戰線政策的思維模式後，才確定了對外援助新的四項基本原則，那就是平等互利、講求實效、形式多樣、共同發展。誠如前中國國際問題研究院院長、前中國駐比利時大使、聯合國教科文組織副總幹事曲星所指出的：任何「大包大攬」的「輸血式」的援助極易增加受援方的依賴性，結果往往是出錢買怨恨。[1]最後，在20世紀50年代末至60年代初，對中國國家安全造成最大威脅的國家是美國，因此，中國才推動建立反帝統一戰線。而中國與蘇聯在反對美帝國主義方面本來是有共同語言的，統一戰線的首要原則是團結最大多數，蘇聯本來也是可以被團結到反帝統一戰線中的，但由於受到「左」傾思想的影響，中國把本來應該團結的蘇聯排斥在反帝統一戰線之外，甚至提出「反帝必反修」和「反對兩霸」的口號，這在當時的中國是無法承擔的重擔，也是注定不能長久的。

反霸統一戰線政策出臺的主要原因當然是蘇聯對中國國家安全構成的嚴重威脅。但我們也不能不承認，毛澤東個人的危機意識對蘇聯的威脅有所放大。毛澤東往往容易看到世界動盪與鬥爭的一面，而對於二戰後世界人民的和平呼聲重視不夠。因此，他把20世紀70年代西方世界與蘇聯的緩和看作是「禍水東引」的綏靖政策，把美國國務卿基辛格進行的穿梭外交看作是「山雨欲來風滿樓，燕子低飛要打仗」。因此，毛澤東認為蘇聯已經成為世界大戰的策源地，而戰爭是不可避免的，根據這種對國際形勢的判斷，他提出了「深挖洞、廣積糧、不稱霸」和「備戰、備荒、為人民」等口號。建立廣泛的反對蘇聯霸權主義的統一戰線也順理成章地成為中國外交工作的首要任務。反霸統一戰線政策的確立也與中國領導人對蘇聯國家政權性質的判斷有關。1968年8月，蘇聯以「閃電戰」的方式入侵捷克斯洛伐克，這件事引起了中國領導人的高度警覺。

---

1　曲星：《中國外交50年》，第414頁。

中國領導人認為這標誌着蘇聯已經淪為社會帝國主義，奉行的是霸權主義，使國際政治出現了一個新的歷史時期。1968 年 8 月 31 日，在首都各界革命羣眾慶祝越南民主共和國獨立 23 周年的大會上，中國領導人在講話中指出：蘇聯「公然對捷克斯洛伐克進行赤裸裸的武裝侵略，任意宰割一個小國。這充分暴露了蘇修叛徒集團已經墮落成為社會帝國主義和社會法西斯主義」。[1]9 月 17 日，中國領導人毛澤東、周恩來等在給阿爾巴尼亞領導人的電報中表示：「世界各國人民正在起來。一個反對美帝、蘇修的歷史新時期已經開始。」[2] 在珍寶島事件爆發後，中國甚至喊出了「打倒新沙皇！打倒蘇修社會帝國主義」[3] 的口號。中國依據對蘇聯國家政權性質的判斷做出了歷史進入新階段的判斷。然而這種對蘇聯國家政權的判斷不能說是完全正確的。中國判定蘇聯已經淪為社會帝國主義國家主要是依據列寧的一些著作，蘇聯確實實行了霸權主義的行徑，但蘇聯國內沒有出現資本主義的復辟，因此，社會帝國主義的定位是有待商榷的。前文提及，1984 年年初，中央外事工作領導小組再次召開會議提出：「一個國家的社會制度的性質，有其客觀標準，不能以它們與中國關係好壞來判定。要避免出現以我為中心的現象。」[4] 這就實質上糾正了對蘇聯已經淪為社會帝國主義的看法。在本書所論述的時間段，中國對蘇聯國家性質的判斷也從社會主義轉變為修正主義，再轉變為社會帝國主義，最後仍然回到社會主義的定位，實際上也形成了一種「輪迴」或撥亂反正的過程。

過去，對於反霸統一戰線政策的評價往往不高。但本書認為，反霸

---

1 《首都各界革命群眾舉行集會慶祝越南民主共和國獨立二十三周年》，載《人民日報》1968 年 9 月 1 日，第六版。

2 毛澤東：《毛澤東等對霍查、謝胡電賀我國二十九個省、市、自治區成立革委會的覆電》，1968 年 9 月 17 日，載《建國以來毛澤東文稿》第十二冊，第 566 頁。

3 《打倒新沙皇！》，載《人民日報》1969 年 3 月 4 日，第一版。

4 本書編寫組：《李先念傳 1949 — 1992》下，第 1237 頁。

統一戰線政策給中國外交帶來了重大利好。第一，我們必須承認，20 世紀 70 年代蘇聯利用西方的緩和政策在全世界四處擴張，這引起了很多國家的警覺和擔憂，使許多國家站到了蘇聯的對立面上。在這種情況，中國執行反霸統一戰線政策，就與許多國家有了共同語言，特別是和西方大國有了共同的安全利益，這才出現了新中國歷史上的第三次建交高潮。在這次建交高潮中與中華人民共和國建交的國家不僅包括西方大國，還包括很多中國長期無法與之建交的重要亞非國家，如伊朗、土耳其、埃塞俄比亞等。第二，建交國的增加也使中國恢復了在很多重要國際組織中的合法席位，雖然，反霸統一戰線並不是中國外交的這一偉大成就的唯一原因，中國外交反對殖民主義、帝國主義、霸權主義的道義性，長期不斷的鬥爭和國際影響力不斷增加是中國恢復在聯合國等重要國際組織中合法席位的主要原因，但反霸統一戰線確實起到了促進的作用。例如前文提到伊朗對中國恢復在亞奧理事會前身亞洲運動會聯合會中的合法席位和參加亞運會的鼎力支持。第三，反霸統一戰線政策確實起到了威懾蘇聯，保衛中國國家安全，並把蘇聯的滲透擋在亞太地區之外的作用。據戴秉國回憶，在含有反霸條款的《中日和平友好條約》和《中美建交公報》公佈之後，蘇方對中方外交人員表示：「你們不只在口頭上講反霸，而且付諸實施了，使我們產生了被包圍的感覺。對此，蘇方不得不得出相應的結論，並且必須認真對待了。」[1] 這充分說明，反霸統一戰線政策觸動了蘇聯，使得蘇聯的行動不得不有所顧忌。第四，反霸統一戰線政策是亞太地區穩定繁榮的前提條件。東亞地區的冷戰有其自身的特點。在冷戰前期，中美是東亞地區冷戰的主要對手，冷戰期間烈度最大的區域戰爭都發生在東亞地區。但自從中美關係緩和與建交後，東亞地區就沒有再發生區域性的戰爭，整個東亞地區各國都得力於這種

1 戴秉國：《戰略對話 —— 戴秉國回憶錄》，第 35 頁。

相對穩定的區域環境來發展經濟，東南亞部分國家和地區的經濟在 20 世紀 70 年代取得了飛速的發展。而東南亞地區的國家都反對蘇聯勢力的滲入。中美兩國基於反對蘇聯霸權主義的共同安全利益而實現緩和與建交，為東亞地區帶來了穩定。中國執行的反霸統一戰線政策使得蘇聯的影響力被擋在東亞地區之外，這些是東亞地區秩序穩定，經濟繁榮的重要條件之一。最後，反霸統一戰線政策也符合國際無產階級的利益。蘇聯霸權主義不但在世界上敗壞了社會主義的聲譽，而且它的擴張行徑侵犯和破壞了不少國家的主權和領土完整，威脅着世界各國愛好和平的人們。因此反對美蘇兩個霸權主義，側重反對蘇聯霸權主義符合國際無產階級的根本利益。反霸統一戰線政策缺陷在於，它在被執行的過程中過於僵化和教條，被人們以「以蘇劃線」概括之。當時，中國因為反蘇霸的共同利益與之保持友好關係的國家在內政外交方面往往都存在很多嚴重的問題，而中國忽略了這些問題，只看這個國家對待蘇聯的態度，中國對待某一個國家的外交政策不能僅僅由這個國家對待蘇聯的外交政策來決定，因為這樣就會導致無法客觀地判斷一件事情的是非曲直，喪失了在國際事務中的道義性。

綜上所述，不管是反帝統一戰線政策還是反霸統一戰線政策，從其產生的原因和帶來的影響看，都有積極的一面和消極的一面，但總體上看這兩項政策的積極影響大於消極影響。但是，我們也不能因此就忽視這兩項政策的嚴重缺陷。正是因為看到了這兩項政策的嚴重問題，在改革開放之後，我們才實現了對國際統一戰線政策的「揚棄」，跳出了國際統一戰線政策的思維模式，形成了更加合理的外交政策。

最後，我們必須強調，中國外交不再號召建立某種國際統一戰線，這並不等於我們放棄國際統一戰線政策的工作方法和精神實質。「時移則事異，事異則備變」。在當前世界面臨百年未有之大變局的情況下，我們反而應該更注重從冷戰時期中國對亞非國家的國際統一戰線政策中汲取智慧，特別是鬥爭的勇氣和鬥爭的智慧。2020 年 7 月，習近平總書記在中央統戰工作會議上發表重要講話指出：「統一戰線是黨克敵制勝、執政興國的重要法寶，是團結海內外全體中華兒女實現中華民族偉大復興的重要法寶，必須長期堅持。…… 世界百年未有之大變局加速演進，統一戰線在維護國家主權、安全、發展利益上的作用更加重要。」習近平總書記強調統一戰線工作要「在尊重多樣性中尋求一致性，找到最大公約數、畫出最大同心圓。」[1] 外交工作中如何處理好多樣性和一致性的問題仍然是中國外交面臨的重大課題。世界上沒有任何兩個國家的情況是完全一樣的。每個國家都有自己的國情，自己所面臨的特殊環境，自己要面對的主要問題，自己在國際政治中的主要關切。如何在如此具有多樣性的國際社會中尋找大家的一致性，實現世界各國最大程度的團結，共同構建人類命運共同體，這仍然統一戰線的工作方法和精神實質。過去，中國曾經先後找到世界和平、反帝鬥爭、反霸鬥爭等一致性，希望以此來團結大多數亞非國家，在這一過程中形成了正反兩個方面的經驗教訓。現在，我們仍然應該認真思考如何在百年未有之大變局中與世界各國處理好多樣性和一致性的關係。同時，中國外交目前所面臨的重大問題與挑戰與中國在不同歷史時期對亞非國家推動建立不同的國際統一戰線所面臨的問題與挑戰有相通之處，例如，如何取信於國際社會，使國際社會相信中國和平發展的真誠願望，如何集中目標，有重點、有策略、有底線地開展外交鬥爭等等。冷戰時期，中國對亞非國家的國際統一戰線政策體現出一些中國外交思想探索的寶貴成果，這些成果包括：1. 在紛繁複雜的國際形勢中抓主要矛盾的方法論。不論是國際和平統一戰線，還是反帝統一戰線或是反霸統一戰線，都是中國領導人在面對多種矛盾交織的國際形勢時找到主要矛盾後形成的「應敵之策」，都是為了解決中國當時在

1 《促進海內外中華兒女團結奮鬥 為中華民族偉大復興彙聚偉力》，載《人民日報》2022 年 7 月 31 日，第一版。

國際上面臨的最主要威脅。當中國面臨的威脅是美國在中國周邊組建軍事包圍圈時，我們通過國際和平統一戰線政策鞏固亞洲鄰國的和平中立傾向，使得美國的軍事同盟體系難以完全奏效。當我們面臨中美關係遲遲無法改善，美國對中國的安全壓力持續不斷增大的情況下，我們提出反帝統一戰線政策，號召所有反對美國欺壓的國家共同進行鬥爭，從而互相幫助，減輕彼此的戰略壓力；當蘇聯取代美國成為中國國家安全新的更大的威脅時，我們提出了反霸統一戰線政策，來阻遏蘇聯的擴張。在各種矛盾中找到主要矛盾，並根據這個主要矛盾找到行之有效的應對方案，是中國外交時刻不應忘記的方法論。2. 一個共同目標與不同國情國家之間求同存異的辯證關係。中國在亞非國家推動構建國際統一戰線的對象往往是與中國的政治制度和意識形態都有重大區別的國家，這些國家的政治制度、經濟發展水平、地理位置、宗教文化、與東西方兩個超級大國的關係也都彼此不同。但是，中國善於從這些情況大不相同的國家中尋找政治上最大的共同點，這種求同存異的精神也是中國外交應該始終繼承的。3. 敢於鬥爭和善於鬥爭的精神。統一戰線也好，國際統一戰線也好，其本質都是團結最大多數，與主要敵人進行鬥爭，而不是為了團結而團結。因此，團結和鬥爭是國際統一戰線政策的兩個靈魂，兩個支柱。即使是中國所執行的國際和平統一戰線政策，也是我們同美國鬥爭的一種策略。而且中國對亞非國家的國際統一戰線政策都閃現了中國領導人，特別是以毛澤東為首的中國第一代領導人的戰略智慧。他們既敢於鬥爭，也善於鬥爭。他們掌握鬥爭方法的精髓，也掌握鬥爭的底線。這種面對霸權主義超級大國展現出來的敢於鬥爭，善於鬥爭的精神也是中國外交必須學習繼承的。4. 中國是亞非國家一員的定位。中國在對亞非國家實行國際統一戰線政策，或者跳出國際統一戰線政策的思維模式，形成新的外交原則時，中國始終都把自己看作是亞非國家的一員，堅定支持亞非發展中國家爭取民族獨立，反對殖民主義，反對帝國主義，反侵略的正義立場；中國始終是亞非國家的一員，始終是發展中國家的一員，外交政策也要為以亞非國家為主體的發展中國家的整體利益服務，這種立場也是需要堅持的。5. 中國特色的對外援助政策。中國的對外援助是從對亞洲國家的援助開始的，雖然這些援助政策有可商榷之處，但無論如何這些寶貴的援助極大地鼓舞了亞非國家反殖、反帝、反霸的正義鬥爭，對亞非國家在實現民族獨立的基礎上繼續實現經濟獨立是有重要幫助的，對建立更加公正合理的國際經濟新秩序是有重要幫助的。這些援助不附帶任何政治條件，我們也不把援助看作是單方面的恩賜，這是與西方國家援助的根本區別。中國援助政策的這些特點，或者說援助政策中閃現的寶貴的外交思想，也是我們必須認真加以繼承和發揚的。

# 參考文獻

## 中文部分

### 檔案

中華人民共和國外交部檔案館

### 報刊

《人民日報》

### 文集與文獻集

《鄧小平文選》第二卷，北京：人民出版社，1993 年版。

《鄧小平文選》第三卷，北京：人民出版社，1993 年版。

《李先念傳》編寫組：《建國以來李先念文稿》，北京：中央文獻出版社，2011 年版。

《毛澤東選集》第四卷，北京：人民出版社，1991 年版。

《毛澤東選集》第五卷，北京：人民出版社，1977 年版。

《毛澤東文集》第五、六、七、八卷，北京：人民出版社，1999 年版。

人民出版社編：《亞非人民反帝大團結萬歲》，北京：人民出版社，1964 年版。

世界知識社編：《亞非會議文件選輯》，北京：世界知識社，1955 年版。

沈志華主編：《俄羅斯解密檔案選編 —— 中蘇關係》，上海：東方出版中心，2015 年版。

陶文釗、牛軍主編：《美國對華政策文件集（1949 — 1972）》，北京：世界知識出版社，2004 年版。

《王稼祥選集》編輯組編：《王稼祥選集》，北京：人民出版社，1989 年版。

雲南省東南亞研究所印度支那研究室編：《現代中越關係資料選編》，昆明：雲南省東南亞研究所、昆明軍區政治部聯絡部，1984 年版。

中共中央文獻研究室編：《建國以來毛澤東文稿》，北京：中央文獻出版社，1987 — 1996 年版。

中共中央文獻研究室編：《建國以來重要文獻選編》，北京：中央文獻出版社，1992 — 1998 年版。

中共中央文獻研究室編：《建國以來周恩來文稿》，北京：中央文獻出版社，2008 年版。

中共中央文獻研究室、中國人民解放軍軍事科學院編：《建國以來毛澤東軍事文稿》，北京：中央文獻出版社，2010 年版。

中華人民共和國外交部檔案館編：《中華人民共和國外交部檔案選編（第一集）1954 年日內瓦會議》，北京：世界知識出版社，2006 年版。

中華人民共和國外交部檔案館編：《中華人民共和國外交部檔案選編（第二集）中國代表團出席 1955 年亞非會議》，北京：世界知識出版社，2007 年版。

中華人民共和國外交部、中共中央文獻研究室編：《毛澤東外交文選》，北京：中央文獻出版社、世界知識出版社，1994 年版。

中華人民共和國外交部、中共中央文獻研究室編：《周恩來外交文選》，北京：中央文獻出版社，1990 年版。

## 年譜與大事記

李長久、施魯佳：《中美關係二百年》，北京：新華出版社，1984 年版。

《李先念年譜》編寫組、鄂豫邊區革命史編輯部編：《李先念年譜》，北京：中央文獻出版社，2011 年版。

劉樹發主編：《陳毅年譜》，北京：人民出版社，1995 年版。

外交部檔案館編：《偉人的足跡 —— 鄧小平外交活動大事記》，北京：世界知識出版社，1998 年版。

許達琛主編：《中華人民共和國實錄》，長春：吉林人民出版社，1994 年版。

徐則浩編：《王稼祥年譜》，北京：中央文獻出版社，2001 年版。

中共中央文獻研究室編：《鄧小平年譜》，北京：中央文獻出版社，2020 年版。

中共中央文獻研究室編：《鄧小平思想年編 一九七五 — 一九九七》，北京：中央文獻出版社，2011 年版。

中共中央文獻研究室編：《毛澤東年譜 一九四九 — 一九七六》，北京：中央文獻出版社，2013 年版。

中共中央文獻研究室編：《周恩來年譜 一九四九 — 一九七六》，北京：中央文獻出版社，1997 年版。

中華人民共和國外交部外交史研究室編：《周恩來外交活動大事記 1949 — 1975》，北京：世界知識出版社，1993 年版。

## 傳記與回憶錄

薄一波：《若干重大決策與事件的回顧》，北京：中共中央黨校出版社，1991 年版。

程瑞聲：《睦鄰外交四十年》，成都：四川人民出版社，2006 年版。

戴秉國：《戰略對話 —— 戴秉國回憶錄》，北京：人民出版社、世界知識出版社，2016 年版。

黃華：《親歷與見聞 —— 黃華回憶錄》，北京：世界知識出版社，2007 年版。

金沖及主編：《周恩來傳》，北京：中央文獻出版社，1998 年版。

李鵬：《和平 發展 合作 —— 李鵬外事日記》，北京：新華出版社，2008 年版。

李慎之、張彥：《亞非會議日記》，北京：中國新聞出版社，1986 年版。

李同成、喻明生主編：《中國外交官在亞洲》，上海人民出版社，2005 年版。

《李先念傳》編寫組編：《李先念傳（1949 — 1992）》，北京：中央文獻出版社，2009 年版。

逄先知、金沖及主編：《毛澤東傳（1949 — 1976）》，北京：中央文獻出版社，2003 年版。

錢其琛：《外交十記》，北京：世界知識出版社，2003 年版。

田曾佩、王泰平主編：《老外交官回憶周恩來》，北京：世界知識出版社，1998 年版。

童小鵬：《風雨四十年》（第二部），北京：中央文獻出版社，1996 年版。

外交部外交史編輯室編：《新中國外交風雲》（第一至四輯），北京：世界知識出版社，1990 — 1996 年版。

外交部《當代中國使節外交生涯》編委會編：《當代中國使節外交生涯》（第一至六輯），北京：世界知識出版社，1995 — 1999 年版。

吳冷西：《十年論戰 —— 1956 — 1966 中蘇關係回憶錄》，北京：中央文獻出版社，1999 年版。

熊華源：《周恩來萬隆之行》，北京：中央文獻出版社，2002 年版。

徐則浩：《王稼祥傳》，北京：當代中國出版社，1996 年版。

雲水：《出事七國紀實 —— 將軍大使王幼平》，北京：世界知識出版社，1996 年版。

鄭言編：《外交紀實》（一 —— 四），北京：世界知識出版社，2007 年版。

中央文獻出版社編：《不盡的思念》，北京：中央文獻出版社，1987 年版。

［美］鮑大可：《周恩來在萬隆 —— 美記者鮑大可記亞非會議》（弓乃文譯），北京：中國社會科學出版社，1985 年版。

## 專著

陳建民主編：《埃及與中東》，北京大學出版社，2005 年版。

戴超武：《敵對與危機的年代 —— 1954 — 1958 年的中美關係》，北京：社會科學文獻出版社，2003 年版。

樊超：《合作與共贏：蜜月時期的中國與美國》，北京：世界知識出版社，2016 年版。

范宏偉：《和平共處與中立主義 —— 冷戰時期中國與緬甸和平共處的成就與經驗》，北京：世界知識出版社，2012 年版。

方連慶、王炳元、劉金質主編：《國際關係史（戰後卷）》，北京大學出版社，2006 年版。

宮力：《鄧小平與中美外交風雲》，北京：紅旗出版社，2015 年版。

宮力：《毛澤東與中美外交風雲》，北京：紅旗出版社，2014 年版。

顧章義、付吉軍、周海泓：《列國志 · 索馬里 吉布提》，北京：社會科學文獻出版社，2006 年版。

郭長剛、楊晨、李鑫均、張正涵：《列國志 · 土耳其》，北京：社會科學文獻出版社，2015 年版。

郭明主編：《中越關係演變四十年》，南寧：廣西人民出版社，1992 年版。

韓懷智、譚旌樵主編：《當代中國軍隊的軍事工作》，北京：中國社會科學出版社，1989 年版。

韓念龍主編：《當代中國外交》，北京：中國社會科學出版社，1990 年版。

賈慶國：《未實現的和解 —— 中美關係的隔閡與危機》，北京：文化藝術出版社，1998 年版。

薑長斌、［美］羅伯特 · 羅斯主編：《從對峙走向緩和 —— 冷戰時期中美關係再探討》，北京：世界知識出版社，2000 年版。

李丹慧主編：《北京與莫斯科：從聯盟走向對抗》，桂林：廣西師範大學出版社，2002 年版。

李紅傑、余萬里主編：《改革開放三十年的中國外交》，北京：當代世界出版社，2008 年版。

李潛虞：《從萬隆到阿爾及爾 —— 中國與六次亞非國際會議（1955 — 1965）》，北京：世界知識出版社，2016 年版。

林良光、葉正佳、韓華：《當代中國與南亞國家關係》，北京：社會科學文獻出版社，2001 年版。

林遠：《統一戰線概論》，上海：華東師範大學出版社，1987 年版。

凌勝利：《聯盟研究：理論與案例》，北京：世界知識出版社，2022 年版。

劉德喜：《從同盟到夥伴 —— 中俄（蘇）關係 50 年》，北京：中共黨史出版社，2005 年版。

劉海方：《列國志．安哥拉》，北京：社會科學文獻出版社，2006 年版。

劉金質：《冷戰史》，北京：世界知識出版社，2004 年版。

劉緒貽主編：《美國通史》第 6 卷，北京：人民出版社，2002 年版。

劉山、薛君度主編：《中國外交新論》，北京：世界知識出版社，1998 年版。

馬燕冰、黃鶯：《列國志．菲律賓》，北京：社會科學文獻出版社，2007 年版。

馬燕冰、張學剛、駱永昆：《列國志．馬來西亞》，北京：社會科學文獻出版社，2011 年版。

牛大勇、沈志華主編：《冷戰與中國的周邊關係》，北京：世界知識出版社，2004 年版。

牛軍：《從延安走向世界 —— 中國共產黨對外關係的起源》，北京：中共黨史出版社，2008 年版。

牛軍：《冷戰與新中國外交的緣起 1949 — 1955》，北京：社會科學文獻出版社，2013 年版。

牛軍：《中華人民共和國對外關係史概論（1949 — 2000）》，北京大學出版社，2010 年版。

牛軍：《冷戰時代的中國戰略決策》，北京：世界知識出版社，2019 年版。

牛軍主編：《冷戰時期的美蘇關係》，北京大學出版社，2006 年版。

裴堅章主編：《中華人民共和國外交史（第一卷）1949 — 1956》，北京：世界知識出版社，1994 年版。

裴堅章主編：《研究周恩來 —— 外交思想與實踐》，北京：世界知識出版社，1989 年版。

齊鵬飛：《大國疆域 —— 當代中國陸地邊界問題述論》，北京：中共黨史出版社，2013年版。

錢其琛主編：《世界外交大辭典》，北京：世界知識出版社，2005年版。

曲星：《中國外交50年》，南京：江蘇人民出版社，2000年版。

任曉、劉慧華：《中國對外援助：理論與實踐》，上海人民出版社，2017年版。

任泉、顧章義：《列國志．加納》，北京：社會科學文獻出版社，2010年版。

沈志華：《無奈的選擇——冷戰與中蘇同盟的命運（1945—1959）》，北京：社會科學文獻出版社，2013年版。

沈志華、李丹慧：《戰後中蘇關係若干問題研究——來自中俄雙方的檔案文獻》，北京：人民出版社，2006年版。

沈志華主編：《中蘇關係史綱——1917—1991年中蘇關係若干問題再探討》（修訂版），北京：社會科學文獻出版社，2011年版。

沈志華主編：《冷戰國際史二十四講》，北京：世界知識出版社，2018年版。

石林主編：《當代中國的對外經濟合作》，北京：中國社會科學出版社，1989年版。

蘇格：《美國對華政策與台灣問題》，北京：世界知識出版社，1998年版。

陶文釗：《中美關係史》，上海人民出版社，2004年版。

田禾、周方冶：《列國志．泰國》，北京：社會科學文獻出版社，2009年版。

田曾佩主編：《改革開放以來的中國外交》，北京：世界知識出版社，1993年版。

王宏緯：《當代中印關係述評》，北京：中國藏學出版社，2009年版。

王立：《回眸中美關係演變的關鍵時刻》，北京：世界知識出版社，2008年版。

王繩祖主編：《國際關係史》第八卷（1949—1959），北京：世界知識出版社，1995年版。

王繩祖主編：《國際關係史》第九卷（1960—1969），北京：世界知識出版社，1995年版。

王繩祖主編：《國際關係史》第十卷（1970—1979），北京：世界知識出版社，1996年版。

王繩祖主編：《國際關係史》第十一卷（1970—1979），北京：世界知識出版社，1996年版。

王泰平主編：《新中國外交50年》，北京出版社，1999年版。

王泰平主編：《中華人民共和國外交史（第二卷）1957—1969》，北京：世界知識出版社，1998年版。

王泰平主編：《中華人民共和國外交史（第三卷）1970—1978》，北京：

世界知識出版社，1999 年版。

王瑋、戴超武：《美國外交思想史 1775 — 2005》，北京：人民出版社，2007 版。

王兆國主編：《當代中國的統一戰線》，北京：當代中國出版社，1996 年版。

吳清和：《列國志．幾內亞》，北京：社會科學文獻出版社，2005 年版。

夏莉萍、梁曉君、李潛虞、熊志勇：《當代中國外交十六講》，北京：世界知識出版社，2017 年版。

邢廣程：《蘇聯高層決策 70 年》，北京：世界知識出版社，1998 年版。

謝益顯：《當代中國外交思想史》，開封：河南大學出版社，1999 年版。

謝益顯主編：《中國當代外交史（1949 — 1995）》，北京：中國青年出版社，1997 年版。

謝益顯主編：《中國外交史 中華人民共和國時期 1949 — 1979》，鄭州：河南人民出版社，1988 年版。

熊志勇：《中美關係 60 年》，北京：人民出版社，2009 年版。

熊志勇、吳雪、李潛虞、王吉美：《中美關係講義》，北京：世界知識出版社，2014 年版。

楊灝城、江淳：《納賽爾與薩達特時代的埃及》，北京：商務印書館，1997 年版。

楊奎松主編：《冷戰時期的中國對外關係》，北京大學出版社，2006 年版。

楊奎松：《毛澤東與莫斯科的恩恩怨怨》，南昌：江西人民出版社，1999 年版。

楊奎松：《中華人民共和國建國史研究 2》（外交），南昌：江西人民出版社，2009 年版。

葉自成：《新中國外交思想：從毛澤東到鄧小平 —— 毛澤東、周恩來、鄧小平外交思想比較研究》，北京大學出版社，2001 年版。

翟強：《冷戰年代的危機和衝突》，北京：九州出版社，2014 年版。

章百家、牛軍主編：《冷戰與中國》，北京：世界知識出版社，2002 年版。

張潤：《冷戰背景下的聯美抗蘇戰略研究》，北京：九州出版社：2014 年版。

張小明：《冷戰及其遺產》，上海人民出版社，1998 年版。

張蘊嶺：《統一戰線的辯證思維》，上海：華東師範大學出版社，1993 年版。

張忠祥：《列國志．馬里》，北京：社會科學文獻出版社，2006 年版。

趙學功：《巨大的轉變：戰後美國對東亞的政策》，天津人民出版社，2002 年版。

中共中央宣傳部、中華人民共和國外交部：《習近平外交思想學習綱要》，北京：人民出版社、學習出版社，2021 年版。

中共中央統戰部研究室編：《統一戰線知識問答》，北京：中國文史出版社，1988 年版。

中共中央統戰部、中共中央黨校、國家行政學院、中央社會主義學院：《中國統一戰線教程》，北京：中國人民大學出版社，2013 年版。

中國國際關係學會主編：《國際關係史》第十二卷（1980 — 1989），北京：世界知識出版社，2004 年版。

鐘偉云：《列國志．埃塞俄比亞 厄立特里亞》，北京：社會科學文獻出版社，2006 年版。

周衛平：《百年中印關係》，北京：世界知識出版社，2006 年版。

資中筠主編：《戰後美國外交史 —— 從杜魯門到列根》，北京：世界知識出版社，1994 年版。

［美］羅伯特．唐納森：《蘇聯在第三世界的得失》（任泉、劉芝田譯），北京：世界知識出版社，1985 年版。

［美］麥克法誇爾、費正清主編：《劍橋中華人民共和國史》（謝亮生 等譯），北京：中國社會科學出版社，1998 年版。

## 論文：

曹希嶺：《關於 50 年代中期中國倡導奉行和平共處五項原則的分析》，載《當代中國史研究》1999 年第 3 期。

丁工：《中土關係四十年：回顧與展望》，載《阿拉伯世界研究》2011 年第 3 期。

董漫遠：《中國與土耳其關係的歷史與未來》，載《阿拉伯世界研究》2010 年第 4 期。

穀繼坤：《中國工人「赴蒙援建」問題的歷史考察（1949 — 1973）》，載《中共黨史研究》2015 年第 4 期。

韓曉青：《周恩來對二十世紀六十年代初期中巴關係根本改善的奠基性貢獻》，載《中共黨史研究》2011 年第 9 期。

華黎明：《新中國與伊朗關係 60 年》，載《西亞非洲》2010 年第 4 期。

黄維民：《中土關係的歷史考察及評析》，載《西亞非洲》2003 年第 5 期。

蔣華傑：《現代化、國家安全與對外援助 —— 中國援非政策演變再思考（1970 — 1983）》，載《外交評論》2019 年第 6 期。

李定國：《中菲建交和菲律賓華人的整合問題》，載《華人華僑歷史研究》1992 年第 2 期。

李湖：《納賽爾的政治思想研究》，載《國際政治研究》1989 年第 2 期。

劉德喜：《論五十年代中期毛澤東關於和平共處的國際戰略思想》，載《中共中央黨校學報》1998 年第 4 期。

劉建平：《「一邊倒」冷戰體制下和平共處的限度：朝鮮戰爭後中國外交政策的調整》，載《國際論壇》2000 年第 2 期。

劉磊：《萬隆會議與中國同亞非國家的經貿關係》，載《中共黨史研究》2010 年第 7 期。

陸樹林：《中巴關係：實行和平共處五項原則的典範》，載《當代世界》2004 年第 6 期。

陸庭恩：《論萬隆會議及其影響》，載《西亞非洲》2005 年第 3 期。

馬敘生：《結盟對抗均不可取 —— 憶八十年代中蘇關係實現正常化的過程》，載《東歐中亞研究》2001 年第 2 期。

牛軍：《論 1954 年中國對印度支那停戰政策的緣起與演變》，載《冷戰國際史研究》第 21 輯（李丹慧主編），北京：世界知識出版社，2016 年版。

牛軍：《三次台灣海峽軍事鬥爭決策研究》，載《中國社會科學》2004 年第 5 期。

牛軍：《中美關係與亞太秩序的演變 1978 — 2018》，載《美國研究》2018 年第 6 期。

牛軍：《1958 年炮擊金門決策的再探討》，載《國際政治研究》2009 年第 3 期。

齊鵬飛：《關於中緬邊界談判中的「麥克馬洪線」問題之再認識》，載《南亞研究》2014 年第 1 期。

陶文釗：《亞非會議的成功與美國遏止政策的失敗》，載《社會科學研究》1999 年第 3 期。

王虎：《馬來西亞對華關係背景分析：以馬中建交過程為例》，載《東南亞研究》2011 年第 4 期。

王猛：《1949 — 2005：中國伊朗外交關係考略》，載《新疆社會科學》2008 年第 4 期。

王巧榮：《上世紀 80 年代中共對外交戰略的調整》，載《北京黨史》2014 年第 1 期。

夏莉萍：《萬隆會議前後中國政府打開與亞非國家關係的努力》，載《外交學院學報》2005 年 4 月，總第 81 期。

肖憲、王文章：《中國與土耳其關係的演變、問題與未來》，載《外交評論》2007 年第 2 期。

熊華源：《從萬隆會議看周恩來和平外交思想的傳播與影響》，載《當代中國史研究》2005 年第 6 期。

姚椿齡：《美國與亞非會議》，載《世界歷史》2001 年第 6 期。

余建華：《當代中伊關係與伊朗對華政策動因》，載《西亞非洲》1998 年第 4 期。

昝濤：《中土關係及土耳其對中國崛起的看法》，載《阿拉伯世界研究》2010 年第 4 期。

張清敏：《對眾多不同國家的一個相同政策 —— 淺析中國對發展中國家的政策》，載《當代中國史研究》2001 年第 1 期。

張偉：《從解密檔案看新中國參加萬隆會議的準備》，載《百年潮》2005 年第 5 期。

鄭瑞祥：《傳統友誼的新發展 —— 論建交 35 年來的中巴關係》，載《南亞研究》1986 年第 4 期。

朱振明：《巴實・幹乍那越與中泰關係》，載《東南亞》1999 年第 2 期。

朱振明：謝遠章：《和平共處五項原則與中泰建交》，載《東南亞》1990 年第 1 期。

## 英文部分

### 檔案

National Archives at College Park, Maryland.

John F. Kennedy Presidential Library and Museum.

The National Archives of the UK, Public Records Office.

### 文獻集

U.S. Department of State, *Foreign Relations of the United States, 1955 — 1957 Volume II China*, United States Government Printing Office, Washington, 1986.

U.S. Department of State, *Foreign Relations of the United States, 1955 — 1957 Volume XXII Southeast Asia*, United States Government Printing Office, Washington, 1989.

U.S. Department of State, *Foreign Relations of the United States, 1955—1957 Volume X Foreign Aid and Economic Defense Policy*, United States Government

Printing Office, Washington, 1989.

U.S. Department of State, *Foreign Relations of the United States 1958–1960 Volume XIII Arab-Israeli Disputes; United Arab Republic, North Africa,* United States Government Printing Office, Washington, 1992.

U.S. Department of State, *Foreign Relations of the United States 1958 — 1960 Volume XIV Africa*, United States Government Printing Office, Washington, 1992.

U.S. Department of State, *Foreign Relations of the United States 1958 — 1960 Volume XV South & Southeast Asia*, United States Government Printing Office, Washington, 1992.

U.S. Department of State, *Foreign Relations of the United States 1961 — 1963 Volume XXI Africa*, United States Government Printing Office, Washington, 1995.

U.S. Department of State, *Foreign Relations of the United States 1964–1968 Volume IX International Development and Economic Defense Policy*, United States Government Printing Office, Washington, 1997.

U.S. Department of State, *Foreign Relations of the United States 1964 — 1968 Volume XXIV Africa*, United States Government Printing Office, Washington, 1999.

U.S. Department of State, *Foreign Relations of the United States 1964–1968 Volume XXVI Indonesia, Malaysia-Singapore, Philippines,* United States Government Printing Office, Washington, 2001.

## 專著

Armstrong, J. D, *Revolutionary Diplomacy, Chinese Foreign Policy and the United Front Doctrine*（Berkeley and Los Angeles: University of California Press, 1977）.

Brazinsky, Gregg A, *Winning the Third World: Sino-American Rivalry during the Cold War*,（Chapel Hill: University of North Carolina Press, 2017）.

Friedman, Jeremy, *Shadow Cold War: The Sino-Soviet Competition for the Third World*,（Chapel Hill: University of North Carolina Press, 2015）.

Gaddis, John Lewis, *We Now Know, Rethinking Cold War History*,（Oxford [England]: Oxford University Press, 1997）.

Garver, John W., *China & Iran, Ancient Partners in a Post-Imperial World*, Seattle: University of Washington Press, 2006,

Jian, Chen, *Mao's China and the Cold War*（Chapel Hill & London: The

University of North Carolina Press, 2001）.

Kimche, David, *The Afro-Asian Movement, Ideology and Foreign Policy of the Third World*（Jerusalem: Israel Universities Press, 1973）.

Larkin, Bruce D, *China and Africa 1949 — 1970*（Berkeley and Los Angeles: University of California Press, 1971）.

Leffler, Melvyn P. & Odd Arne Westad, eds., *The Cambridge History of the Cold War*,（Cambridge [England]: Cambridge University Press, 2010）.

Luthi, Lorenz M., *The Sino-Soviet Split, Cold War in the Communist World*（Princeton: Princeton University Press, 2008）.

Radchenko, Sergey, *Two Suns in the Heavens, The Sino-Soviet Struggle for Supremacy 1962 — 1967*,（Washington, D.C.: Woodrow Wilson Center Press, 2009）.

Radchenko, Sergey, *Unwanted Visionaries, The Soviet Failure in Asia at the End of the Cold War,*（New York: Oxford University Press, 2014）.

Robinson, Thomas W. & David Shambaugh, eds., *Chinese Foreign Policy: Theory and Practice*（Oxford [England]: Clarendon Press, 1994）.

Snow, Philip, *The Star Raft, China's Encounter with Africa*（London: George Weidenfeld & Nicolson Limited, 1988）.

Van Ness, Peter, *Revolution and Chinese Foreign Policy, Peking's Support for Wars of National Liberation*（Berkeley and Los Angeles: University of California Press, 1970）.

Westad, Odd Arne, *The Global Cold War*（Cambridge[England]: Cambridge University Press 2007）.

## 論文

Jackson, Steven F., China's Third World Foreign Policy: The Case of Angola and Mozambique, 1961 — 93, *The China Quarterly*, No. 142.（June., 1995）.

Marcum, John A., Lessons of Angola, *Foreign Affairs*, Volume 54, No. 3（April 1976）.

Schwab Peter, Cold War on the Horn of Africa, *African Affairs*, Volume77, No. 306（Jan., 1978）.

Yu, George T., Africa in Chinese Foreign Policy, *Asian Survey*, Volume. 28, No. 8（Aug., 1988）.

# 致謝

2007 年至 2011 年，我在北京大學攻讀博士學位期間，根據導師牛軍教授的建議，選擇了 1955 年至 1965 年中國對亞非國家的政策作為自己的研究方向，並最終完成了自己的博士論文。2016 年，我在修改補充自己博士論文的基礎上出版了自己的第一部專著《從萬隆到阿爾及爾 —— 中國與六次亞非國際會議（1955 — 1965）》。但是，從到外交學院工作開始，我就感到自己的博士論文存在很大的遺憾。那就是視野過於窄小，選取的事例重要性不足，時間範圍也非常有限。這個遺憾始終縈繞在我心中，使我久久不能釋懷。

外交學院一貫積極支持和鼓勵教師申請各類科研項目，提高科研水平。2018 年 6 月，我以「冷戰時期中國對亞非國家統一戰線政策研究」為題成功申請到了國家社會科學基金一般項目，這也給我彌補博士論文的遺憾帶來了一個最好的機會。我決定利用這一重要的科研項目，重新寫一本內容更為豐富，思想更加深刻的學術著作。我的基本思路是，按照博士論文已經初步確定的框架，重新選取意義更為重大的事例，同時把研究的時間範圍擴大到整個冷戰時期。

在國家社科基金項目申請的過程中，我得到了外交學院科研處處長、博士生導師、「當代中國外交」課程首席專家夏莉萍教授、科研處副處長孫俊華博士和國際關係研究所副所長凌勝利教授的熱情幫助。在課題推進、階段性成果發表的過程中我又得到很多學術界前輩和同仁們的熱情幫助。他們是北京大學國際關係學院牛軍教授、中國社會科學院美國研究所趙梅研究員、華東師範大學歷史系沈志華教授、李丹慧教授、林廣教授、陳波教授、四川大學國際關係學院院長李志強教授、雲南大學國際關係學院副院長劉磊教授、首都師範大學歷史學院副院長姚百慧教授、翟韜教授、清華大學國際關係學系佘綱正副教授等。我在這裏對他們表示最衷心的感謝。當我的課題在結項過程中遇到困難時，又是外交學院科研處孫俊華副處長給了我最大的幫助和安慰，原中共中央黨史研究室副主任章百家研究員專門抽出幾個小時的時間給我單獨「補課」，對項目最終成果的修改提出寶貴意見。書稿最終完成後，章百家研究員又破例地為本書做序。孫俊華和章百家兩位老師在我最困難的時候給予我最溫暖的關懷，這讓我感激不盡。本書的正式出版得到華東師範大學歷史系沈志華教授的鼎力支持，迄今為止我的兩本專著都是在華東師範大學沈志華、李丹慧兩位老師幫助下才獲得出版機會的。其實，我並不是沈志華、李丹慧老師的正式學生，也從未在華東師範大學學習，兩位老師以及華東師範大學對我這樣一個籍籍無名的後輩的大力提攜，讓我永遠銘記於心。

2019 年至 2020 年，我獲得了作為中美富布賴特項目訪問學者到美國訪學的機會。在新冠疫情蔓延全球前夕，我從美國國家檔案館獲得了大批和我的研究課題有關的美方檔案。又在美國特朗普政府惡化中美關係嚴重干擾訪美中國學者的情況下，成功把這些檔案帶回中國。這些檔案一定程度上彌補了中方檔案缺乏的遺憾。因此，我要特別感謝美國喬治・華盛頓大學艾略特國際事務學院席格爾亞洲研究中心裴鬥虎教授（Gregg A. Brazinsky）的熱情幫助，使我順利獲得喬治・華盛頓大學的邀請，並擔任我在美期間的合作導師。我和裴鬥虎教授相識於我攻讀博士期間的 2008 年。從此我們結下了深厚的友誼。裴鬥虎教授非常願意幫助中國學者，他兩次擔任我在美國訪學期間的導師，使我可以在 10 年間有兩次到美國訪學的寶貴機會。應該說，沒有裴鬥虎教授的幫助，我完成這項國家社科基金項目幾乎是不可能的。我還要感謝美國詹姆斯・麥迪遜大學政治學系主任喬納森・凱勒教授（Jonathan Keller）和戴維・瓊斯教授（David Jones），在他們的幫助下，我於 2018 年 10 月獲得了短期赴美訪學的機會，我利用這個機會也蒐集到了一些寶貴的資料。戴維・瓊斯教授又在我 2019 年赴美期間在安排住宿方面給我提供了極大的幫助。

我還要感謝外交學院外交學專業的幾位本科生和研究生，他們在幫助我蒐集材料方面做了很多工作。他們是：連元、劉笑彤、劉義、康鸞、楊煦葳、湯博文、許志遠、陳興銳、鄭鵬輝。他們對我的幫助也是巨大的，我對他們也表示最衷心的感謝。

最後，我還要衷心感謝我的母親。我從撰寫博士論文開始，我父親就罹患重病。十餘年間，我父親的病情每況愈下，直到現在已經完全失能失智。我母親毅然挑起了照顧我父親的重擔，使我父親在重病的條件還能有一個體面而舒適的生活，也使我還能基本正常地從事教學科研工作。沒有我的母親，也就沒有我們這個三口之家。

現在呈現在大家眼前的是一部 60 餘萬字的學術專著，其規模和範圍已經遠遠超出了我的第一本專著。但是，它的質量如何，我只能等待學術界和讀者的評判了。

一位著名學者曾說，研究歷史的只有兩種人，一種人是「富人」，另一種人是「傻子」。他的本意是歷史研究投入多產出少，在當前國內學術界競爭激烈的情況下，並不是一條好的「賽道」。只有衣食無憂或執著的人才能從事歷史研究。「聰明人」選擇了轉換「賽道」，「佛系者」選擇了「躺平」，我選擇「一條瞎道走到黑」。

李潛虞

2024 年 7 月 12 日

「冷戰年代的世界與中國」叢書

# 「中間地帶」的角力：

## 中國對亞非國家的國際統一戰線政策（1954—1991）

---

沈志華　主編　李潛虞　著

責任編輯　王春永
裝幀設計　鄭喆儀
排　　版　黎　浪
印　　務　劉漢舉

出版　開明書店
香港北角英皇道 499 號北角工業大廈一樓 B
電話：（852）2137 2338　傳真：（852）2713 8202
電子郵件：info@chunghwabook.com.hk
網址：http://www.chunghwabook.com.hk

發行　香港聯合書刊物流有限公司
香港新界荃灣德士古道 220-248 號
荃灣工業中心 16 樓
電話：（852）2150 2100　傳真：（852）2407 3062
電子郵件：info@suplogistics.com.hk

印刷　美雅印刷製本有限公司
香港觀塘榮業街 6 號 海濱工業大廈 4 樓 A 室

版次　2025 年 4 月初版
2025 年 12 月第二次印刷


規格　16 開（240mm×160mm）

ISBN　978-962-459-384-6